Almuth Massing / Günter Reich
Eckhard Sperling

Die Mehrgenerationen-Familientherapie

Unter Mitarbeit von
Hans Georgi und Elke Wöbbe-Mönks

3. Auflage

Vandenhoeck & Ruprecht
Göttingen · Zürich

Durchgesehene Auflage der 2., völlig neu bearbeiteten
Fassung von 1992.

Die Deutsche Bibliothek – CIP-Einheitsaufnahme

Massing, Almuth: Die Mehrgenerationen-Familientherapie /
Almuth Massing ; Günter Reich ; Eckhard Sperling.
Unter Mitarb. von Hans Georgi und Elke Wöbbe-Mönks. –
3. Aufl. – Göttingen ; Zürich : Vandenhoeck und Ruprecht, 1994
ISBN 3-525-45740-5
NE: Reich, Günter:; Sperling, Eckhard:

3. Auflage 1994

Das Werk einschließlich aller seiner Teile ist urheberechtlich geschützt.
Jede Verwertung außerhalb der engen Grenzen des Urheberrechtsgesetzes
ist ohne Zustimmung des Verlages unzulässig und strafbar.
Das gilt insbesondere für Vervielfältigungen, Übersetzungen,
Mikroverfilmungen und die Einspeicherung und Verarbeitung
in elektronischen Systemen.
© 1994, 1992. Vandenhoeck & Ruprecht, Göttingen
Printed in Germany
Druck und Einband: Hubert & Co., Göttingen

Inhalt

Vorwort zur zweiten Auflage 11

Vorbemerkungen 13

1. Teil
Grundlagen der Mehrgenerationen-Familientherapie
Was die Beziehungsdynamik früherer Generationen
für die Behandlung bedeutet

1. Kapitel: Was bedeutet Mehrgenerationen-Familientherapie? 21

2. Kapitel: Die Entwicklung zur Mehrgenerationen-Therapie 29

   Psychoanalyse und Familientherapie; Die Entwicklung zur Mehrgenerationen-Familientherapie; Die Begründung der Mehrgenerationen-Therapie; Die Bedeutung veränderter Familienformen für die Mehrgenerationen-Therapie: Von der Familie zur "Patchwork"-Familie; Paarbildung und Familiendynamik; Das Problem der Deutlichkeit in der Psychotherapie

3. Kapitel: Was bedeuten Angehörige verschiedener Lebensalter füreinander? 74

   Was bedeuten sich Eltern und Kinder?; Was bedeuten sich Geschwister?; Zur Frage der "gesunden" Geschwister; Was bedeuten sich Großeltern und Enkelkinder?; Was bedeuten sich Eltern und Großeltern?; Was bedeuten die Toten den Überlebenden?

4. Kapitel: Das relative unabdingbare Scheitern der Eltern 91

5. KAPITEL: Die Mehrgenerationen-Behandlung 98

Die Kontaktaufnahme; Erstgespräch und Anfangsphase; Kontextklärung; Übertragung und Gegenübertragung als Kollusion von Krankheitstheorien und Prozeßphantasien; Gegenübertragungsanalyse; Interaktionsmuster; Familiengeschichten; Zur Sonderrolle des Indexpatienten; Die Drei-Generationen-Sitzungen: Vorbereitung - Zusammensetzung - Abfolge; Probleme beim Einbeziehen der älteren Generation; Schwierigkeiten beim Einbeziehen der mittleren Generation; Die "praktizierte Unwirklichkeit zwischen den Generationen" und die prägende Wirkung von Kleindetails; Technische Fragen; Die Kinder in der Mehrgenerationensitzung; Was kann überhaupt Ziel einer Familientherapie mit mehreren Generationen sein?; Abschluß der Therapie

2. TEIL

Praxis der Mehrgenerationen-Familientherapie

Wie sich die Beziehungsdynamik über mehrere Generationen im einzelnen darstellt und verändert

Vorbemerkungen 131

6. KAPITEL: Kinder - oder: Wie helfe ich meinen Eltern? . 137

7. KAPITEL: Anorexie - oder: Warum muß ein Familienmitglied verhungern? 144

8. KAPITEL: Bulimie - oder: Konflikte um Identität und Intimität 153

9. KAPITEL: Schule - oder: Wie Familien sich mit Leistungsanforderungen auseinandersetzen 162

10. KAPITEL: Zwang - oder: Wie Familien über Streit, Stolz, Scham und Ekel Konfliktlösungen umgehen . . 172

11. KAPITEL: Scheidung - oder: Paare können auseinandergehen, aber Eltern bleiben immer Eltern 180

12.	KAPITEL: Depressionen - oder: Wie Familien sich mit ihrer Tradition lahmlegen	193
13.	KAPITEL: Das Dritte Reich und die nachfolgenden Generationen - oder: Das Fortwirken nationalsozialistischer Werthaltungen	208
14.	KAPITEL: Psychosomatik - oder: Erschöpfung und Leere als familiäres Grundgefühl	217
15.	KAPITEL: Chronische Krankheit - oder: Wenn Schicksal zusammenschmiedet	228
16.	KAPITEL: Suizid - oder: Weshalb jemand von seiner Familie totgewünscht wird	237
17.	KAPITEL: Rückblick und Ausblick	245
Literatur		251

"In der Regel folgen die Eltern und die ihnen analogen Autoritäten in der Erziehung des Kindes den Vorschriften des eigenen Über-Ichs. Wie immer sich ihr Ich mit ihrem Über-Ich auseinandergesetzt haben mag, in der Erziehung des Kindes sind sie streng und anspruchsvoll. Sie haben die Schwierigkeiten ihrer eigenen Kindheit vergessen, sind zufrieden, sich nun voll mit den eigenen Eltern identifizieren zu können, die ihnen seinerzeit die schweren Einschränkungen auferlegt haben. So wird das Über-Ich des Kindes eigentlich nicht nach dem Vorbild der Eltern, sondern des elterlichen Über-Ichs aufgebaut; es erfüllt sich mit dem gleichen Inhalt, es wird zum Träger der Tradition, all der zeitbeständigen Wertungen, die sich auf diesem Weg über Generationen fortgepflanzt haben. ... Die Menschheit lebt nie ganz in der Gegenwart, in den Ideologien des Über-Ichs lebt die Vergangenheit, die Tradition der Rasse und des Volkes fort, die den Einflüssen der Gegenwart, neuen Veränderungen, nur langsam weicht, und solange sie durch das Über-Ich wirkt, eine mächtige, von den ökonomischen Verhältnissen unabhängige Rolle im Menschenleben spielt."

S. Freud

Vorwort zur zweiten Auflage

Seit dem Erscheinen der ersten Auflage unseres Buches 1982 haben sich die Familientherapie und ihr Umfeld sehr verändert. So gibt es wohl mittlerweile kaum noch eine Institution im psychosozialen Bereich, in der nicht auch familiendynamisch gedacht oder gehandelt wird. Andererseits beobachten wir eine verstärkte Hinwendung zur biologischen Forschung nicht nur in der Psychiatrie, sondern auch in Bereichen der Psychotherapie. Hier zeigt sich zudem ein Drang zu immer kürzeren Behandlungen auf dem Hintergrund eines verflacht-interaktionistischen Verständnisses von Krankheiten. Der dabei formulierte Effektivitätsanspruch wird allerdings sehr viel häufiger proklamiert als eingelöst. Schwere seelische Erkrankungen entziehen sich in ihrer komplexen Dynamik in aller Regel dem "schnellen Zugriff", sind dauerhaft nur durch intensive Psychotherapie unter Einbeziehung der Familie behandelbar, die dann allerdings bisweilen nicht sehr viele Sitzungen, immer aber Zeit zum Durcharbeiten benötigt. Das differenzierte Wissen der Psychoanalyse um die inneren menschlichen Konflikte, deren Erweiterung durch die Entwicklungen der letzten Jahre, ist hierbei unseres Erachtens mit den innovativen Potentialen systemischer Therapieformen durchaus konstruktiv zu verbinden. In diesem Sinne glauben wir unser Verständnis familiendynamischer Prozesse und unsere therapeutische Kompetenz in den letzten zehn Jahren erweitert zu haben.

Da uns der Verlag freundlicherweise die Möglichkeit zu einer Überarbeitung wesentlicher Abschnitte unseres Buches gegeben hat, haben wir die sich zum Teil schon in vorhergehenden Publikationen der Mitarbeiter der ehemaligen "Abteilung für Psycho- und Soziotherapie (Familientherapie)" abzeichnenden Entwicklungen (vgl. insbesondere BUCHHOLZ 1982, 1990; MASSING 1990, MASSING u. WEBER 1987; REICH 1988; REICH 1990) an zentralen Stellen eingearbeitet und dabei fortgeschrieben.

Im Abschnitt "Psychoanalyse und Familientherapie" haben wir sowohl unsere Sicht aufgrund der neueren psychoanalytischen Diskussion gründlich verändert als auch die Entwicklungen der Systemtheorie in den 80er Jahren in unsere Überlegungen so miteinbezogen, daß wir zu einer Neudefinition der Beziehung zwischen beiden gelangten.

Zum Wandel der Familie und der Probleme der Paarbildung und Entwicklung von Familien haben sich ebenfalls veränderte Sichtweisen ergeben.

Gründliche Überarbeitung erfuhren zudem alle Abschnitte zur therapeutischen Technik, sowohl in der Beschreibung unseres von der Psychoanalyse ausgehenden Zuganges als auch in der Einbeziehung der inzwischen äußerst differenzierten systemischen Vorgehensweise.

Im "Praxisteil" haben wir unsere Beobachtungen zur Dynamik in den Familien bulimischer Patientinnen in einem eigenen Kapitel zusammengefaßt. Unsere umfangreichen Erfahrungen in der Behandlung von Familien vor, während und nach der Scheidung wurden in den entsprechenden Abschnitt eingearbeitet. Einen neuen Abschnitt widmeten wir dem Thema über anhaltende nationalsozialistische Werthaltungen in den Familien. Überarbeitet und zum Teil neu formuliert sind die Abschnitte über zwangsneurotische Familien, Familien mit depressiven, psychosomatisch und chronisch erkrankten sowie suizidalen Mitgliedern. Auf ein Kapitel über die Dynamik und Behandlung von Familien mit schizophrenen Mitgliedern haben wir in dieser Auflage verzichtet, da diese in unserer Arbeit der letzten 10 Jahre keinen Schwerpunkt bildeten. Der Sexualität in der Familie haben wir kein eigenes Kapitel gewidmet, da zu dieser Thematik ein ausführlicher eigener Band erschien (MASSING u. WEBER 1987).

Alle neuen Entwicklungen haben sich auch in der Diskussion eines Teils unserer Fallbeispiele niedergeschlagen, während wir andere in ihrer "historischen" Form beließen, wenn sie nach wie vor die wesentlichen Aspekte unserer Arbeit trotz Neuerungen im Detail enthielten.

Da durch personelle Veränderungen die Überarbeitung des Buches ganz in unseren Händen lag, veränderte sich auch die Autorenschaft. Wir hoffen, den Weiterentwicklungsprozeß unserer Arbeit in den wesentlichen Zügen mitteilen zu können und den Leser zu eigenen kreativen Prozessen zum Nutzen der Familien und Paare anzuregen.

"Der wahre Reisende ist derjenige, der weiß, daß er niemals ankommen wird." (EDGAR DEGAS)

ALMUTH MASSING, GÜNTER REICH, ECKHARD SPERLING

Vorbemerkungen

Die Familientherapie entwickelte sich, zunächst unverbunden, aus Erfahrungen, die verschiedene Forscher mit der Behandlung schwieriger psychogener Krankheitsbilder machten. Hierbei zeigte sich, daß die Pubertätsmagersucht im familiären Kontext besser zu verstehen und zu behandeln war als mit einzeltherapeutischen Methoden. Sowohl MARA SELVINI-PALAZZOLI als auch SALVADOR MINUCHIN nahmen vor allem die Pubertätsmagersucht zum Ausgangspunkt der Erarbeitung systemischer familientherapeutischer Strategien, die sie in verschiedenen systemtheoretisch orientierten Ansätzen weiter ausarbeiteten.

Auch für uns war die Magersuchtfamilie und ihre Behandlung ab 1965 der Ausgangspunkt für eine intensive Beschäftigung mit den familientherapeutischen Möglichkeiten. Allerdings wiesen unsere Erfahrungen (zusammen mit den großangelegten familiendynamischen Untersuchungen von A. MASSING) von Anfang an in eine spezielle Richtung, die heute im Schrifttum als *Mehrgenerationenperspektive* bezeichnet wird. Wir fanden die spezielle Bedeutung der Großelterngeneration für das Schicksal der Enkel durch deren direkte Einflußnahme und auch indirekt durch Übermittlung von bestimmten, affektiv verankerten Wertvorstellungen, die im Sinne damaliger linear-kausaler Betrachtungsweisen pathogene Bedeutung hatten. 1969 teilten wir erste Erfahrungen mit der Intergenerationen-Behandlung mit und schlugen diese als Erweiterung einzeltherapeutischer Zugangswege auch für andere Störungsbilder vor (SPERLING 1969).

Entscheidenden Einfluß auf die weitere Entwicklung hatten dann überregionale Kontakte, die sich in der 1971 gegründeten *Arbeitsgemeinschaft für Familienforschung und Familientherapie* im deutschsprachigen europäischen Raum ergaben. Hierbei handelte es sich um einen von H.E. RICHTER initiierten Zusammenschluß familientherapeutisch arbeitender Angehöriger verschiedener psychosozialer Berufe auf der Basis psychoanalytischer Konzepte. Für den praktizierenden Psychoanalytiker ergaben sich damit zunächst Auseinandersetzungen mit zwei konkurrierenden Konzeptionen, den die Psychoanalyse innovierenden und erweiternden Ich-Psychologien und in deren Folge ergänzenden *Objektbeziehungs- und Narzißmustheorien* auf der einen Seite und den kommunikationstheoretisch fundierten, an der Faktizität der Genese in Gegenwart und Vergangenheit orientierten *Beziehungsstörungs-Konzeptionen*. Beides ließ sich in die psychoanalytische Konflikttheorie integrieren, wenn dadurch auch im technischen Vorgehen verschiedene Schwerpunkte gesetzt wurden. Während in der psychoanalytischen Einzelbehandlung mehr Gewicht auf die Aufarbeitung früher Ich-Mangelzustände und die Bearbeitung intrapsychischer Realitäten gelegt wurde, zielte die Familienbehandlung auf die Aufdeckung interaktioneller Beziehungsstrukturen, deren Begründung und Veränderung. Immerhin war bis dahin die Familientherapie im Gesamtkonzept noch als angewandte Psychoanalyse anzusehen. Entscheidende Erkenntnisse ermöglichte der ethische Ansatz von IVAN BOSZORMENYI-NAGY (1973), der durch die Einführung der besonderen Bedeutung von Loyalitätsbindungen über mehrere Generationen die Notwendigkeit einer derartigen Behandlung verständlich machte. Obwohl nicht psychoanalytisch konzipiert, lieferte dieser Beitrag eine wichtige Begründung für die Notwendigkeit, mit der Vorgeneration zu arbeiten. In sehr verkürzter Form ausgedrückt geht es dabei darum, daß Eltern ihren Kindern Konflikte vermitteln, die sie in ihrer Geschichte mit ihren eigenen Eltern erlebt und nicht verarbeitet haben.

Unsere eigene Erfahrung, die durch die 1970 erfolgte Gründung der Abteilung für Psycho- und Soziotherapie zunehmend verbreitert werden konnte, bestätigte die Bedeutung einer langfristigen psychogenetischen Betrachtungsweise.

Inzwischen wurde die Familientherapie zu einer therapeutischen Bewegung, an die Heilserwartungen geknüpft werden. Die weite Verbreitung der Familientherapie führte zu einer Differenzierung, die durch die Betonung *informationstheoretischer Gesichtspunkte* Probleme aufwarf. Das bisherige linear-kausale Denken der Medizin wurde durch das zirkuläre Systemdenken ersetzt, womit einerseits bestimmte einseitige Denkschemata der psychoanalytischen Tradition in Frage gestellt wurden, andererseits der Anschluß an die modernen kybernetischen Wissenschaften versucht wurde.

Da mit theoretischen Konzeptionen auch immer behandlungstechnische Implikationen verknüpft sind, ist zu fragen, wo unser ursprünglicher mehrgenerationaler Therapieansatz im

Rahmen der familientherapeutischen Entwicklung einzuordnen ist. Bleiben wir in der Modelldarstellung des zirkulären, das heißt kreisförmigen Denkens, so wäre die Einbeziehung der Vorgenerationen unschwer mit dem Modell der Spirale zu erfassen, das heißt, die sich gegenseitig bedingenden Rückkoppelungsprozesse wirken in einem größeren *Zeitraum*, in dem die Personen über das Hier und Jetzt des therapeutischen Settings hinaus sich gegenseitig rückkoppelnd beeinflussen. Aufgabe der Therapeuten wäre es, diese mehrgenerationellen Prozesse den Betroffenen so zu verdeutlichen, daß sie daraus Änderungsimpulse erfahren, die ihnen eine Verbesserung ihrer Beziehungen ermöglichen.

Es soll allen am therapeutischen Prozeß beteiligten Personen langfristig besser gehen, weil sich ihre Beziehungen so verändern, daß sie die Probleme von Nähe und Distanz konfliktfreier bewältigen können. Ist das möglich? Die allerorten gemachten familientherapeutischen Erfahrungen beantworten diese Frage mit Ja.

In dieser positiven Beurteilung ist jedoch mehrerlei enthalten: 1. Langfristige empirische Nachuntersuchungen über alle Familienmitglieder fehlen. 2. Aussagen sind nur über die Familien möglich, die in eine Therapie kamen und in ihr blieben. 3. Die besonderen Umweltbedingungen, der die drei Generationen unterworfen sind, sind in einem schnelleren Wandel begriffen, so daß schwer ausgesagt werden kann, welche der therapeutischen Interventionsstrategien langfristig Einfluß nahm und eine Änderung der Beziehungsstrukturen ermöglichte.

Wir stehen, wie auch andere, in dem Konflikt, daß unser Angebot für alle Schichten gilt, aber hauptsächlich Mittelschichtfamilien Hilfe suchen - obwohl wir die Erfahrung gemacht haben, daß gerade die Therapien mit Unterschichtfamilien zu den erfolgreich abgeschlossenen gehörten, wenn wir Therapeuten bereit waren, uns ernsthaft mit der besonderen Lage der Familie zu befassen und uns in sie einzufühlen.

Die skizzierte Entwicklung stellt den Therapeuten vor schwierige Anforderungen. Er soll mit der Zeit gehen und gegenüber der Geschichte, die sich die ihm anvertrauenden Personen verkörpern, loyal sein. Wie mühsam das darzustellende Unternehmen in praxi ist, wird deutlich, wenn man sich vergegenwärtigt, wie schwierig es ist, mit eigenen Kindern und Eltern, Partnern, Freunden und Kollegen offen zu sprechen und so zu handeln, daß keiner von ihnen Schaden nimmt, obwohl ganz verschiedene Bedürfnisse dabei im Spiel sind.

Theoretische Voraussetzungen sind immer unzureichend, eng gebunden an die Zugehörigkeit zu einer Gruppe, die dadurch konstituiert ist, daß sie gemeinsam an etwas glaubt, das an bestimmten, jeweils unterschiedlichen Stellen nicht hinterfragt werden darf, weil das Angst auslöst - ähnlich wie in den Familien.

Gar nicht selten sehen wir uns als Mehrgenerationen-Familientherapeuten zum Beispiel in die Lage der verwitweten Großmutter versetzt, die nun endlich einsehen soll, daß ein Beton-Flachdach-Haus zweckmäßiger als ein Fachwerk-Giebel-Haus ist, daß die Enkelkinder durch künstliche Milch vorteilhafter aufwachsen als durch natürliche, daß 4jährige selbstverständlich noch Windeln brauchen, weil es sie in einer Wegwerfgesellschaft gibt, daß 16jährige durchaus Fensterscheiben zum Einwerfen benötigen, daß die Schulen, wie alle staatlichen Stellen im ganzen Leben, immer das Beste wollen.

Noch ein Wort ist vorweg zu den im folgenden dargestellten Familiengeschichten notwendig. Sie sind alle wahr, aber so verändert, daß die Anonymität gewahrt bleibt. Es handelt sich um typische Konstellationen, die wir aus mehreren Beispielen zusammensetzten. Demjenigen der seine Geschichte wiederzuerkennen glaubt, ist zu sagen, daß sie es ganz bestimmt nicht ist, sondern ein Konstrukt, das aus ähnlichen Geschichten einer über 15jährigen praktischen Erfahrung unter Wahrung der familiendynamischen Stimmigkeit hergestellt wurde.

Bezüglich der Darstellungsform haben wir uns bemüht, den üblichen wissenschaftlichen Stil zu vermeiden. Er schien uns zu sehr die Kontinuität des Erlebens hochbrisanter familiärer Abläufe zu zerstören. Von der Fülle des in der letzten Zeit unübersehbar angewachsenen familientherapeutischen Schrifttums wollen wir uns bewußt unterscheiden, indem wir Familiengeschichten erzählen, subjektive Erfahrungen und Meinungen mitteilen, jedoch gleichzeitig den Versuch machen, diese mit wissenschaftlichen Erkenntnissen zu verbinden. So kommt es, daß wir nicht die Fülle der Möglichkeiten des Umgangs mit dem Dargestellten reflektieren und abwägen, sondern das dazu sagen, was wir als langjährig eingespielte Arbeitsgruppe dazu meinen. Wir glauben, daß diese Darstellung dem Erleben in Familien am nächsten kommt. Wir glauben nicht, daß die vielerorts geübte Reduktion auf wissenschaftlich theoriegebundene Begriffskonstruktionen unserem zentralen Anliegen der Verdeutlichung des Gemeinten förderlich wäre. Es geht in der Therapie vorrangig um Erlebens- und nicht um verdinglichte Denkkategorien. Für die praktische Arbeit fühlen wir uns keiner Theorie allein verpflichtet. Wir glauben nicht an die Wahrheit einer Theorie, sondern benutzen verschiedene, wo wir sie gebrauchen können.

1. Teil

Grundlagen
der Mehrgenerationen-Familientherapie

Was die Beziehungsdynamik früherer Generationen
für die Behandlung bedeutet

1. KAPITEL

Was bedeutet Mehrgenerationen-Familientherapie?

Mehrgenerationen-Familientherapie ist eine Form der konfliktverarbeitenden Familientherapie. Sie ist eine systemisch orientierte Beziehungstherapie, die nicht nur die horizontale Interaktionsstruktur der Familie zu verändern versucht, sondern im Jetzt familiäre Beziehungsstrukturen auch in vertikaler Richtung bearbeitet, in der spiralförmigen, historischen Entwicklung des Systems Familie. Hierbei wird davon ausgegangen, daß das Frühere im Heute wirksam ist, daß verschiedene Entwicklungsepochen der Vergangenheit in der Gegenwart noch wirken.

In der Begründung der Mehrgenerationen-Familientherapie gehen wir von zwei Basisannahmen aus. Die erste ist, *daß sich Störungen und Konflikte der jeweiligen Kindergeneration regelmäßig aus unbewußten Konflikten zwischen Eltern und Großeltern beziehungsweise den Partnern und ihren Eltern ergeben.* Dies geschieht durch vielfache intrafamiliäre Übertragungsprozesse. Des weiteren nehmen wir an, *daß sich in Familien über die Generationen im wesentlichen immer wieder dieselben Konflikte abspielen,* daß also ein *intrafamiliärer Wiederholungszwang* besteht. Daher gibt es auch keinen wesentlichen Unterschied zwischen dem Heute und dem Früher in Familien. Es ereignet sich im Prinzip immer wieder dasselbe. Dies soll an einem Beispiel erläutert werden:

Eine junge Frau reagierte unverständlich ängstlich auf die Geburt ihres Sohnes. Sie hat sich immer nur Mädchen gewünscht. Auch ihr Verhältnis zu der 2 Jahre vorher geborenen Tochter ist sehr viel unkomplizierter als zu dem sich prächtig entwickelnden Sohn. In Kurzfassung, was familien- und sozialgeschichtlich dahintersteht: In ihrer mütterlichen Linie sind männliche Kinder immer sozial mißglückt. Der Sohn der Mutter, ihr Bruder, ist ein Versager, der Bruder der Mutter, ihr Onkel, auch. Ihr Vater ist zeitlebens ihr Familienproblem gewesen, durch Abwesenheit, Jähzornsausbrüche und Unberechenbarkeiten; der Großvater mütterlicherseits verstarb frühzeitig, als ihre Mutter erst 12

Jahre alt war. Ihre Mutter verlor ihre eigentliche Liebe, einen Mann mit vergötterten Fähigkeiten, in jungen Jahren an Krebs. Sie selbst wählte sich als Vater ihrer Kinder einen unheilbar kranken Mann, dessen Kindheit von seiner fast blinden Großmutter geprägt wurde, die vor ihrer Totengalerie, den Bildern der zwei im ersten Weltkrieg innerhalb eines Vierteljahres gefallenen Söhne und dem kurz darauf vorzeitig (mit 54 Jahren) an einem Krebsleiden verstorbenen Ehemann (Großvater) vorbeidefilierte. Der einzig verbliebene Sohn (Onkel) war ein Versager (er brachte das bäuerliche Erbe durch). Also war der bis dahin völlig unbewußte seelische Input: Männliche Geburt bedeutet Aufzucht für soziales Versagen, Leiden und Sterben.

In der Mehrgenerationen-Familientherapie wird der Versuch unternommen, den intrafamiliären Wiederholungszwang aufzuheben, und zwar indem die Betroffenen dazu gebracht werden, den Konflikt dort wahrzunehmen, wo er tatsächlich liegt, und nicht dort, wohin er aufgrund von Projektionen verschoben ist (vgl. ACKERMANN in KAUFMANN 1975). Die dysfunktionalen Redundanzen der Familieninteraktionen sollen so an ihrem historischen Entstehungsort bearbeitet und aufgehoben werden.

Ziel ist hierbei nicht lediglich eine Rückdelegation der Probleme, also eine lineare Rückverlagerung auf immer frühere Generationen, sondern der Versuch, eine *Versöhnung* (STIERLIN 1975; ein Begriff, der mit anderer Intention schon bei HEGEL vorkommt) der Familienmitglieder in ihrem Grundkonflikt zu erreichen. Hierzu ist es notwendig, daß der familiäre Grundkonflikt aufgedeckt wird, dieser Konflikt von allen Beteiligten emotional anerkannt und darüber getrauert wird, daß die persönlichen Verhältnisse und die Außenumstände früher so waren, daß keine andere Lösung möglich war, und daß gemeinsam nach einem neuen Weg für alle Beteiligten gesucht wird.

Die Mehrgenerationen-Familientherapie ist der Versuch eines rekonstruktiven Dialoges mit den Personen der Psychogenese. Konflikthaftes Verhalten wird an seinem Ausgangspunkt gesucht, wird wiederbelebt, ausgetragen und nach Möglichkeit verwandelt, so daß Struktur wieder Interaktion wird (SPERLING 1981).

Die Mehrgenerationen-Familientherapie, die die Großelterngeneration mit in die Behandlung von Paaren, Eltern und Kindern einbezieht, bedeutet die bewußte Einführung einer überschaubaren, real erlebten *geschichtlichen Dimension* in die familientherapeutische Behandlung. Unter Umständen kann so ein angesprochener Zeitraum von über 80 Jahren die Entwicklungstendenzen der einzelnen Familienmitglieder verdeutlichen und gegebenenfalls sogar begründen. Läßt man die Großeltern nun ihrerseits aus ihrer Kindheit berichten, so erweitert sich der erfaßbare historische Raum noch einmal - allerdings mit weniger Relevanz; denn die nunmehr Angesprochenen können nicht mehr antworten, ergänzen oder richtigstellen. Das individuelle Erleben und Erleiden kann dann nicht mehr dem Schicksal ihrer eigenen Bezugsgruppe oder gar Strömung der Zeit gegenübergestellt werden.

In ihrer historischen Sicht betrachtet die Mehrgenerationen-Familientherapie die Menschen mehr als Opfer der jeweiligen Umstände, als es andere therapeutische Ansätze tun. Viele Beteiligte erleben sich auch selber häufig und realistischerweise mehr als Opfer ihrer Zeit denn als selbständige, autonom handelnde Menschen.

Auf der anderen Seite besteht jedoch die Tendenz, aus Schuld- und Schamgefühlen heraus frühere familiäre Konstellationen verdreht darzustellen oder ganz zu verschweigen. Dieses Verleugnen der Wirklichkeit, das unter Umständen über Generationen tradiert wird, resultiert nach bisherigen Erfahrungen aus schweren Ängsten, die die Betroffenen durchmachten, sei es, weil sie wirklich Verfehlungen begingen, sei es, daß sie es meinten. Noch wichtiger aber ist, daß sie sich wegen Verfehlungen anklagen, die aus heutiger Sicht gar keine mehr sind.

Damit ist der sich immer schneller abzeichnende soziale Wandel angesprochen, der von den alten Menschen in aller Eindringlichkeit miterlebt wurde. Eine Großmutter kann durchaus noch von der "Kaiserparade" bei "Kaiserwetter", den Not- und Hungerjahren des ersten Weltkrieges, den schon damals einsetzenden Vertreibungen und Umschichtungen in der Bevölkerung, der Inflation und der Arbeitslosigkeit erzählen; sie kennt die Wirklichkeit der vielbesungenen 20er Jahre, den Aufstieg und Verfall der Weimarer Republik. Sie hat das Hitler-Reich kommen und gehen sehen, jene fast unbegreifliche Episode deutscher Geschichte, in der so viel wahnähnliche menschliche Größenphantasien in die Individuen, bei denen hierfür bereits eine Bereitschaft in großem Umfang vorhanden war (THEWELEIT 1977), im wahrsten Sinne des Wortes gepflanzt wurden. Sie hat erlebt, wie ein dem Wahn entsprechender totaler Untergang des schutzspendenden Gebildes Staat mit sehr vielen Toten folgte, aber auch die

Rückbesinnung auf die zuweilen einzige Hilfsquelle der näheren und ferneren Familie. Sie konnte verfolgen, wie sich aus deren intensiven Überlebensbemühungen wieder Staatsgebilde entwikkelten, deren ideologische Entwicklungen entlang realer machtpolitischer Konstellationen in das Individuum hineinwirkten. Über all das können sich Familienmitglieder in gemeinsamen Sitzungen von drei Generationen aussprechen, streiten, verwundern, vor allem aber können sie dies mit allen damit verbundenen Emotionen erleben.

Die Mehrgenerationen-Familientherapie stellt den Versuch dar, so die Erlebnisdimensionen im therapeutischen Sinne zu intensivieren. Ziel ist das Erinnern, Wiederholen und Durcharbeiten (FREUD) dieser angesprochenen Konflikte und ihrer Umstände. In der Therapie muß zunächst das Verbot, früher erlebtes Leid auszusprechen - in vielen Familien sogar das Tabu, dies in der Erinnerung zuzulassen -, aufgehoben werden. Bedingungsgefüge, die zu Traumatisierungen führten, dürfen dann wieder erinnert und angesprochen werden. In der Therapie wird gleichzeitig die zur Verdrängung oder Verleugnung dieser Geschehnisse führende Angst noch einmal erlebt und aufgelöst. Der vergangene Schrecken, die Angst, die Trauer und das Leid, dürfen noch einmal intensiv erlebt werden und zwar mit den hieran beteiligten Personen in direkter Konfrontation. Dieses Wiederholen erst macht in einem weiteren Schritt möglich, daß der bis dahin auch tabuierte dazugehörige Geschehenshintergrund mitgeteilt wird. Das Durcharbeiten der Konflikte wird nun möglich; denn wenn der Geschehenshintergrund nicht *gewußt* wird, wird auch nicht *bewußt*, *was* durchzuarbeiten ist. Dies ist eine weitere zentrale Begründung des Mehrgenerationenansatzes in der Familientherapie. Das beschriebene Vorgehen soll an einem Beispiel erläutert werden:

Ein Paar suchte wegen ständiger, schwerer aggressiver Auseinandersetzungen zwischen Vater und Sohn unsere Therapie auf. In der Behandlung zeigte sich, daß der Vater seinen Sohn von Geburt an radikal abgelehnt hatte.

Der Vater litt unter einer schweren allergischen Hauterkrankung, die zum ersten Mal zu Beginn seiner Pubertät aufgetreten war. Er zeigte sich - für Patienten mit psychosomatischen Symptomen außergewöhnlich - bald bereit, seine Psychogenese mit seinen Eltern zu klären, um bearbeiten zu können, warum er von Anfang an Schwierigkeiten mit seinem Sohn hatte. In dem Mehrgenerationengespräch stellte sich dann heraus, daß bereits seine Mutter aus ihrer Familie verstoßen worden war.

Trotz der durch die Berufstätigkeit bedingten räumlichen Trennung von seinem Elternhaus war der Vater weiterhin eng mit seiner Mutter verbunden. Er mußte oft mehrmals in der Woche zu ihr fahren, da bei seiner Abwesenheit ihr Alkoholkonsum überhand nahm. Wenn er kam, trank sie weniger. Bereits in der zweiten Familientherapiesitzung mit dem Vater und seiner Herkunftsfamilie, zu der die Großmutter angetrunken erschien, kam es zu dramatischen Veränderungen:

Auf die therapeutische Frage nach der Geburt des Vaters stellte sich eine extrem frühe Parentifizierung heraus. Das Kind wurde zum ausschließlichen Lebensinhalt der Mutter. "Als er 10 Tage alt war, habe ich schon alles mit ihm besprochen, und er hat alles verstanden. Wir sind von Anfang an eine *Seele und ein Mensch gewesen*." Der Vater war ihre erste Lebendgeburt nach mehreren Fehlgeburten. Auch bei ihm fürchtete sie, da er zu spät kam, daß er wieder eine Totgeburt sein könnte. Sie freute sich über sein im Grunde unerwartetes Leben; jetzt hatte sie endlich jemanden für sich allein. Nach dieser erstmaligen Offenlegung intimster Gefühle, vor allem der Umstände der Geburt des Vaters und der vorhergehenden Fehlgeburten, konnte die Großmutter ihr Trinken einstellen und stabilisierte sich zunehmend. Der Vater mußte nun die Verantwortung für seine Mutter nicht mehr tragen. In ihm blieb ein starkes Gefühl der inneren Leere zurück, das in weiteren Gesprächen bearbeitet wurde. Er begann bald eine Beziehung zu seinem Sohn aufzubauen, weil er nicht mehr ausschließlich parentifiziertes Kind seiner Mutter war, sondern Vater seines Sohnes werden konnte.

Durch die so durchgeführte Bearbeitung familiärer Konflikte wird ein emotionaler Bedeutungswandel des Geschehens im Erleben der Mitglieder hergestellt. Schon durch die reale Wiedereinbeziehung der stets ambivalent besetzten Personen der Psychogenese verändert sich das Familiensystem. Zunächst wird der Fokus vom designierten Patienten weg in die persönlich repräsentierte Geschichte des Elternpaares verlegt. Hierbei werden im Verlauf der Mehrgenerationentherapie die Großeltern miteinbezogen.

Dadurch, daß der Fokus vom Therapeuten weiterhin auf die bislang nicht gewußten und nicht besprochenen Knotenpunkte der familiären Entwicklung eingestellt wird, wird eine Familienkrise induziert. Diese führt auf den Weg zu einer Veränderung im Familiensystem.

Die therapeutisch wirksame Familienkrise, die die strategisch orientierten Familientherapeuten (HALEY, SELVINI) zum Beispiel durch paradoxe Verschreibungen, die strukturalistisch arbeitenden (z.B. MINUCHIN) durch *direktives Umstellen, Umsetzen* der Familienmitglieder und konkrete Handlungsanweisungen induzieren, wird in der Mehrgenerationen-Familientherapie durch die Themensetzung, die *inhaltliche Fokusumstellung* erreicht.

Auf dem Wege hierhin wird auch strukturalistisch vorgegangen; zunächst dadurch, daß die Personen, mit denen Konflikte bestehen, direkt in die Auseinandersetzung einbezogen werden, weiterhin zum Beispiel dadurch, daß bisher Schweigende zum Sprechen aufgefordert werden und so weiter. Gleichzeitig ändert das Aussprechen der Konflikte und ihrer historischen Begleitumstände die Beziehungsstruktur der Familie. Wir haben es hier nicht mit einem absoluten Entweder-Oder - entweder strukturverändernd oder konfliktverarbeitend - zu tun. Die Alternative, entweder im Hier und Jetzt oder in der Vergangenheit zu arbeiten, ist unseres Erachtens falsch gestellt, denn wir gehen davon aus, daß das Früher im Heute weiterhin wirksam ist, unabhängig davon, ob das Bewußtsein es wahrhaben will oder nicht. In der Therapie bedingen und fördern sich konfliktverarbeitende und strukturverändernde Prozesse wechselseitig.

Um bei dem oben angesprochenen Beispiel zu bleiben: Durch das Einbeziehen des Vaters und dessen Eltern in den therapeutischen Prozeß wurde der Fokus vom designierten Patienten auf das familiäre Beziehungsnetz verlagert. Hierdurch und durch das gezielte Ansprechen der Großmutter wurde die Familie in ihrer Beziehungsstruktur verändert; die Symbiose zwischen Großmutter und Vater wurde durch inhaltliche Umstellung der Familienthemen zu lösen versucht; die Großmutter kann in der weiteren Arbeit von ihren schon lange toten Kindern Abschied nehmen, der Vater muß nicht mehr Teil ihrer Person sein. Dieses Beispiel zeigt eindrucksvoll, daß es notwendig ist, in die Geschichte zurückzugehen. Ginge man rein strukturalistisch vor, würde man nie in Erfahrung bringen, was der Mutter wirklich passierte. Ein Durcharbeiten wäre unmöglich.

Die Mehrgenerationen-Familientherapie ist im Gegensatz zu anderen Psychotherapiekonzepten ganz eng auf die Wirklichkeit bezogen und stellt insoweit sowohl für die Teilnehmer an dieser Behandlungsform als auch für die Therapeuten besondere Ansprüche: Näheres Hinsehen im Umgang mit menschlichem Schicksal zeigt nämlich, daß eine der gängigen Abwehrformen das Herunterspielen des Schlimmen ist, was dem, der weitergelebt hat, sicherlich ein Stück vermeintlich größerer seelischer Stabilität verleiht. Andererseits hat dies Herunterspielen seine Wurzeln aber auch darin, erlittene Wirklichkeit im Nachhinein erträglicher zu machen, indem man sie umgestaltet: "Es war doch gar nicht so schlimm".

Daß es hilfreich und unter Umständen sogar notwendig sein kann, die ganze Komplexität der individuellen und begleitenden sozialen Geschichte mit in den therapeutischen Blickwinkel zu bekommen, wird zwischen strukturalistischen, systemischen und konfliktverarbeitenden Familientherapeuten kontrovers beurteilt. Ein Hauptgrund für die Angst vor der gezielten Betrachtung der Lebensgeschichte und ihrer Bedingungen liegt in der Angst vor der Entschleierung. Diese kann auf zweierlei Weise wirksam werden: Sie kann verdeutlichen, um wieviel grausamer und verrückter unser Lebensweg durch die Generationen war, als es unserem Alltagsbewußtsein zuträglich erscheinen könnte, sie kann aber auch mit harter Hand Phantasiegebilde über eigene Kräfte und Taten zerstören, deren Märchen wir wie Wirklichkeiten weitergeben. Hierfür prägte FERREIRA schon 1963 den Begriff des Familienmythos. Hierunter versteht er eine Reihe wohlintegrierter Glaubenssätze, welche von allen Familienmitgliedern geteilt werden. Der Mythos ist für die Familie das, was für das Individuum die Abwehr ist. Er verzerrt die Familienrealität und legt Positionen und Rollen der einzelnen Mitglieder fest.

Die Psychotherapie nun kann die Familienrealitäten ans Licht bringen und helfen, die eigenen familiären Umstände so anzunehmen, daß man die Vergangenheit als Schicksal nicht passiv hinnehmen muß, sondern ihre Dominanz in der Gegenwart aktiv verändern kann - Ziel ist also das revidierte Früher im Heute.

Dies reicht nun in der Tat von der mühsamen Arbeit der Selbstdefinition als biologisch determiniertes Wesen über vermittelte Rollendefinitionen bis hin zur Änderung bestimmter, "ungesunder Lebensweisen" zur Verarbeitung schicksalhafter "Vermächtnisse" (BOSZORMENYI-NAGY 1981). Und da in den heutigen Familienbiographien häufig auch Kriegstote mit dabei waren, gehört die Überwindung der individuellen Resignation gegenüber den politischen Mächten, die in Kriegen und autoritären Systemen Menschen für ihre Zwecke einsetzen und verschwinden lassen, mit zu den Bemühungen, sich mit den eigenen Einstellungen wirklich auseinanderzusetzen, das heißt zu an der bewußten eigenen Geschichte überprüften wirklichen Überzeugungen zu gelangen, die sich nur teilweise mit Gruppenüberzeugungen decken.

Es kann eingewandt werden, das alles sei zu schwer. Natürlich ist es schwer. Aber es wird nicht leichter dadurch, daß wir uns einreden, es sei anders, oder Anleihe bei einer Ideologie machen, die die Wirklichkeit so verfälscht, daß die Aufgabe uns leichter erscheint. Familientherapeuten, die mit mehreren Generationen zusammenarbeiten, können in der Tat nur *eine* Erleichterung anbieten, nämlich, daß man mit allen Beteiligten offen darüber spricht. Hieraus können sich Hilfsmöglichkeiten eröffnen, die den Wiederholungszwang mindern, ihn gegebenenfalls sogar aufheben können. Das soll nicht viele alte Utopien durch eine neue ersetzen, sondern lediglich einer zu frühen Resignation einen Riegel vorschieben. Das bedeutet aber in praxi, daß das gefürchtete Schicksal nicht unabdingbar weitergegeben werden muß. Es kann sich durch gemeinsame Anstrengungen, an denen sich die drei Generationen mit Hilfe des durchaus involvierten Therapeuten beteiligen, verwandeln lassen.

Und selbst wenn bei einem solchen Bemühen dennoch ein Scheitern herauskommen sollte, hat sich auf dem Wege bereits so viel verändert, und zwar in allen Beteiligten, daß ein Überleben ermöglicht wird; denn die Familienmitglieder können sich nun gegenseitig helfen, nicht mehr diffus aus der Streubüchse, sondern gezielt, weil man jetzt weiß, worauf es ankommt.

Selbstverständlich werden Historiker und Soziologen kritisch einwenden, daß die hier zur Diskussion gestellten Zeiträume zur Erfassung wirksamer historischer Trends viel zu klein sind. Auch wissen wir spätestens seit den Untersuchungen von SCHELSKY (1967), SHORTER (1977) und DONZELOT (1980), um nur einige Autoren zu nennen, daß sich die Änderungen der Familienstrukturen wie auch der Aufbruch der Frauen, den wir heute erleben, über Jahrhunderte langsam mit Wellenbewegungen entwickelt haben. Für die praktische therapeutische Arbeit bleibt die Tatsache des Miterlebens, der Zeitgenossenschaft, so bedeutsam im Vordergrund, daß wir uns auf das Verfügbare beschränken; dies selbstverständlich nicht ohne Mitberücksichtigung der in anderen Wissenszweigen erworbenen Erkenntnisse. Die Ausschöpfung der Quellen der Zeitgenossenschaft ist eine der Hauptbegründungen der Mehrgenerationen-Settings in der Familientherapie.

2. KAPITEL

Die Entwicklung zur Mehrgenerationen-Therapie

Psychoanalyse und Familientherapie

Die Entwicklung familientherapeutischer Ansätze aus der Psychoanalyse ist unseres Erachtens naheliegend, wurzelt doch die ursprüngliche psychoanalytische Theorie auf den Erfahrungen des Patienten in seiner Familie. Sowohl in der psychoanalytischen Einzelbehandlung als auch in der analytisch orientierten Familientherapie geht es, wenn auch in verschiedener Weise, um die Aufhebung früher entstandener Fixierungen durch die Aufarbeitung der Psychogenese der Betreffenden.

Die folgenden Gedanken werden sicher dem Bedürfnis nach Vollständigkeit überhaupt nicht Genüge tun, hoffentlich aber den einen oder anderen Leser anregen oder provozieren, die angeschnittenen Fragen weiter zu diskutieren, da ihre Klärung sowohl von seiten der Familientherapeuten als auch von seiten der Psychoanalytiker bislang weitgehend ausgeblieben ist.

Der ursprüngliche FREUDsche Ansatz, der eine Trieb(Es)-Psychologie zum Inhalt hatte, wurde zunächst am Modell der patriarchalischen Familie entwickelt und griff immer wieder auf kindliche Früherfahrungen, speziell im ausgeweiteten sexuellen Bereich, zurück. FREUD und seine Psychoanalyse brachen mit einer Reihe gesellschaftlicher Tabus und setzten sich hierdurch heftigsten Anfeindungen und Verfolgungen aus.

Die große Bedeutung, die den Sexualtrieben und der kindlichen Sexualität im weitesten Sinne für die Entwicklung des einzelnen beigemessen wurde, "die partielle Ableitung der Kunst, Religion, sozialer Ordnung, von der Mitwirkung sexueller Triebkräfte" (FREUD G.W., Bd. XIV, S. 105), die Forderung, "mit der Strenge der Triebverdrängung nachzulassen" (S. 107) und FREUDS Angriff auf die "Kulturheuchelei" (S. 106), die geringe Bedeutung, die dem bewußten Ich im Verhältnis zum übermächtigen Unbewußten beigemessen wurde, all dies war eine "psychologische Kränkung" seiner Zeitgenossen, beleidigte das Individuum und rief entsprechenden Widerstand hervor.

Zweifellos hätte die Ausweitung des psychoanalytischen Denkens auf die Untersuchung von Familien und Familiengruppen nicht nur das Individuum beleidigt, sondern auch die Familie, der individuellen wäre die familiäre Kränkung gefolgt.

Eine solche Entwicklung wäre konsequent gewesen,[1] sie unterblieb aber zunächst. Dies, obwohl zum Beispiel ERNEST JONES 1913 eine der ersten, wenn nicht die erste Arbeit zu einer psychoanalytischen Mehrgenerationenbetrachtung der Familie veröffentlichte, in der er die "Bedeutung des Großvaters für das Schicksal des einzelnen" untersuchte, und FLUGEL bereits 1921 in seiner "Psychoanalytic Study of the Family" die Ergebnisse bisheriger psychoanalytischer Forschung über die Lebensentwicklung und das Familienleben darstellte. GROTJAHN (1960) hob die Beiträge FREUDS zum Verständnis der Familie und der Familienneurose hervor. Er nennt hier die Entdeckung der Bedeutung des Ödipuskomplexes, die Anwendung des Wissens über den Ödipuskomplex und die Familie auf das Verständnis der sozialen und kulturellen Entwicklung der Menschheit und schließlich Arbeiten mit direkten Beobachtungen der Familie, ihrer Pathologie und vielleicht ihrer Behandlung. So nutzte FREUD bei der Behandlung des "kleinen Hans" das Familiensetting, indem er den Vater zum Informanten und Therapeuten machte, bekannte aber andererseits schon früh seine völlige Ratlosigkeit in bezug auf den Umgang mit den Angehörigen der Patienten (FREUD G.W., Bd. VIII, S. 387) und sah von der gleichzeitigen individuellen Behandlung einzelner Familienmitglieder ab.[2]

---

1 Auch BUCHHOLZ (1982) kommt zu dem Schluß, daß die FREUDsche Psychoanalyse im Familienmodell dachte und die mehrgenerationale Perspektive in der Entwicklung der Über-Ich-Bildung enthalten sei. FREUD blieb aber dabei, im Familienmodell zu *denken*, er untersuchte die Familienmitglieder *nicht tatsächlich*.

2 Interessanterweise spricht FREUD in der zitierten Schrift von einer "... naturgemäß, irgendwann unvermeidlichen Gegnerschaft der Angehörigen gegen die psychoanalytische Behandlung der Ihrigen ...", die dazu führt, daß eine Behandlung eventuell gar nicht erst beginnt (1912, S. 386). Diese Beobachtung führte FREUD seinerzeit dazu, von der gleichzeitigen individuellen Behandlung der einzelnen Familienmitglieder abzusehen. Das hier u.a. angesprochene Loyalitätsproblem ist erst durch die systemische Analyse und Therapie der Familie lösbar geworden.

Seine insbesondere in der Arbeit zur "Ätiologie der Hysterie" formulierte Theorie der faktischen Verführung als Ursache der Neurosen verwarf er 1897. Hierüber ist in den letzten 10 Jahren erneut intensiv diskutiert und geschrieben worden (vgl. KLEMANN 1987).

Diese von "klassischen" psychoanalytischen Autoren wie JONES und KRIS positiv beurteilte "Wende", die mit der Einsetzung der "Phantasie" in ihr Recht den eigentlichen Beginn der Psychoanalyse sehen, wurde von anderen vehement kritisiert (z.B. KRÜLL 1979, MASSON 1984, MILLER 1981). KRÜLL (1979) sieht die Aufgabe der Verführungstheorie als Resultat der Selbstanalyse FREUDS, die ihn dahin gebracht hätte, seinen eigenen Vater Jakob als perversen Verführer bezeichnen zu müssen, hätte er sie weiter verfolgt.[3] MASSON (1984) sieht statt der Familienloyalität hier eher den Druck des Konformismus am Werk. Nun haben beide Argumente sicher etwas für sich, insbesondere das zuerst genannte; denn wie die Familientherapie ist auch die Psychoanalyse unmittelbar mit der Person dessen, der sie durchführt und konzipiert, verbunden. Die persönliche Geschichte macht sich bei dem subjektiven Gegenstand eher geltend als bei anderen, dem Erleben ferneren.[4]

---

3   DEVEREUX (1973) sieht in seinen Analysen der griechischen Ödipuserzählung das Verhalten des Ödipus als direkte und unausweichliche Folge des Verhaltens seiner Eltern Laios und Jokaste. Der Ödipuskomplex des Kindes sei "... in erste Linie eine Antwort auf die präexistierenden inzestuösen oder mörderischen Triebe der Eltern ...", und man müsse deshalb "... genau genommen von einem Gegen-Laios oder Gegen-Jokaste-Komplex sprechen ..." (DEVEREUX 1973, S. 119). In dem gleichen Buch sprich DEVEREUX später dann von auch in der psychoanalytischen Theorie enthaltenen "unanalysierten Segmenten", die "in den Dienst des Widerstandes gegen Fakten" treten können, und spricht damit auch die Verschonung der Eltern vor der psychoanalytischen Untersuchung an (S. 121).
    Auch RACKER (1978) führt aus, daß "die unzureichende Auflösung von Idealisierungen und darunter liegenden Ängsten und Schuldgefühlen ..." beim Analytiker "... zu besonderen Schwierigkeiten ..." (S. 154) führt. Aus der weitgehenden Identifizierung mit diesen Idealen erklärt er "... daß man sich vielmehr mit dem Ödipuskomplex des Kindes mit seinen Eltern als umgekehrt mit dem der Eltern mit ihren Kindern, und vielmehr mit dem Ödipuskomplex des Analysanden mit dem Analytiker, als umgekehrt mit dem des Analytikers mit dem Analysanden befaßt hat" (S. 154f.).

4   Der Hinweis auf ein persönliches Motiv kann in der wissenschaftlichen Theoriebildung eine Widerlegung in der Sache nicht ersetzen. Alle Theorien haben ihren persönlichen Hintergrund. Zudem ist es unselige Tradi-

Bei der Verführungstheorie scheinen die Verhältnisse etwas verwickelter, als in der bisherigen Debatte wahrgenommen. FLITNER und MERLE (1989) weisen in einem Diskussionsbeitrag zur hier angesprochenen Kontroverse nach, daß sowohl die "Orthodoxen" (JONES, KRIS) als auch die oben zitierten Kritiker die FREUDsche Theoriebildung *vor* der "Ätiologie der Hysterie" in einer Art stiller Übereinkunft nicht berücksichtigen. Sie stellen überzeugend dar, daß der Bruch 1897 nicht *so* total ist, wie von beiden Seiten angenommen.

Sowohl in den "Studien zur Hysterie" als auch vorher, in den "Bemerkungen zu den Abwehr-Neuropsychosen", betont FREUD den *inneren Konflikt* und die hiermit verbundene Erinnerung als das *eigentliche Trauma*:

"Der eigentlich traumatische Moment ist jener, in dem der Widerspruch sich dem Ich aufdrängt und dieses die Verweisung der widersprechenden Vorstellung beschließt." (FREUD G.W., Bd. I., S. 182).

Und schon vorher heißt es eindrucksvoll in seinen "Bemerkungen zu den Abwehr-Neuropsychosen" für eine hysterische Patientin:

Deren psychische Gesundheit währte solange, "... bis ein Ereignis, eine Vorstellung, Empfindung an ihr Ich herantrat, welches einen so peinlichen Affekt weckte, daß sie beschloß, daran zu vergessen, weil sie sich die Kraft nicht zutraute, den Widerspruch dieser unverträglichen Vorstellungen mit ihrem Ich durch Denkarbeit zu lösen". (FREUD G.W., Bd. I, S. 61f.)

Dies ist bereits der Kern der später differenziert entwickelten *psychoanalytischen Konflikttheorie*, die den Ausweg aus der unproduktiven Entgegensetzung von "Fakt" und "Phantasie" weist. Die Psychoanalyse thematisiert von Anfang an die *Übergänge* zwischen äußerer und innerer Erfahrung, deren konflikthafte Verarbeitung und die daraus resultierenden Kompromißbildungen. So nimmt die FREUDsche Psychoanalyse immer eine Mittelstellung zwischen dem Biologismus MELANIE KLEINs und dem Soziologismus der Kulturschulen ein (vgl. FENICHEL 1944, WAELDER 1934).

Bis zum Ende seines Schaffens betonte FREUD auch das Ge-

---

tion gerade in der Psychoanalyse, Sachdebatten durch "Deutungsarbeit" - am jeweiligen Gegenüber versteht sich - zu ersetzen.

wicht traumatischer Erfahrungen, die aber nur in ihrer spezifischen *Bedeutung* für das Subjekt, als "psychische Realität" der unbewußten Konflikte und der sich um sie herum entwickelnden Phantasien in spezifischer Weise pathogen wirken. Hier gilt das bereits früh entwickelte Prinzip der "mehrfachen Determiniertheit" (vgl. WAELDER 1930).

Während die Psychoanalyse eher die inneren Verarbeitungen der Erfahrungen des Individuums in einem dyadischen Prozeß exploriert, arbeitet die psychoanalytische Familientherapie an den Verbindungen zwischen inter- und intrapersonellen Verarbeitungen mit der Betonung der interpersonellen Verarbeitungsregeln. Für beide gilt der Satz von ANNA FREUD, daß "das Ich nur verändern könne, was es getan hat, nicht, was ihm angetan wurde" (1976, zit. n. CREMERIUS 1984, S. 405) - ein Gedanke, den BATESON (1981) aus systemischer Sicht, etwas formal anmutend, aber essentiell in seiner Arbeit "Die Gruppendynamik der Schizophrenie" so formuliert:

"Alle Mitteilungen oder Teile von Mitteilungen sind wie Ausdrücke oder Ausschnitte aus Gleichungen, die der Mathematiker in Klammern setzt. Außerhalb dieser Klammern kann immer ein qualifizierender oder multiplizierender Wert stehen, der den Tenor des ganzen Ausdrucks wandelt. Überdies können diese qualifizierenden Werte noch nach Jahren hinzugefügt werden. Sie müssen dem Ausdruck innerhalb der Klammern nicht vorausgehen. Ansonsten wäre Psychotherapie unmöglich. Der Patient wäre berechtigt oder sogar gezwungen zu argumentieren: 'Meine Mutter hat mich in dieser und jener Form unterdrückt, und deshalb bin ich jetzt krank; und weil solche Traumata in der Vergangenheit aufgetreten sind, sind sie nicht zu ändern, und deshalb kann es mir nicht gutgehen ...'" (BATESON 1981, S. 307-308).

Das Hauptanliegen psychoanalytischer Familientherapie ist die Rekonstruktion zentraler unbewußter Anteile der Familiengeschichte, der Fakten in den spezifischen Formen ihrer Abwehr, das Wiederaufnehmen der "abgerissenen Fäden" und die Bearbeitung der "Ersatzbildungen", der "falschen Verknüpfungen", der oft magischen Familienmythen und absolut gesetzten, Entwicklungen erstickenden Erlebens- und Verhaltens-Regeln. Ziel ist es, den Familien dabei zu helfen, sich ihre Geschichte wieder anzueignen, sich als deren *Ko-Autoren*, nicht mehr nur als Opfer des dämonischen Wiederholungszwanges, zu begreifen (vgl. REICH 1990). In diesem Prozeß sind auch die oft über Generationen mitgetragenen Lasten der Familien auf eine Weise neu zu verteilen, daß sie für alle Mitglieder tragbar werden und entsprechend alle überleben können.

Wenn FREUD (1912) formuliert: "Am Anfang war die Tat", so gilt dies in gewisser Weise auch für uns, doch wir suchen sie nicht in der Vorgeschichte der Menschheit, sondern in der familiären Entwicklung im jeweiligen Erlebenszusammenhang, der sich in der Regel über drei Generationen erstreckt. Die hier relevanten Begründungszusammenhänge sollen mit Hilfe aller drei Generationen rekonstruiert, in ihrer *affektiven Bedeutung* wiederbelebt und durchgearbeitet werden. Zu den uns interessierenden "Tat-Sachen" gehört auch die "psychische Realität" der Eltern und Großeltern, deren Konflikte und Phantasien, die, auf die Kinder und Enkel gerichtet, deren Leben entscheidend mitbestimmen.

Entsprechend ist der "*Wahrheitsbegriff*" der psychoanalytischen Familientherapie wie in der Psychoanalyse *historisch*. Die "Wahrheit" hat immer Kompromißcharakter, ist stets Annäherung, "ein Wert, der für die Zeit, die Person und die therapeutische Situation spezifisch" ist (WURMSER 1989, S. 309). Dieses Verständnis hat auch eine existentielle Dimension, die über reine Nützlichkeitskriterien, wie sie von systemischen Therapeuten formuliert werden (vgl. CECCHIN 1987), hinausgeht:

"Nicht die Übereinstimmung gedanklicher Verknüpfungen mit wirklichen Verhältnissen, nicht die Tauglichkeit von Deutungskombinationen zur Erklärung seelischer Entwicklungen ist das erste Kriterium des Wahren als solchem, sondern die menschliche Lebensfähigkeit, wie sie in der Gemeinschaftlichkeit menschlichen Lebens gründet (...) Nur auf dieser Grundlage sind in der psychoanalytischen Situation lebensgeschichtliche "Wirklichkeiten" und "Wahrheiten" sinnvoll gefragt" (MARTEN 1978, zit. n. CREMERIUS 1984, S. 321f.).

Die "Wahrheit" eines therapeutischen Gespräches wird im nächsten verändert, erweitert, modifiziert. So erwächst eine neue "Wahrheit" "als einzigartige, als individuelle und als wirksame Kraft" (WURMSER 1989, S. 309).

Wir gehen zudem davon aus, daß das Geschehen in der Regel *schlimmer* war, als es zunächst erinnert wird. Offenlegungen verletzten die Familienloyalität und die Familienscham. Beide erweisen sich als überaus mächtiges individuelles und kollektives Abwehrmotiv und stellen selbst eine Abwehr dar (vgl.

WURMSER 1990). Von allen in der psychoanalytischen Theorie so detailliert beschriebenen Mustern scheint uns die Abwehr schmerzlich traumatisierender Erinnerungen durch Wendung vom Aktiven ins Passive, Identifikation mit dem Aggressor, Verschiebung und Verleugnung in globaler Form insbesondere durch Handeln bei schweren Störungen immer wieder als wesentlich. Das Resultat ist die Umkehr der "Rollen" und Affekte: Aus Demütigung wird Stolz, aus Schmerz Lust, aus dem gefürchteten Verurteilt-, Beschämt- und Entwertet-Werden werden Verurteilungen, Entwertungen und Beschämung von anderen. Diese Abwehrmuster werden intrafamiliär übertragen. Kinder identifizieren sich mit den Schuld- und Schamgefühlen ihrer Eltern und Großeltern. Dabei erscheint die Loyalität und die Scham bezüglich der eigenen Familie oft noch größer als gegenüber der eigenen Person. Zu dem entliehenen Schuldgefühl durch Identifikation (FREUD 1923) tritt das entliehene Schamgefühl. Noch 1960 berichtete LAFORGUE, wie bei seinen Ausführungen über die Familienneurose ein Kollege erregt aufsprang und ihn anklagte, dessen Mutter zu beleidigen, obwohl von dieser gar nicht die Rede gewesen sei. Schon 1934 sei auf dem Kongreß der französischsprachigen Analytiker in Nyon ein starker affektiver Widerstand spürbar gewesen, da das Tabu, die Eltern unter die "psychoanalytische Lupe" zu nehmen, nicht respektiert wurde (LAFORGUE 1960).

Nicht nur theoretisch-therapeutische Positionen, auch die affektiven Widerstände der Therapeuten verhindern, daß die individuumzentrierte Anwendung der psychoanalytischen Erkenntnisse auf die Primärgruppe Familie erweitert wurde. Die "normale Psychopathologie" (LEUBA 1934) der Familie darf nicht offenliegen, übrigens auch nicht bei den modernen Familientherapeuten (REICH 1982, 1984).

So hatte die analytische Familienforschung und -therapie mehrerer Familienmitglieder bis in die 50er Jahre hinein und auch späterhin nur eine Randposition in der Psychoanalyse (vgl. GROTJAHN 1960). Diese ging in ihrer Hauptentwicklung einen anderen Weg als den des ursprünglichen FREUDschen Ansatzes, wodurch sie einerseits größere Anerkennung und Breitenwirkung erlangte, andererseits aber das gesellschafts- und kulturkritische Potential, das FREUD bis zuletzt immer wieder betonte, aufgab. Alle Veränderer der Psychoanalyse, von ADLER und JUNG angefangen, verminderten oder leugneten die theoretische und praktische Bedeutung der frühkindlichen Sexualität wie der sexuellen Triebkräfte im FREUDschen Sinne überhaupt.

Die durch die Betonung der Kräfte des Unbewußten (Es) im menschlichen Dasein entstandene Kränkung wurde unter anderem dadurch gemindert, daß die von FREUD relativ kurz gefaßte "Ich-Psychologie" zum Zentralthema weiterer Forschung gemacht und speziell triebunabhängige Funktionen des Ich herausgestellt wurden. Hieraus resultierte eine neue psychoanalytische Theorie, die mit der ursprünglichen nur noch wenig Ähnlichkeit hat (HARTMANN 1975, 1950 in 1972).

Die psychoanalytische Theorie entwickelte ihren Schwerpunkt einerseits vom Trieb über das Ich und den "Narzißmus" zum "Selbst" (vgl. THOMÄ 1980), andererseits zu den Objektbeziehungstheorien. Bereits die breit ausgebaute Ich-Psychologie imponiert teilweise eher wie eine Sozialpsychologie.

Wurde durch diese Theorie-Entwicklungen einerseits das Verständnis des Ich, insbesondere der Abwehrtätigkeit, der Identifikationskonflikte und der Bedeutung der zwischenmenschlichen Beziehungen für die Genese von seelischen Störungen verbessert, so ist doch beileibe nicht jede der hieraus im weiteren resultierenden Neuerungen ein Fortschritt gewesen - im Gegenteil. Im Gefolge eines fragwürdigen Postulats der "Konfliktfreiheit" entstanden narzißmustheoretische und ich-psychologische linearkausale Modelle einer "defekten Ich-Struktur" oder "defekten Selbststruktur", die durch einen "Mangel" in frühester Lebenszeit entstanden seien. So wurde im zunehmend abstrakteren, dem Erleben der Patienten immer ferneren Schrifttum das Zentrum der Psychoanalyse aufgegeben, "die Psychologie der innersten geistig-seelischen Prozesse des Menschen im Konflikt" (KRIS 1938, zit. n. WURMSER 1987, S. 8) zu sein. Oder aber Konflikte wurden und werden in einem "infiniten Regreß" in ihrer Entstehung in immer frühere Entwicklungsphasen bis in das "prä- und perinatale Erleben" "vorverlagert". Entsprechend wird der Bereich des Psychotischen weit ausgedehnt, der des Neurotischen zurückgedrängt.[5]

---

5 Diese vornehmlich kleinianischen Theorien werden durch die neuere Säuglings- und Kleinkindforschung, die zeigt, daß die angeblichen frühen Phantasien und Konflikte frühestens ab der Herausbildung der Symbolisierungsfähigkeit am Ende des zweiten Lebensjahres denkbar sind, vollends unglaubwürdig gemacht, was deren Anhänger hartnäckig ignorieren. Im Schrifttum werden denn auch alle Phänomene, ob Psychose, Buli-

Neurosen erscheinen nunmehr als das Resultat der Konflikte "reifer Strukturen" - einer mythischen Größe ohne jeden empirischen Gehalt, die wahrscheinlich noch nie auf irgendeinen Patienten oder Behandler zutraf -, während komplexere, schwerere Störungen auf den eben zitierten "defizienten Struktur-Entwicklungen" oder auf "tiefsten Konflikten" in den ersten, angeblich psychotischen, Lebensmonaten beruhen sollen (vgl. EAGLE 1988). In dieser Regression der komplexen, im weiteren Sinne ödipalen, also mehrpersonalen psychoanalytischen Theorie - der Verwechslung von "tiefen" und "frühen" Konflikten - hin zu mechanistischen Deutungsschablonen wurde diese zunehmend "psychiatrisch", zum Beispiel in den KERNBERGschen Diagnose-Schemata (vgl. hierzu KERNBERG 1979, 1981 und die Kritik von ABEND et al. 1983 sowie RANGELL 1982). In der Folge dieser Entwicklung gelten zunehmend mehr Patienten als "unanalysierbar", und den Satz FREUDS aus dem Jahre 1905: "Die psychoanalytische Therapie ist an dauernd existenzunfähigen Kranken und für solche geschaffen, und ihr Triumph ist es, daß sie eine befriedigende Anzahl von solchen dauernd existenzfähig macht" (G.W., Bd. V, S. 20), würden heute nur noch wenige Psychoanalytiker unterschreiben. FREUDS Patienten, an denen Generationen von Psychoanalytikern lernten, wurden inzwischen als "Borderlines" oder "Psychotiker" "reklassifiziert". Statt der sorgfältigen Analyse der Abwehr und der Übertragung "Schicht für Schicht" werden entweder "stützende Interventionen" oder die Abwehr nicht berücksichtigende Deutungen des sogenannten "tiefen Unbewußten" propagiert, obwohl auch die heutigen "Borderlines" und "Narzißten" schon immer und mit Erfolg mit einer nur geringfügig modifizierten "klassischen" Technik behandelt wurden (vgl. CREMERIUS 1979, HEIMANN 1965, RANGELL 1982).

Es wird vor allem deutlich, daß das Problem, ob ein Patient mit psychoanalytischer Therapie behandelbar und wo seine "Störung" anzusiedeln ist ("ödipal" vs. "präödipal"), in erster Linie eine Konstruktion ist, die aus dem theoretischen und klinischen

---

mie, Hysterie, Nationalsozialismus, Geschichte der psychoanalytischen Bewegung oder Wiedervereinigung auf ein mythisches Hin und Her einiger postulierter Grundvorgänge, insbesondere "Spaltung", Introjektion und "projektive Identifikation" reduziert, nicht bedenkend, daß es sich auch bei letzterem um recht komplexe seelische Vorgänge handelt (vgl. die Kritiken von LICHTENBERG 1983 und STERN 1985, zuletzt THOMÄ 1990).

Konzept des Analytikers folgt und weniger mit dem Patienten zu tun hat (vgl. auch STREECK 1986). Auffällig ist hier, daß Psychoanalytiker heute mehr dazu neigen, Ödipales als Abwehr von "Früherem" zu sehen, und den umgekehrten Fall kaum annehmen. Auch dies ist eine Folge des Reduktionismus. FENICHEL (1941) etwa ging noch von einer "dreischichtigen Abwehr" aus.[6]

Diese skizzierte Entwicklung hat dazu geführt, daß vielfach immer längere Analysen an immer gesünderen Patienten oder an den Kandidaten der Weiterbildungsinstitute durchgeführt werden, während die "unbequemen Patienten", die eigentlich eine tiefgehende Langzeitbehandlung von gut ausgebildeten Therapeuten bräuchten, mit den inflationär anwachsenden, schnellen Erfolg versprechenden Kurztherapieverfahren, oft in Gruppenform oder in "verdünnten" Langzeittherapien behandelt werden. So hat die Psychoanalyse durch eigene Fehlentwicklungen an Bedeutung und an Boden verloren; durch ihre Entwicklung erworbenes Wissen über Krankheitsprozesse und Behandlungsmöglichkeiten ist vielfach einem verflachten, rein interaktionistischen Verständnis von recht vordergründiger Erklärungskraft gewichen. Auch psychoanalytische Familientherapeuten sind inzwischen in beiden "Lagern" so etwas wie "weiße Raben", obwohl die Psychoanalyse noch vor einem Jahrzehnt die Entwicklung entscheidend mitbestimmte.

Dabei bieten neuere Entwicklungen in der Psychoanalyse, zum Beispiel die differenzierten Beiträge zur Über-Ich- und Abwehr-Analyse bei schweren Neurosen in Verbindung mit den Entwicklungen in der Affekttheorie (WURMSER 1987, 1990) nicht nur neue Möglichkeiten zum Verständnis von Erkrankungen wie Masochismus, Sucht oder Eßstörungen, sondern auch neue Verbindungen zur psychoanalytischen Familientherapie (vgl. hierzu REICH 1990), so daß die skizzierten Phänomene hoffentlich eine vorübergehende Erscheinung bleiben.

Historisch war es insbesondere auf der Basis der objektbeziehungstheoretisch orientierten Arbeiten des von MELANIE KLEIN

---

6 ROHDE-DACHSER (1991) interpretiert die Entstehung der Theorien der sogenannten "frühen Mutter" in den Objektbeziehungstheorien unter anderem als Reflex der Psychoanalyse auf die vielfältigen Konfliktzumutungen der Moderne und den damit verbundenen Geborgenheits- und Orientierungsverlust, die nunmehr individualisiert und der Mutter oder entsprechenden "Imagines" angelastet werden.

beeinflußten Außenseiters FAIRBAIRN (1940, 1941) möglich, dyadische Beziehungen in ihrer intra- und extrapsychischen Dimension zu untersuchen. Hiermit begann schon in den 40er Jahren HENRY DICKS, der nach dem 2. Weltkrieg intensiv gestörte Ehepaare untersuchte und behandelte. Er sah die Qualität der Ehebeziehung als entscheidenden Faktor bei der Persönlichkeitsentwicklung der Kinder und für das psychosoziale Klima der Zukunft an (DICKS 1967). Für ihn war die Ehe*beziehung* der "Patient", nicht das Individuum. Er entwickelte schon frühzeitig das später von WILLI übernommene Konzept der Kollusion. Ebenso wie DICKS benutzen auch andere Familienforscher FAIRBAIRNs Denken verwandte Konzepte, so zum Beispiel BOWEN, der den "familiären Projektionsprozeß" beschrieb, und SEARLES, der "das Bestreben, den anderen verrückt zu machen" (1959) untersuchte. Auch BOSZORMENYI-NAGY wurde durch FAIRBAIRNs Denken beeinflußt (BOSZORMENYI-NAGY 1965).

Bis zum Anfang der 50er Jahre hatte sich die Familientherapie quasi als Nebengleis der Psychoanalyse, zum Teil aber auch unabhängig von dieser entwickelt. Ab Mitte der 50er Jahre nahm sie vor allem in den USA einen enormen Aufschwung. Die gesamte familientherapeutische Entwicklung fand - in für uns auffallender Weise - parallel zur Entwicklung der ich-theoretischen Vorstellungen und später der narzißmustheoretischen Konzeptionen statt, die das familiäre Geschehen und den Gegensatz zwischen Libido und gesellschaftlichen Anforderungen weitgehend vernachlässigten.

Die Entwicklung bis zum Anfang der 50er Jahre, die wir auch in einer Zeittafel am Ende dieses Kapitels zusammengefaßt haben, möchten wir nun noch einmal grob skizzieren:

Wie bereits erwähnt, fand 1934 in Nyon unter der Leitung des FREUD-Schülers LAFORGUE ein Psychoanalytiker-Kongreß mit dem Thema "Familienneurose und neurotische Familie" statt. LAFORGUE berichtet hier über Erfahrungen bei der gleichzeitigen Analyse mehrerer Familienmitglieder derselben Familie und beschreibt, wie Ehepartner ihre Komplementärneurose unterstützen. LEUBA, der hier ebenfalls referierte, spricht in diesem Zusammenhang von einer "normalen Psychopathologie", bei der die Familie oder die Familienmitglieder ihre Pathologie erfolgreich in die Sozialstruktur eingebaut haben (vgl. SPITZ 1937).

1934 beschrieb OBERNDORF die Behandlung einer "folie à deux" bei einem Ehepaar. 1938 berichtete er über die Analyse von neun

Ehepaaren, deren Ehe er als versuchtes Heilmittel gegen die nicht gelungene eigene Anpassung betrachtete.

1935 berichtete BURLINGHAM über Probleme beim Umgang mit Müttern in der Kinderanalyse, drei Jahre nachdem MELANIE KLEIN ihr "The Psychoanalysis of Children" veröffentlicht hatte. Die Ergebnisse ihrer folgenden Arbeiten diskutierte BURLINGHAM 1951 und 1955. Sie sah als Trend in der Kinderanalyse die Einbeziehung der ganzen Familie in die Therapie an.

In demselben Jahr, in dem HARTMANN vor der Wiener psychoanalytischen Gesellschaft seinen 1939 veröffentlichten Vortrag "Ich-Psychologie und Anpassungsproblem" hielt, veröffentlichte der von der LEWINschen Feldtheorie beeinflußte Psychoanalytiker und Kinderpsychiater N. ACKERMANN eine Arbeit mit dem Titel "The Family as a Social and Emotional Unit".

Zwischen 1940 und 1952 berichtete MITTELMANN über Erfahrungen in der Behandlung von Ehepaaren, wobei auch er mit der Beschreibung der komplementären neurotischen Reaktion begann und später die Simultanbehandlung von Ehepaaren beschrieb (1948).

Die in den 40er Jahren beginnenden Untersuchungen von Ehepaaren durch den FAIRBAIRN-Schüler DICKS wurden bereits erwähnt. 1945 veröffentlichte RICHARDSON sein Buch "Patients have Families", in dem er psychoanalytische und systemtheoretische Gesichtspunkte auf vorwiegend somatische oder psychosomatische Erkrankungen in der Familie anwendete und die Familie sowohl als Krankheits- als auch als Behandlungseinheit beschrieb. Bereits 1939 hatte er mit diesen Untersuchungen begonnen.

In der therapeutischen Praxis wurzelt die Familientherapie insbesondere in der Arbeit mit Ehepaaren, Kindern und psychosomatisch Erkrankten, späterhin - wie auch die Arbeiten der modernen psychoanalytischen Theorien - in der Arbeit mit "frühgestörten" Patienten. Kinder zeichnen sich dadurch aus, daß sie mit ihrer Familie noch unmittelbar verbunden sind. Eine Arbeit auch mit den Eltern bot sich hier schon FREUD an (s.o.), eine Umweltveränderung wirkt hier eher persönlichkeitsverändernd als bei Erwachsenen (s. hierzu auch FREUD G.W., Bd. XV, S. 158ff.), denn bei Kindern ist die frühe Interaktion noch nicht Charakter geworden. Der Aufbau von Übertragungsbeziehungen ist wegen der weiter existierenden Realbeziehungen praktisch wie theoretisch ein Problem (s. auch FREUD ebd., FRIJLING-

SCHREUDER 1979, BOSZORMENYI-NAGY 1976). So bedienten sich auch zunächst zunehmend die Kindertherapeuten der Möglichkeit, andere Familienmitglieder in den Therapieprozeß miteinzubeziehen.

Daß sich seelische Konflikte oft in Partnerproblemen manifestieren und Beziehungs-, besonders aber Eheprobleme nicht einfach durch Trennung oder Scheidung gelöst werden konnten, macht die schon früh erfolgten Untersuchungen von Ehepaaren erklärlich.

Auch bei psychosomatisch Erkrankten sind die familiären Bande auffallend eng, so daß zum Beispiel die Anorexie später für MARA SELVINI-PALAZZOLI wie auch für unsere Abteilung Ausgangspunkt intensiver Beschäftigung mit familientherapeutischen Möglichkeiten wurde.

Das bislang psychogenetisch nur schwer erklärbare und psychotherapeutisch schwer veränderbare Verhalten Schizophrener brachte verschiedene Forschergruppen dazu, Patienten in ihrem Familienkontext zu untersuchen - BATESON und Mitarbeiter (1952), BOWEN (1952/1953), LIDZ (1956), um nur einige zu nennen.

Unter allen Familienforschern standen GREGORY BATESON und seine Arbeitsgruppe nicht nur in der Theorie, sondern auch im praktischen Arbeitszusammenhang dem am nächsten, was "Systemtheorie" beziehungsweise "kybernetisches Denken" genannt wird. Diese neue Art der Betrachtung und Lösung wissenschaftlicher Probleme - die so neu, wie einige ihrer Verfechter (z.B. GUNTERN 1980) sie darstellen, unseres Erachtens auch nicht ist, da ihre Möglichkeiten schon im dialektischen Denken, aber auch in fernöstlichen Denktraditionen enthalten sind - entstand seit den 20er Jahren, vornehmlich durch die Arbeiten NORBERT WIENERS, der sich in dieser Zeit mit dem Problem linearer und nichtlinearer Schaltungen befaßte. Die Entwicklung zur Systemtheorie wurde notwendig, da eine ganze Reihe wissenschaftlicher und technischer Probleme verschiedener Fachgebiete mit linearen Beschreibungen nicht mehr zu erfassen waren, sondern nur noch mit dem Begriff der Rückkoppelung. Sowohl Prozesse in elektronischen Rechenmaschinen als auch charakteristische Abläufe in menschlichen Nervensystemen ließen sich nun als Kreisprozesse erstmals adäquat beschreiben. WIENER selbst interessierte sich auch für die psychologischen Bezüge dieses Denkens und versuchte es auf individuelle psychopathologische Prozesse anzuwenden (WIENER 1948, dt. Ausg. 1963). Er arbeitete ab Mitte der 40er Jahre mit dem Anthropologen GREGORY BATESON zusammen, der später dann mit diesen neuen Erkenntnissen die Kommunikationen Schizophrener und ihrer Familien erforschte.

Noch vorher, im Jahre 1954, stellte der Biologe LUDWIG VON BERTALANFFY seine "General Systems Theory" vor. Auch er versuchte, die neuen Erkenntnisse auf dem Feld der Psychiatrie anzuwenden.

Auch die Familienforscher, die schon *vor* der Publizierung dieser Theorien Partner und Familien untersuchten, berücksichtigten implizit hier formulierte Prinzipien (z.B. LAFORGUE), deren spätere Anwendung in der Psychotherapie auch durch die Gestaltpsychologie und LEWINs topologische Psychologie vorbereitet wurden.

Die Entstehung der Familientherapie entspricht sicher einem allgemeinen Trend der Wissenschaften dieses Jahrhunderts. In ihr gibt es keine zentrale Gründungspersönlichkeit. Sie war zunächst eine Bewegung im Untergrund (GUERIN 1976) und wurde besonders in den 50er und Anfang der 60er Jahre in unabhängig voneinander arbeitenden kleinen Forscherteams weiterentwikkelt.

Die Familientherapie ist wesentlich ein *neues Paradigma*, eine neue Art zu denken, psychische Probleme zu betrachten und zu behandeln, nicht eine neue Therapiemethode unter den vielen im "Psychoboom" aufblühenden und vergehenden. Die Probleme des vorgestellten Patienten werden immer in ihrer Bedingtheit durch und Wirkung auf das Umfeld gesehen und verändert. Familien werden als Systeme, das heißt als Komplexe von miteinander in Beziehung stehenden Elementen gedacht. Bei der Betrachtung menschlichen Denkens und Handelns wird nicht mehr vom ersten Hauptsatz der Wärmelehre und dem linearen Prinzip der Kausalität ausgegangen - wie in den individuumzentrierten Therapieansätzen und in der psychiatrischen Krankheitslehre -, sondern vom Begriff der Information und von kybernetischen Systemen, die durch die Eigenschaften Ordnung, Evolution, Negentropie, Selbstregulierung, Zielgerichtetheit, um nur einige zu nennen, gekennzeichnet sind (vgl. hierzu MILLER 1967, WATZLAWICK 1980).

Neuerdings ist in der systemischen Therapie eine Abwendung von Maschinenanalogien und hiermit verbundenem technomorphem Denken hin zu biologischen Modellen und Metaphern zu beobachten. Das Ende dieser durch Neurophysiologie,

Biologie und philosophisch durch den Konstruktivismus angeregten Entwicklung hin zu einer "Kybernetik zweiter Ordnung", in der durch die Theoreme der "Selbstorganisation" (v. FOERSTER 1988), der "Autopoiese" (MATURANA u. VARELA 1988), der "Ordnung durch Fluktuation" (DELL u. GOOLISHIAN 1981) den Eigenarten "lebender Systeme" verstärkt Rechnung getragen werden soll, ist noch nicht absehbar.

Es ergeben sich allerdings wichtige neue Berührungspunkte mit der psychoanalytischen Familientherapie, da im therapeutischen Schrifttum der *Vorstellungswelt* der Familien und ihrer Mitglieder, ihren "Deutungsmustern" der inner- und außerfamiliären Realität, ihren "Ideen", "Prämissen" (PENN 1985) und "präexistierenden Glaubenssystemen" (TOMM 1987a,b) eine zentrale Bedeutung beigemessen wird.[7]

"Familienstruktur" wird nunmehr als "Ökologie von Ideen" thematisiert, wobei zentrale Ideen als in die "Tiefenstruktur" der Beteiligten "eingelagert" und Veränderungen schwer zugänglich beschrieben werden (vgl. BOGDAN 1985). Ein "kognitiver Konservativismus" läßt Familienmitglieder nach Bestätigung für ihre Vorstellungen und die bei den anderen vermuteten suchen. Dabei wird Reflexivität "als inhärentes Merkmal von Bedeutungsbeziehungen innerhalb der Wertsysteme, die die kommunikativen Handlungen steuern", angesehen (TOMM 1987b, S. 223). Gab es bereits vorher Ansätze zu einer "psychoanalytischen Systemtheorie" (CIOMPI 1981), wobei systemische Therapeuten die Vereinbarkeit beider Denkweisen allerdings prinzipiell bestritten (vgl. WATZLAWICK 1980), so nähern sich diese neueren Überlegungen dem zentralen Anliegen psychoanalytischer Therapie an: der Veränderung von Deutungsmustern durch die Förderung selbstreflexiver Prozesse in einem Beziehungsprozeß. Allerdings geschieht dies nicht ungebrochen; denn systemische Therapeuten bleiben zum Teil noch stark dem Behaviourismus verhaftet, wenn beispielsweise von der Innenwelt des Individuums als "black box" und von systemischer Therapie als von "Psychotherapie, in der die Psyche nicht vorkam" die Rede ist (SIMON 1988, S. 4). Indem Innerseelisches in Verhaltenssequenzen aufgelöst wird, können zentrale menschliche Denk- und Erlebenskategorien wie "Sinn" und "Bedeutung" nicht erreicht werden. Der

---

7 Zur gesamten hier skizzierten Diskussion vgl. BUCHHOLZ 1986, BUCHHOLZ u. REICH 1988, REICH 1990.

strukturierende Gehalt von Deutungsmustern wird hierdurch verfehlt.

Demgegenüber hat die Psychoanalyse der Innenwelt, der "psychischen Realität", des Subjekts stets eine eigene wissenschaftliche Dignität zugesprochen. In ihrer dialektischen Theorie erscheint der innere Konflikt in Verbindung mit der sich entwickelnden kognitiven und affektiven Regulationsfähigkeit des Subjekts als das zentrale Movens von Entwicklung.

Psychoanalytische Familientherapie arbeitet an der "Schnittstelle" von äußeren und inneren Konflikten, versucht beide in ihrem komplementären Zusammenwirken zu erfassen. Demgegenüber verbleibt die Konfliktvorstellung systemischer Therapie im äußeren, interpersonellen Feld. Entsprechend mutet das Entwicklungs- und Veränderungsverständnis bisweilen mechanistisch an: Wandel kommt durch "Verstörung" von außen zustande, die "kompensiert" wird.

Weitere Differenzen zeigen sich in der jeweiligen Sicht des Biographisch-Historischen und der Frage der Kausalität. Psychoanalytische Therapie versucht, die Deutungsmuster von Individuum und Familien in ihrer biographisch-historischen Bedingtheit zu verstehen. Diese "Deutung von Deutungsmustern" führt zu deren Relativierung und eventuellen Auflösung im "Durcharbeiten". *Geschichte* ist nun als zeitliche Abfolge von Ereignissen immer "linear" und nicht "zirkulär". Vergangenes läßt sich nicht mehr verändern - nur dessen in die Gegenwart hineinragende Auswirkungen. Vergangenes läßt sich nur neu (oder überhaupt zum ersten Mal) *verstehen*. Durch diese *Veränderung des Ich* verändern sich die Wirkungen des Vergangenen. So können Kinder nicht die Kindheit ihrer Eltern beeinflussen. Deren Kindheitserfahrungen aber beeinflussen die Entwicklung der Kinder (die natürlich wiederum die Deutung der Kindheit der Eltern durch diese selbst beeinflussen). Eine zirkuläre Sichtweise, die auf jegliche Interpunktion und Kausalitätsannahme verzichten will, stößt hier an ihre Grenzen, insbesondere wenn es um Fragen der Macht und Gewalt geht (vgl. GOLANN 1988), ebenso der "radikale Konstruktivismus", der davon ausgeht, daß Wahrnehmungen lediglich Konstruktionen des Wahrnehmenden seien. Dessen Aufkommen im neueren familientherapeutischen Diskurs verstehen wir als Verarbeitung sozialer und therapeutischer Ohnmachtserfahrungen in einer solipsistischen Allmachts-Illusion: "Wir können uns alles konstruieren" (BUCHHOLZ u. REICH 1988).

*Zeittafel zur Entwicklung der Familientherapie
bis zum Beginn der 50er Jahre*

	Psychoanalyse	Analytisch orientierte Betrachtung und Behandlung von Familienmitgliedern	Familientherapie Familientheorie Systemtheorie
1909	FREUD: Analyse des "Kleinen Hans"		
1913		JONES: Die Bedeutung des Großvaters für das Schicksal des Einzelnen	
1921		FLUGEL: The Psychoanalytic Study of the Family	
1932	KLEIN: The Psychoanalysis of Children		
1934	KLEIN: A Contribution to the Psychogenesis of Manic States	LAFORGUE: Kongreß in Nyon: Familienneurose und die neurotische Familie OBERNDORF: Folie à DEUX	
1935	BURLINGHAM: Kinderanalyse und Mutter		
1937	HARTMANN: Ich-Psychologie und Anpassungsproblem		ACKERMAN: The Family as a Social and Emotional Unit
1938		OBERNDORF: Psychoanalysis of Married Couples	
1940	FAIRBAIRN: Schizoid Factors in the Personality		
1943			WIENER et al.: Behavior, Purpose and Teleology

*Zeittafel zur Entwicklung der Familientherapie
bis zum Beginn der 50er Jahre*

	Psychoanalyse	Analytisch orientierte Betrachtung und Behandlung von Familienmitgliedern	Familientherapie Familientheorie Systemtheorie
1944		MITTELMANN: Complementary Neurotic Reactions in Intimate Relationships	
1945			V. BERTALANFFY: General Systems Theory RICHARDSON: Patients have Families
1946	HARTMANN, KRIS, LOEWENSTEIN: Comments on the Formation of the Psychic Structure ERIKSON: Ich-Entwicklung und geschichtlicher Wandel		
1947			WIENER: Cybernetics or Control of Communication in the Animal and the Machine
1948		DICKS: Principles of Mental Hygiene MITTELMANN: The Concurrent Analysis of Married Couples	WIENER: Cybernetics
1949			WIENER: The Human Use of Human Beings (Cybernetics and Society)

Kausalität wird zudem in der Diskussion in der Regel mit einfachen Ursache-Wirkungs-Annahmen verwechselt, die dann vorzugsweise der Psychoanalyse unterstellt werden. Deren Kausalitätsverständnis geht aber gerade, dem von FREUD bereits früh formulierten Prinzip der mehrfachen Determiniertheit folgend, von der Komplexität und Zirkularität der Konflikte und Konfliktlösungsfolgen aus, so "daß Kausalitätsbehauptungen nur in Annäherungen, nicht aber in zwingenden Deklarationen hervorgebracht werden können" (vgl. WURMSER 1989, S. 321).

Die Entwicklung zur Mehrgenerationen-Familientherapie

Der erste Versuch einer Annäherung an die therapeutische Bearbeitung von neurotischem Verhalten unter der Perspektive eines Drei-Generationen-Modells wurde 1956 von D. MENDELL und S. FISHER beschrieben.

In dieser ersten Mitteilung über eine Dreigenerationen-Therapie mit einer depressiven Indexpatientin (aufgetreten während der zweiten Schwangerschaft) geht es vor allem um die Präzisierung psychopathologischer Erkenntnisse. Den hier beschriebenen Basiskonflikt, den Eltern und Großeltern in beiden Familien teilen, bezeichnen die Autoren als den Wunsch nach Passivität, der naturgemäß den Anforderungen der Realität widerspricht. Mit zahlreichen Testuntersuchungen und Einzelinterviews wurden sowohl die Ähnlichkeit der Grundprobleme als auch die verschiedenartigen Modi der Verhaltensweisen der einzelnen Mitglieder beschrieben.

Wesentlich neu für die damalige Zeit war die Erkenntnis, daß der Einzelpatient, der therapeutische Hilfe sucht, einen historischen Prozeß einer spezifischen Subkultur nicht mehr allein bewältigen kann. Das Problem, daß jedes Familienmitglied von jedem anderen etwas Bestimmtes erwartet, daß niemand aber in der Lage ist, dieses Bestimmte zu geben, weil er es selbst nie empfangen hat, wird deutlich.

In einer zweiten Mitteilung (1958) greifen die Autoren ihre Erfahrungen mit der "Multigenerationen"-Therapie wieder auf und kommen zu dem Schluß, daß dieser Ansatz einen höheren Grad an Präzision für das Studium vieler Arten psychologischer Prozesse ermöglichte. Über die Bedeutung der Rolle der Kinder wird so gut wie nichts ausgesagt. Bezüglich der Technik wird betont, daß die Behandlungssituation von Anfang an als Familientherapie zu strukturieren ist. Es sei wichtig, daß die Familie begreife, daß die Symptome des "Patienten" Ausdruck von Störungen der Gesamtfamilie sind und daß deshalb alle Familienmitglieder für den Erfolg der Therapie verantwortlich seien.

1960 beschrieb M. BOWEN, ausgehend von einer von seinem Mitarbeiter L. HILL 1955 formulierten Idee, die Entstehung der Schizophrenie als einen sich über mindestens drei Generationen entwickelnden Prozeß abnehmender Reife der Selbstdifferenzierung in den betreffenden Familien (BOWEN 1960). Er und seine Mitarbeiter kamen bei weiteren ausgedehnten Familienforschungen zur Entwicklung eines äußerst wertvollen diagnostischen Instruments, des Genogramms, dargestellt von GUERIN und PENDAGAST (1976).

Hier wird durch graphische Darstellung eine Datensammlung der Familien bis hinein in die Großelterngeneration fixiert, wobei neben Sozialdaten auch wesentliche Beziehungsaspekte berücksichtigt werden. Bei der Herstellung eines Genogramms fallen mehr oder minder ausgeprägte Kenntnislücken auf, die nur durch Gespräche zwischen den Generationen auszufüllen sind; oft sind es angstbesetzte Fakten aus der Familiengeschichte.

1965 beschrieb SPERLING bei "Magersucht-Familien" die auffällige Bedeutung der Großmutter mütterlicherseits als Übermittlerin der asketischen Ideologie. Diese Beobachtungen konnten in den folgenden Jahren durch statistisch-vergleichende Untersuchungen untermauert werden (MASSING 1969, SPERLING u. MASSING 1970). 1969 veröffentlichte SPERLING, ausgehend von Studenten- und Paartherapien, erste Ansätze "alters- und bezugsgruppenspezifischer" psychotherapeutischer Zugangswege und hob die besondere Effektivität der Intergenerationenbehandlung hervor. Dies korrespondierte mit der Erkenntnis, daß unsere psychotherapeutischen Techniken der jeweiligen Altersklasse des zu Behandelnden und seiner psychosozialen "Lagebefindlichkeit" (GOTTSCHALDT 1960) angepaßt werden müssen.

Den entscheidenden Einfluß auf das mehrgenerationale Denken übte die 1973 erschienene Monographie von IVAN BOSZORMENYI-NAGY und GERALDINE M. SPARK aus, die unter dem Titel "Invisible Loyalties" nach dem Studium von über 4000 Familien in 20 Jahren einen Determinismus besonderer Art beschrieb, der metapsychologischer Natur ist und sich am besten mit "Unsichtbare Treuebindungen" übersetzen ließe. Damit ist eine ethische Dimension in die Psychologie eingeführt, die aber leichter verständlich macht, warum übliche psychotherapeutische Eingriffe oft von einer bestimmten Grenze an erfolglos sein müssen; dies ist nämlich dann der Fall, wenn der Einzelpatient in die Versuchung gerät, die unbewußten Treueanforderungen seiner Herkunftsfamilie zu brechen.

BOSZORMENYI-NAGY geht von der zunächst paradox anmutenden Grunderfahrung aus, daß Kinder für ihre Eltern sorgen wollen. Das Konzept ist nicht leicht zu verstehen: Kinder wollen ihren Eltern Gutes tun. Wenn die Mutter im Kind als ganzes Objekt entsteht, möchte es auch für sie sorgen. KRYSTALL spricht in diesem Zusammenhang von der "caring function" der Kinder. Werden sie damit zurückgewiesen, entsteht ein Defizit, das fortwährend weitergegeben wird und sich dadurch vergrößert, das heißt der Antrieb zu gegenseitiger Fürsorge verkümmert bis zu ausgesprochen "narzißtischen" Erlebensweisen. So wird zwangsläufig die Loyalitätsdynamik gestört. Die Kinder behalten existentielle Schulden bei den Eltern, da ihnen nicht gezeigt wurde, wie sie loyal sein können. Ihre Bemühungen, doch loyal zu sein, müssen scheitern und führen zu Symptombildungen. Nun besteht die Möglichkeit, die Bezogenheit jederzeit wiederherzustellen, wozu aber oft sehr viel Mut und gegebenenfalls Hilfe nötig ist, um früh erfahrene Abweisungen, die inzwischen den Umgangsstil prägten, zu überwinden.

Es kommt also darauf an, wieweit die Erwachsenen die in altersspezifischer Weise ausgedrückte Fürsorge der Kinder anerkennen. Wenn zum Beispiel ein dreijähriges Kind seinem kranken Vater Spielsachen ans Bett bringt, mag es für diesen schwer sein, sich nicht belästigt zu fühlen, sondern das Sorgen des Kindes entsprechend anzunehmen.

Durch ihr Sich-Kümmern schaffen die Kinder berechtigte Ansprüche ("entitlements") gegenüber der Familie, die eingelöst oder verspielt werden können (BOSZORMENYI-NAGY 1981). An die Stelle der eingangs erwähnten Lebensillusion und -lügen tritt also die Hervorhebung der realen Verdienste, die sich die Familienmitglieder für die Erhaltung der Familie erworben haben. Den realen Verdienstkonten, die unter Umständen über Generationen weitergereicht werden, stehen die Schuldenkonten derer gegenüber, die anderen Familienmitgliedern "etwas schuldig bleiben", das heißt auf deren Kosten lebten. Trotz aller frühen

Bemühungen bleiben Kinder ihren Eltern existentiell etwas schuldig, aber sie haben die Möglichkeit, diese ihre Rückstände durch das eigene Großziehen einer neuen Generation ethisch zu begleichen, nämlich indem sie dieselben Lasten auf sich nehmen, die ihre Eltern mit ihnen hatten.

Der Ausgleich erfolgt intergenerational innerhalb des Systems. Im Denksystem von BOSZORMENYI-NAGY geht es um eine ausgewogene Balance der Gerechtigkeit, die nichts mehr mit gängigen Moralvorstellungen, sondern mit existentiellen Begründungen zu tun hat. Um überhaupt gerecht sein zu können, muß man die Geschichte der individuellen Bedingungen seiner Eltern kennen. Ethik hat die sittlichen Grundfragen zum Thema, nicht aber die sexuelle Abstinenz, in der die christlichen Morallehren gipfelten. Gerade diese christliche Verknüpfung von Moral mit möglichst wenig Triebbefriedigung hat dem natürlichen ethischen Bedürfnis nach Moralität großen Schaden zugefügt.

Wenn Großeltern ihren Kindern, die selbst Eltern sind, etwas schuldig geblieben sind, das heißt, daß sie sie aufgrund ihrer eigenen Vorerfahrung so unzureichend für das Leben ausstatteten, daß sie krank wurden, haben sie doch jederzeit noch die Möglichkeit, durch reale und emotionale Hilfeleistung an ihrem "Kontenausgleich" aktiv tätig zu sein.

Für BOSZORMENYI-NAGY und seine Mitarbeiter beginnt praktische Arbeit in der Familientherapie mit der Bearbeitung der Großeltern-Eltern-Beziehung. Die alten Beziehungsmuster müssen zunächst geklärt, bereinigt und korrigiert werden, um die nachwachsende Generation von der Last unerfüllbarer Aufträge zu befreien. Der natürliche Wunsch der Kinder, den Eltern Gutes zu tun, kann leicht zu einer Ausbeutung der Kinder in der dritten Generation führen, wenn deren Eltern ihre eigene Bilanz mit ihren Eltern nicht ausgeglichen haben.

Das Problem der unbewußten Aufträge, das heißt der Erwartungen und Wünsche, die *Eltern* an ihre Kinder knüpfen, stellt die Basis des Delegationskonzeptes von STIERLIN dar. Hiernach werden Kinder in die Welt ausgesandt, um zu erfüllen, was ihre Eltern geträumt und selbst nie geschafft haben. Es ist selbstverständlich, daß Eltern zwei verschiedene Personen sind, von denen jede die Last ihrer eigenen Herkunftsfamilie trägt. Delegationen, denen die Kinder ausgesetzt werden, sind so oft widersprüchlich, divergent und unerfüllbar. Das heißt, daß man an diesen Spannungen krank werden kann. Die Bedeutung der Mehrgenerationenperspektive ergibt sich daraus, daß den delegierenden Eltern das, was sie für gut oder nützlich für ihre Kinder empfinden, wenig oder gar nicht bewußt ist. Auch sie müssen bei ihren Bewertungen erst bei ihren eigenen Herkunftsfamilien nachfragen. Viele Irrtümer sind nur auf diesem Weg aufzuklären.

Wesentliche Funktion dieses Intergenerationendialogs ist die "Versöhnung" (STIERLIN 1975). Versöhnung soll nichts Unversöhnliches künstlich harmonisieren, sondern durch Verdeutlichung der Auffassungen und Bedingungen, die zu der Zeit herrschten, als die Botschaften ausgesandt wurden, das Verflochtensein der jeweiligen Elterngeneration in ihr eigenes Schicksal herausarbeiten, um es überhaupt annehmbar zu machen. Abbrüche der Kontinuität der Beziehungen sollen so verhindert oder rückgängig gemacht werden; jenes "Mit Dir bin ich fertig!", das fast immer auf einem Irrtum beruht, der seinerseits mit Halsstarrigkeit, aber auch mit Erschöpfung zu tun hat, soll korrigiert werden. Gerade das starre Festhalten an Überzeugungen zeigt, wie stark Menschen "in unsichtbare Loyalität" eingebunden sein können. Innerhalb des Familiensystems sollte niemand mit jemandem "fertig" sein. Selbst wenn wir die Eltern noch so sehr hassen und genügend Gründe dafür zu haben glauben, werden wir sie nie los, sondern haben sie immer in uns. Das zeitweilige Erschrecken, das Menschen überkommen kann, wenn sie feststellen, daß sie "wie ihr Vater oder ihre Mutter" sind, wird noch deutlicher, wenn sich dieses, wie so oft, auch auf das Aussehen bezieht, so daß eine Flucht aus der eigenen Herkunft fast aussichtslos erscheint. Welche Bedeutung daneben die Zuschreibungen an Nachkommen für die ältere Generation haben, ergibt sich aus dem gerade von der Großelterngeneration geäußerten dringenden Bedürfnis, daß Enkelkinder doch Ähnlichkeit mit einem der Ihren haben mögen. Nur um nicht zu wissen, was oder gar warum sie dies tun, halten sich so Familienmitglieder über Generationen mit unsichtbaren Bändern, die manchmal unverstandene Ketten sein können, aneinander fest.

Die Begründung der Mehrgenerationen-Therapie

Die Begründung für unseren Ansatz der Mehrgenerationen-Behandlung ergibt sich aus folgenden Beobachtungen der bisherigen familientherapeutischen Forschung: dem Vorrang der Fakten und deren Abwehr vor den Phantasien bei der Entwicklung der familiären und individuellen Transaktionsmuster, der Bedeutung von Zeitströmungen und schicksalhaften Lebensumständen, dem Vorrang der Bindung an die Herkunftsfamilie vor der Bindung an den Partner und dem von uns so genannten intrafamiliären Wiederholungszwang. Berichtbare Fakten spielen danach für die Geschichte der Familie als Gruppe und der Konfliktthemen des einzelnen Familienmitgliedes eine wesentlich stärkere Rolle als intrapsychische Prozesse. Daraus ergibt sich eine unterschiedliche Fokussierung der Konfliktthemen der Familie. Diese Fakten werden bestimmt durch den familiären Lebenszyklus, der als Kriterium zur Bestimmung der Familienzeit (family time) dient. "Das Konzept der Familienzeit beschreibt das 'timing' solcher Ereignisse wie Heirat, Geburt eines Kindes, das Verlassen des Elternhauses und den Rollenwechsel von Individuen während verschiedener Stadien in der lebensgeschichtlichen Entwicklung einer Familie." (HAREVEN 1978, S. 56) Familienzeit wird unterschieden von der historischen und der individuellen Zeit. Die in den Familien erlebte Realität ist in der Regel schlimmer, als später dargestellt, da das Herunterspielen des Schlimmen zur Stabilisierung der Familienhomöostase - und zum Schutz vor Schuld- und Schamgefühlen gegenüber der Außenwelt dient. Hierzu werden die eingangs beschriebenen Familienmythen gebildet. Auch Familiengeheimnisse, die an den Knotenpunkten der familiären Entwicklung entstehen (PINCUS u. DARE 1978), dienen diesem Zweck.

Familiengeheimnisse schließen Informationen ein, die zwischen Personen zurückgehalten oder in unterschiedlicher Weise geteilt werden (KARPEL 1980). Innerfamiliäre Geheimnisse schliessen oft wenigstens zwei Personen ein, die ein Geheimnis vor mindestens einer anderen haben, und berühren die ethisch-existentielle Dimension von Beziehungen. Die Mitwisserschaft bei einem Geheimnis bringt häufig einen Loyalitätskonflikt für mindestens einen der Beteiligten mit sich. Durch Geheimnisse bilden sich familiäre Machtstrukturen und Allianzen heraus. Familiengeheimnisse schützen vor allen Dingen Geheimnisträger davor, für das eigene Tun Verantwortung zu übernehmen.

Der therapeutische Umgang mit Familiengeheimnissen wird dann schwierig, wenn der Therapeut in den Kreis der Geheimnisträger einbezogen und am Besprechen mit den Nichtwissenden gehindert wird. Zwischen den Anforderungen an den Therapeuten, alle für das System relevanten Informationen zu bekommen, gleichzeitig gegenüber allen Familienmitgliedern vertrauenswürdig zu sein und Krisen mit dem geringstmöglichen Ausmaß an Zerstörung zu bewältigen, besteht dann ein direkter Konflikt. Der Therapeut muß einen Standpunkt von "Verantwortlichkeit und Diskretion" (KARPEL) beziehen und aus ethischen und praktischen Gründen darauf bestehen, daß das Geheimnis aufgedeckt wird. Dies kann häufig nur über die Bearbeitung der Angst oder Scham geschehen.

Hierzu ein Beispiel:

Die Therapie einer Familie mit einem bettnässenden Indexpatienten und einem durch Kinderlähmung körperbehinderten Vater stagnierte seit einigen Stunden, als das Thema der Ablehnung von Kindern durch Eltern in die Bearbeitung kam. Im Gespräch über seine eigenen Eltern wiederholte der Vater häufig, daß Eltern behinderte Kinder nicht lieben würden, obwohl diese sich tatsächlich liebevoll um ihn gekümmert hatten. Die bestehenden Schuldvorwürfe gegenüber seinen Eltern, den Großeltern des Indexpatienten, wurden wiederholt bearbeitet. Schließlich wurden die Großeltern miteinbestellt. Diese brachten unerwartet den Urgroßvater mütterlicherseits mit. In dem nun folgenden Mehrgenerationen-Gespräch wurde ein Familiengeheimnis deutlich und erstmals von diesem Urgroßvater unter Tränen verbalisiert: Die Urgroßmutter mütterlicherseits war im Dritten Reich wegen einer psychotischen Dekompensation im Rahmen der Euthanasie-Gesetze umgebracht worden. Dem Urgroßvater wurde als Todesursache Lungenentzündung mitgeteilt. Er aber *wußte* um diese Lüge, verbarg jedoch seine Angst, beschwichtigte seine damals 13jährige Tochter und konnte dennoch nicht verhindern, daß diese Angst tradiert wurde und zu einem sehr komplizierten Verleugnungsmechanismus führte. Dieser kam in der Verzweiflung der Großmutter über den gelähmten Vater zum Ausdruck: "Mein Sohn ist *nicht* körperbehindert".

Die Vergangenheit lebt, obwohl verleugnet oder nicht bewußt, in den gegenseitigen Zuschreibungen, Projektionen und Delegationen der Familienmitglieder weiter.

Besonders die nicht stattgefundene Trauer um zwiespältig erlebte Verstorbene fördert diese Prozesse, so daß die früher nicht erfolgte Auseinandersetzung dann zum Beispiel mit den Kindern weitergeführt wird. In Familien mit schweren Störungsbildern, vor allem "endogenen" Depressionen, werden Eigenschaften von ungeliebten Toten ganz *offen* dem Indexpatienten zugeschrieben (MASSING 1980).

Bei einer manisch-depressiven Patientin fiel auf, daß sie zu Therapiesitzungen stets mit Silberschmuck aus dem letzten Jahrhundert erschien. Dieser hatte ursprünglich einer im 19. Jahrhundert lebenden Angehörigen gehört. Bei einem Hausbesuch bei der Herkunftsfamilie der Indexpatientin äußerte die Mutter auf Befragen ganz offen, daß diese Frau unbeliebt wegen ihres Neides und ihrer Bösartigkeit gewesen sei. Sie sagte dann auf ihre Tochter, die Indexpatientin, zeigend: "Sie ist genauso".

Neben der Bedeutung der intrafamiliären Fakten und Ereignisse wurden für die Entwicklung der Mehrgenerationen-Therapie historisch bedingte schicksalhafte Entwicklungen und durch die Zeitgeschichte vermittelte Einstellungen besonders bedeutsam.

Der in der Familientherapie zu bearbeitende Konflikt geht immer um die mittlere Generation. "Sie ist mit ihrem Zeitgeist behaftet, der mit dem als mächtig erlebten Zeitgeist ihrer eigenen Eltern kämpft" (SPERLING 1980).

Nimmt man nur die Zeitspanne von 80 Jahren, wie sie Großeltern, die zur Familientherapie eingeladen werden, erlebt haben können, wird man mit einer Fülle von zeitbedingten Einstellungsschwankungen konfrontiert. Die Frage, was das jeweilige Individuum dazu nun selber meint, geht fast unter. Wir meinen, daß das Individuum das für richtig hält, was seine Eltern ihm als Wert vermittelten, als es klein war. Die Gefühle unserer Grundüberzeugungen sind frühe Erfahrungen. Dazu gehört auch die Erfahrung der jeweils sozialisierenden Generation, daß sie ein Mindestmaß an Konformität mit ihrer Umwelt braucht, um zu überleben. Der Grad der Konformität variiert mit dem Grad der Abhängigkeit. Das Familienspezifische ist der Intensitätsgrad der Überzeugung, nicht ihr Inhalt.

Der vordergründig Überzeugte vertritt die Überzeugung eigentlich nicht selbst, sondern übernimmt die Denkschablonen der "Umgebungsgesellschaft" (SPERLING 1980), weil der Mensch gar nicht imstande ist, in seiner kurzen Lebensdauer alle Grundsatzfragen für sich selbst neu zu definieren. So haben Einstellungen in dem nur 12 Jahre währenden Hitler-Reich etwas Gespenstisches. Und wenn sich diese 12 Jahre schon so einschneidend auf die emotionalen Erlebnisbereitschaften ausgewirkt haben, wie müssen sich dann die 2000 Jahre Christentum ausgewirkt haben? Zu diesen Fragen sind von der psychohistorischen Forschung (DE MAUSE 1977) entscheidende Beiträge geleistet worden.[8]

Die seelischen Einstellungen entwickeln sich langfristig über die in Generationen sich entfaltenden familiären Muster in Konformität, Diskonformität oder gar gegenteiligen Reaktionsbildungen mit dem Zeitgeist parallel, das heißt, sie sind immer fundamental an ihn gebunden. Problematisch wird es erst, wenn zeitgeistabhängige "Weltanschauungen" das familiäre Zusammengehörigkeitsgefühl tangieren.

Eine der eindrucksvollsten Auseinandersetzungen zwischen Mutter und erwachsener Tochter ging in mehreren familientherapeutischen Sitzungen um die Frage des Kriegstodes des Ehemannes beziehungsweise Vaters. Die Tochter fragte die Mutter nach der Bedeutung der Unterschrift der Traueranzeige: "In stolzer Trauer". Es stellte sich heraus, daß die Mutter sich eigentlich gar nichts dabei gedacht hatte, sondern sich lediglich zeitgeistgemäß verhielt. Ein Problem war dies erst für die Tochter, weil der Zeitgeist sich gewandelt hatte, man hatte die Helden abgeschafft.

Was speziell der Zeitgeist der jüngsten Vergangenheit bedeutet, zeigt eine ähnliche Intergenerationenproblematik, ebenfalls um den Kriegstod des Ehemannes und Vaters in einem anderen Fall.

In der Auseinandersetzung zwischen Mutter und Sohn ging es um die Frage, ob der Gefallene, wie für die Mutter, ein Held war, der sich an die Spitze der Truppe gestellt hatte, oder, wie für den Sohn, ebenfalls ein Held, weil er ein Deserteur war. Die Verarbeitung des persönlichen Verlustes ist also abhängig davon, wie die Subkultur der Umgebungsgesellschaft in einem bestimmten Zeitabschnitt persönlichen Verlust

---

8 Faszinierend zu lesen sind die in den historischen Dokumenten niedergelegten Rationalisierungsversuche für einzelne Verhaltensweisen. Für unseren Kulturkreis kann man sagen, daß die jeweils dazugehörigen Einstellungen von Kirchenmännern gemacht wurden. Auch hier schiebt sich vor die wissenschaftliche Bearbeitung die methodische Barriere des gegenseitigen Entgegenkommens, das heißt, es ist nicht sicher auszumachen, ob Ideenverkünder nur das aussprachen, was allgemein gefühlt wurde, oder ob dasselbe allgemein gefühlt wurde, nachdem es einmal eine Formulierung gefunden hatte.

definiert. Sowohl für die Mutter als auch für den Sohn hatte sich der Vater für andere geopfert. Nun lag der Wert seines Opfers für die Mutter in dem, was in ihrer seinerzeitigen Gegenwart als Wert definiert wurde. Für den Sohn dagegen lag er in der Zukunft, die jetzt seine Gegenwart ist. Die dritte Möglichkeit, daß der Mann in ausweglose Lage im Sinne eines Selbstmörders auf im Krieg einfache Weise den Tod gesucht hatte, wofür wir aus anderen Behandlungen ebenfalls genügend Beispiele haben, durfte nicht diskutiert werden, obwohl eine ausweglose Lage doch schon für sich ein schlimmer Zustand ist.

Historisch scheint sich ein Weg abzuzeichnen, der im Umgang mit Kindern von der Härte zur Verwöhnung läuft. Bleiben wir in unserem übersehbaren Zeitabschnitt, so ist unschwer zu beobachten, daß kindliche Verhaltensweisen, die Großmütter einfach verboten, mittlere Generationen stillschweigend toleriert haben, von Eltern der jüngeren Generation geradezu provoziert werden. Heute dürfen die immer seltener gewordenen Kinder nahezu alles. Aber wie jeder Satz, der in diesem Zusammenhang formuliert wird, schon in seiner Entstehung nicht ganz richtig ist, zeigt sich auch, daß die so verwöhnten Kinder in entscheidenden Bereichen gerade heute wieder Mangel leiden, etwa in zerrütteten oder geschiedenen Ehen der Eltern oder zunehmend häufiger durch die gleichzeitige Berufstätigkeit der Eltern.

Die Bedeutung veränderter Familienformen für die Mehrgenerationentherapie: Von der "Familie" zur "Patchwork"-Familie

Der angesprochene Themenkreis erfordert, auf den gesellschaftlichen Transformationsprozeß und die sich hieraus resultierende Ausdifferenzierung von Familienformen einzugehen. Entsprechend lassen sich unter dem Stichwort "Familie" eine Unzahl von Begriffsversuchen aneinanderreihen: von der "Erstentstehensfamilie" über die "Scheidungsfamilie" zur "rekonstruierten Familie" bis hin zur "Suprafamilie" oder "Risikogemeinschaft", über das "einfache Stieffamiliensystem" zu ihren Alternativversuchen bis in die "Anti-Familien-Familie". Alle benennen zumindest in einem das gleiche: "Familie" spiegelt nicht die Entität einer Wirklichkeit, sondern sie ist eine Summe von Teilaspekten. Hierzu eine "Denksportaufgabe" aus unserer Praxis: In einem Haushalt mit einem Ehepaar und drei Kindern gab es fünf verschiedene Nachnamen. Diese Familie bezeichnete sich treffend als "Patchwork-Familie".

Statistisch ausgedrückt heißt das: Jede dritte neu geschlossene Ehe in der BRD wird geschieden (in den Großstädten jede zweite, in Kleinstädten oder auf dem Lande jede vierte). Nichteheliche Lebensgemeinschaften nehmen sprunghaft zu, ebenso wie Einpersonen-Haushalte, die bereits ein Viertel aller Haushalte ausmachen. Nur noch 15 Prozent leben in der klassischen Konfiguration der Kleinfamilie mit zwei Kindern. Jedes zehnte Kind in der BRD wächst in einer "Eineltern-Familie" auf. Hieraus lassen sich allgemeine Problemkreise für die in diesen Lebensgemeinschaften Lebenden ableiten, die sowohl aus deren strukturellen Besonderheiten resultieren, aus einer Skala möglicher Ziel- und Wertvorstellungen, als auch aus den diffizilen, vertikalen und horizontalen Loyalitätsverflechtungen, für deren Bewältigung es bislang keine verbindlichen Erwartungen oder normativen Strategien gibt.

Vielmehr brechen in allen Formen des Zusammenlebens von Frauen und Männern nach BECK (1986) die Jahrhundertkonflikte hervor. Unterschiede werden diffuser und durchlässiger. Es gibt keine fixen Kategorien mehr, womit ein schwieriger Balanceakt beginnt. Keineswegs können wir eine strahlende Emanzipationsbewegung verfolgen, sondern SCHÜLEIN (1989) betont mit Recht deren Mühe und leidvolle Entwicklung, die voller vielschichtiger Konflikte ist, die quer durch alle Generationen und Schichten laufen. Betrachtet man einige Trends aus der Diskussion um die Rollenselbstverständnisse von Frau und Mann, so ist das traditionelle Rollenmuster von Frauen nicht nur brüchig geworden. Bei Frauen hat ein grundlegender Wandel weiblicher Leitbilder stattgefunden. Mit weiblichen Wertmaßstäben und Zielsetzungen, die sich in Selbstfindungs- und Reflexionsprozessen niederschlagen - nicht zuletzt durch die Befreiung der weiblichen Sexualität vom "Fatum der Mutterschaft" (BECK 1986). Zum Beispiel soll Berufstätigkeit nicht mehr nur die Zeit bis zur Heirat überbrücken, sondern umgekehrt planen Frauen diese aktiv als Lebenskonzept (HOSEMANN 1989) mit mehr oder wenigen langen "Familienphasen". Dies gilt nach empirischen Untersuchungen von WELTZ (1978) für hochqualifizierte Berufsabschlüsse gleichermaßen wie für Näherinnen und Friseurinnen.

Auch traditionelle männliche Leitbilder und Klischees sind brüchig. "Männlichkeit" - so hört man oder frau von Männern -

ist zunehmend negativ besetzt. Empirische Ergebnisse zeichnen ein ambivalentes Bild. Einerseits bei LEHR (1978) eine deutliche Hinwendung zum familialen Bereich, zum Beispiel versorgen Väter zunehmend nach Scheidung ihre Kinder; bei BECK-GERNSHEIM (1989) ein Trend zu mehr Weichheit, mehr Gefühlswärme und Anhänglichkeit. Andererseits bei METZ-GÖCKEL und MÜLLER (1980) verbale Aufgeschlossenheit bei weitgehender Verhaltensstarre. Zum Beispiel besteht eine mehrheitliche Akzeptanz der Hausmannrolle: "Nur nicht für mich", sagen befragte Männer und denken dabei ans "Hausfrauensyndrom" und hämische Nachbarn, jedoch auch an die unerbittlichen Leistungs- und Erfolgsstandards ihrer gesellschaftlichen Rahmenbedingungen.

Bei der Analyse des Zustandsbildes von familiären Beziehungsformen sowie männlichen und weiblichen Selbstverständnisses verändert sich in beunruhigender Weise die soziale Beziehungs- und Bindungsqualität der Kinder und Jugendlichen. Sie werden als Hindernis von Individualisierungsprozessen von Müttern und Vätern empfunden und bekommen zugleich die überhöhte Bedeutung der einzig verbliebenen unaufkündbaren Primärbeziehung - was ihnen nach BECK (1986) Monopolcharakter auf lebbare Zweisamkeit verleiht - mit der damit einhergehenden Auflösung der Generationengrenzen, weshalb NEIL POSTMAN (1983) vom "Verschwinden der Kindheit" sprach. Die klinischen Folgen: Zusätzlich zu ubiquitären neurotischen Symptomen leiden Kinder in diesem Dschungel an massiven Störungen ihrer Kontakt- und Beziehungsfähigkeit. Sie leben mit einem depressiven Grundgefühl, daß menschliches Scheitern normal ist, andererseits in narzißtischer Überhöhung ihrer kindlichen Bedeutung. Die durchprogrammierte Freizeit reduziert kreative individuelle Entfaltungsschritte. Terminabsprachen in unserer familientherapeutischen Praxis scheitern häufig am ausgebuchten Terminkalender der Kinder!

Für die in den jeweiligen Lebensformen interagierenden Personen beginnt ein schwieriger Balanceakt. Der Vermittlungsprozeß zwischen gesellschaftlichen Bedingungen, den gegengeschlechtlichen Partnern, aber auch gleichgeschlechtlichen, zwischen den Generationen, den individuellen Umständen und Familienkonstellationen verläuft durchaus nicht gradlinig, sondern ist vielschichtig und kompliziert. Es entstehen Risse, Brüche und Inkonsistenzen mit sich verschärfenden Ungleichheiten zwischen Frauen und Männern (s. HOSEMANN et al. 1987).

Die Familie wird zum Austragungsort. Sie ist nicht Ursache des Geschehens und sieht sich bei Ausdünnung von Sozialbeziehungen von emotionalen Ansprüchen überfrachtet.

Für die Arbeit in unserer Praxis ist die konkrete und differenzierte Einbeziehung dieser Folgen des sozialen Wandels eminent wichtig, um verurteilenden Pathologisierungen vorzubeugen. Aus dem Spannungsfeld zwischen den von Patientenfamilien und den von Therapeutinnen und Therapeuten praktizierten Lebensformen entzünden sich in den Teamsupervisionen heftigste Auseinandersetzungen, die dann um Werte, religiöse und gesellschaftliche Moral kreisen und sich in Normierungen von "richtiger" oder "falscher", gesunder oder pathologischer Lebensform, reifer oder unreifer Therapeuten-Persönlichkeit erschöpfen und mit entsprechenden persönlichen Verletzungen einhergehen sowie um das Verharren auf einer favorisierten therapeutischen Methode oder der Zugehörigkeit zu einer anerkannteren Therapieschule als die der anderen. Da hilft dann auch nicht mehr der schlichtende Versuch der Leiterin oder des Leiters: "Jedem das Seine" oder "Über Geschmack läßt sich nicht streiten", mit dem lediglich ein ethischer Relativismus proklamiert würde, der die Diskussion um die aufgebrochenen Wertdivergenzen tabuisieren würde.

Die Mitglieder unserer Patientenfamilien sind also genauso wenig wie die Familientherapeutinnen und Familientherapeuten der Aufgabe enthoben, den "soziokulturellen Wandel" im Kontext der eigenen Biographie individuell durchzuarbeiten.

Hierbei gewinnt die historische Familienperspektive besondere Bedeutung, vor allem auch in ihren unbewußten Vorgängen. Man muß sich, wie REICH (1990) betont, hierbei vor Augen halten, daß sich oftmals mindestens drei "Familienstammbäume" und drei familiäre "Kulturen", drei Lebensstile begegnen. Gemeinsame Rituale und Traditionen, die sich im Zusammenleben herausgebildet, aus verschiedenen Familienstilen "amalgamiert" haben (vgl. hier SPERLING 1979, REICH 1988), fehlen weitgehend. Die Traditionen müssen sich zuerst herausbilden. Aber selbst in Familien, in denen partnerschaftliche Rollenverteilungen ernsthaft und erfolgreich versucht werden, bleibt ein Unbehagen zurück. Dies hat seine Wurzeln auch darin, daß Loyalitätsverletzungen an den Rollenmustern der Vorgeneration begangen werden müssen. Nur wenigen gelingt es, ganz anders und dennoch treu im Sinne von loyal zu sein.

Auch wenn die meisten Familien nicht mehr im Drei-Generationen-Verband unter einem Dach zusammenleben, bestehen äußerlich enge Bindungen an die Herkunftsfamilien in anderer Form oft fort. Es scheint fast, als gewinnen diese Beziehungen gerade durch den rapiden Wandel der Familienformen paradoxerweise neu und vermehrt an Bedeutung. Insgesamt kann man eher von einem Form- und Funktionswandel der Familie als von einem Funktionsverlust sprechen.

In allen Konfliktzumutungen der Moderne und der zunehmend institutionalisierten sozialen Absicherungssysteme bei gleichzeitiger Bedeutungsabnahme nachbarschaftlicher und anderer sozialer Beziehungen hat nach SHORTER (1977) die Verwandtschaft eine verstärkte emotionale Bedeutung erhalten. Verwandtschaftssysteme erweisen sich mit ihrem kollektiven Gedächtnis, das weit über das der Kernfamilie hinausgeht, für ihre Mitglieder als identitätsgebend. Verwandtschaftliche Beziehungen zeichnen sich durch eine ausgeprägt verbindliche Solidarität aus, die auf der hohen Bedeutung des Wissens um die gemeinsame Herkunft beruht. Da sie im Gegensatz zu anderen sozialen Beziehungen nicht aufgelöst werden können, bieten sie ihren Mitgliedern durch ihr Bestehen und ihre Exklusivität ein Gefühl der Sicherheit (BAEKER et al. 1991).

So bilden gerade Familien in Großstädten einen "sozial-funktionellen" Zusammenhang, auch wenn sie schon lange nicht mehr zusammen wohnen (vgl. auch PFEIL 1973). Mangel an Kindergärten zum Beispiel läßt berufstätige Frauen verstärkt auf ihre Mütter als Hilfsquelle zurückgreifen, nach der Geburt des ersten Kindes nehmen die Kontakte zu den Herkunftsfamilien in der Regel wieder zu (NAVE-HERZ 1989). Bei Umzügen brechen Kontakte zu Bekannten eher ab, während Verwandtschaftsbeziehungen bestehen bleiben. Wachsende Mobilität scheint in vielen Fällen neue Formen des Zusammenhaltes der Familie zu fördern. Die modernen Massenkommunikationsmittel lassen auch räumlich distanzierte Familien rasch wieder - und oftmals mehr, als manchen der Beteiligten lieb ist - zusammenwachsen.

Etwa ein Drittel aller Alleinerziehenden zieht nach der Scheidung zurück ins Elternhaus - nicht nur aus ökonomischen Gründen (vgl. REICH u. BAUERS 1988). Wir beobachten zudem immer wieder, daß auch progressive WGs in Belastungszeiten vornehmlich die Großmütter rekrutieren, um die Kinder einzuhüten und den Haushalt zu versorgen, wenn die Grenzen alternativer Solidarität erreicht sind. Auch der "unabhängige Single", der seine Wäsche regelmäßig zur Mutter gibt, ist keine Seltenheit.

Im Alter nehmen Kontakt zwischen Eltern und Großeltern oft zu, sowohl was Besuche als auch was den Zusammenhalt angeht, so daß Familienmitglieder nicht so isoliert voneinander sind, wie es auf den ersten Blick erscheinen mag (MAJCE 1982).

Je genauer wir hinzuschauen gelernt haben, desto mehr entdecken wir die Vielfältigkeit des feingesponnenen Netzes familiärer Einbindungen.

"Wenn man ein Paar behandelt und nicht besonders danach fragt, was in den Beziehungen mit Eltern, Brüdern, Schwestern, Tanten, Onkeln und Schwiegerfamilien geschieht, wird es einem nicht erzählt", auf diese Weise faßt FRAMO (1977, S. 237, eigene Übersetzung) seine familientherapeutischen Erfahrungen in bezug auf Paarkonflikte zusammen. Daß nicht gefragt wird, hat wohl häufig auch Abwehrfunktion für die Therapeuten, entspringt vielleicht eigenen Idealvorstellungen von Unabhängigkeit (vgl. REICH 1982, 1984; SPERLING et al. 1980).

Wir können davon ausgehen, daß mit starken äußeren auch entsprechende innere Bindungen in Familien einhergehen. Der Umkehrschluß erscheint dagegen als nicht zulässig. Auch bei äußeren Trennungen können die Bindungen von Erwachsenen an die Herkunftsfamilie und deren Aufträge unverändert und unvermindert fortbestehen. Gerade in Fällen von Beziehungsabbrüchen oder auch vorzeitigem Tod der Eltern erscheint die emotional eingekapselte "Negativ-Bindung" durch unverarbeitete Enttäuschung und Kränkung oft nahezu unauflösbar.

Die, immer auch ambivalente, Loyalität gegenüber der Herkunftsfamilie erweist sich nicht selten als so stark, daß der zur Herausbildung des Paares und einer eventuellen neuen Kernfamilie notwendige "Loyalitätstransfer" (BOSZORMENYI-NAGY und SPARK 1973) nicht stattfindet. Dies äußert sich häufig in dem Festhalten an bestimmten, in der Herkunftsfamilie geprägten *Stileigenarten*, die eng mit deren *Wertvorstellungen* verbunden sind.

Diese, oft tradierten, ideologisch-rationalisierend begründeten Verhaltensweisen, die sich dann in den sogenannten Äußerlichkeiten manifestieren können, wie Eßgewohnheiten, Tages-, Wochen- und Jahresrhythmen, Feiertagsrituale, Anordnungen von Einrichtungsgegenständen, Kochrezepte und auch Farbvorlieben, sind häufig in hohem Maße affektiv besetzt. Sie sind wesentlicher, vielfach zentraler Bestandteil familiärer Identitätsbildung, machen das Gefühl der "Familiarität", der "Vertrautheit" aus (vgl. REICH 1988). Dazu trägt auch hier ganz zentral der Einklang mit dem Über-Ich (in seinen drei von FREUD beschriebenen Aspekten des Gewissens, des Ich-Ideals und der Selbstbeobachtung) als tragender und haltgebender Instanz und als Affekt- und Stimmungsstabilisator wesentlich bei.

In einer Familie, in der drei Generationen unter einem Dach leben, fielen dem Therapeuten in mehreren Sitzungen zwei zunächst nebensächlich erscheinende Besonderheiten auf: 1. Die junge Mutter legte ihren Säugling, wenn irgend möglich, auf den blanken Fußboden, der in der Hälfte der Räume ein Steinfußboden ist. 2. In der Küche war in einem Abwaschbecken immer gebrauchte, schmutzige Lauge, obwohl der Abwasch gemacht und weggeräumt war. Im Verlauf der familientherapeutischen Sitzungen konzentrierten sich die teilweise recht heftigen affektiven Auseinandersetzungen zwischen Alt und Jung um die Themen Sparsamkeit und Sauberkeit. Der Therapeut bemerkte in diesem Zusammenhang, daß er die Bedeutung der Abwaschlauge in der Küche nicht verstünde, das sei doch Schmutzwasser. Es stellte sich in einem sehr affektiv besetzten Klärungsprozeß heraus, daß der Großvater dieser Familie in sehr armen Verhältnissen aufgewachsen war und als Hauptbindungselement seiner gerade eben erst im Alter von 91 Jahren verstorbenen Mutter das Versprechen zum Sparen, in diesem Fall sichtbar im Spülmittelsparen, gegeben hatte. Obwohl die ökonomischen Verhältnisse der Familie sich günstig entwickelt hatten, fühlte sich die alte Mutter (Urgroßmutter) zeitlebens so arm, daß sie Abwaschwasser in Flaschen füllte, um es wieder benutzen zu können. Die Großmutter, seine Ehefrau, akzeptierte das Spülwasserzeremoniell ihres Mannes zähneknirschend und rationalisierte es mit ihren eigenen Umweltschutzbedürfnissen: Je weniger Lauge in den Abfluß, desto besser. Ihre prononcierten Umweltschutzbedürfnisse hatten wiederum mit dem frühen Abbruch ihrer eigenen Berufsausbildung aufgrund des plötzlichen Todes ihres Vaters zu tun. Da beide Ehepartner, die Großeltern, gemeinsam aber auch auf Sauberkeit verpflichtet waren, "es muß so sauber sein, daß man vom Fußboden essen kann", wurde der Fußboden täglich mit großen Mengen Wasser blitzblank geschrubbt. Sauberkeit war ein Hauptstreitpunkt zwischen der jungen Mutter und ihrem Ehemann. Weil sie sich selber als schmutzig vorkam, legte sie ihr Kind an den einzigen Ort, dessen Sauberkeit durch die Großeltern garantiert und unangefochten war, auf den Fußboden.

Paarbildung und Familiendynamik

Aus familiendynamischer Sicht erscheint die Paarbeziehung nicht nur, wie traditionell konzipiert, als "Zweierbeziehung", sondern als Begegnung zweier *Familiensysteme*. Die Partnerwahl ist nicht nur das "am meisten charakteristische Symptom eines Individuums", wie es LEMAIRE (1972) formulierte, sondern des Familienverbandes, aus dem dieses stammt. Der Paarbildungsprozeß hat dabei eine ganze Reihe offen auftretender oder "stiller" Teilhaber: die Herkunftsfamilien der Partner, die Schwiegerfamilien, die eventuell geplanten, gezeugten oder bereits geborenen Kinder, die "peers" der Partner sowie die jeweiligen mikro- und makrosozialen Normen und Entwicklungen. Das Paar hat zu seiner "Konstituierung" zwei "Individuationsleistungen" zu erbringen - gegenüber dem sozialen Umfeld und deren Erwartungsmustern und gegenüber den Herkunftsfamilien. Hier erweist sich Partnerwahl als *widersprüchlicher Individuationsversuch*, bei dem Veränderungs- und Wiederholungstendenzen miteinander im Widerstreit liegen (vgl. hierzu REICH 1988a, b).

Partner wollen einerseits mit Hilfe des anderen bisher unbewältigte Konflikte lösen, in der eigenen Herkunftsfamilie erfahrene Defizite ausgleichen, dort herrschende Beziehungsmuster verändern. Dies ist in dem Maße der Fall, wie die Adoleszenz als "zweite Chance" (EISSLER 1965) zur Bewältigung kindlicher Konflikte und Abhängigkeiten nicht genutzt werden konnte, die innere und äußere Ablösung "steckenblieb". Hier wird die Partnerwahl zur "dritten Chance". Mit ihr/ihm soll nun gelingen, was bisher nicht erreichbar schien: sie/er soll Geborgenheit, emotionale Wärme oder Selbstsicherheit vermitteln, einen neuen Interaktions- und Lebensstil sowie neue Wertvorstellungen realisieren, die Ablösung von den familiären Über-Ich- und Ich-Idealbildungen ermöglichen, Delegationskonflikte lösen helfen, sexuell befreien oder die räumliche Trennung herbeiführen.

Während nun die skizzierten Veränderungswünsche eher bewußtseinsnah sind, setzt sich gleichsam unter der Hand der Beteiligten eine Tendenz zur Fortsetzung der bisherigen Konflikt- und Beziehungsmuster, zur "Re-Inszenierung des Vertrauten" durch, wobei sich Partner auch aktiv unbewußt dahingehend "manipulieren", daß der andere sich so verhält, wie es den Mustern der eigenen Herkunftsfamilie entspricht (vgl. KÖNIG u. KREISCHE 1985, KREISCHE 1990, REICH 1988). Je weniger Freiheitsgrade und Möglichkeiten die Herkunftsfamilie zum Abarbeiten der adoleszenten Individuationskonflikte bot, desto stärker scheint auch die Tendenz zur Fortsetzung alter Beziehungsmuster in der Paarbeziehung wirksam zu werden.

So erklärt die alte Loyalitätsdynamik der Partner, inwieweit der Paarbildungsprozeß, der sich ja auf jeder Stufe der gemeinsamen Entwicklung neu vollziehen muß, mißlingen kann. Paarkonflikte, insbesondere Scheidungskonflikte, bestehen wesentlich aus einer "wechselseitig verschobenen Schwiegerelternlast mit mißglückter Befreiung durch Sexualität" (SPERLING 1979). Bei tief konflikthaften Paarbeziehungen fanden wir häufig eine Ablehnung zwischen den Schwiegereltern beziehungsweise den Partnern und diesen, die sich wegen unterschiedlicher Familienstile und damit verbundener Wertorientierungen oftmals, nicht selten sehr subtil, verachteten.

Divergenzen in den Familienstilen und Wertvorstellungen treten nicht zutage, können verleugnet werden, solange sich die Partner im Sinne einer "Notgemeinschaft" brauchen und sich die sexuelle Triebbefriedigung sichern. Wenn im Verlaufe der Zeit die Not gemeistert wird, die sexuelle Anziehungskraft verblaßt, dann beginnt der Ärger über die "Kleinigkeiten", die Eigenarten und Stilelemente, die "eigentlich schon immer" störten und nun auch die sexuelle Befriedigung behindern. Unerschöpfliche Quellen des Ärgers sind familiär unterschiedlich geprägte Schlafengehzeiten, Eßgewohnheiten, Vorlieben für Raumtemperaturen etc. Alte familiäre Identifikationen werden mobilisiert, wenn aus den Partnern "Ehefrau" und "Ehemann", mehr noch, wenn aus ihnen "Mutter" und "Vater" werden (vgl. DICKS 1967, REICH 1988a). Diese Wiederkehr des Verdrängten führt dazu, daß die Partner sich immer mehr zu "So-wie-Wesen" (SPERLING 1979), das heißt im Zorn zu Eltern- oder Schwiegerelternfiguren machen.

Trennungen von Paaren stellen so immer auch den Versuch dar, alte Auftragskonflikte mit der Herkunftsfamilie ohne den Partner, der sich als insuffizient erwiesen hat, dennoch zu lösen.

Beziehungskonstellationen und Konfliktlösungsmuster wiederholen sich in Familien über die Generationen, werden tradiert, so daß wir in Erweiterung des FREUDschen Begriffes von einem intrafamiliären Wiederholungszwangs sprechen.

Ein Ehepaar kam wegen einer zwangsneurotischen Streitbeziehung, bei der der 5jährige Sohn in Mitleidenschaft gezogen war, in unsere

Behandlung. In einer Intergenerationensitzung mit der Mutter der Ehefrau stellte sich heraus, daß der in der Ehebeziehung des Bruders der Mutter ebenfalls vorhandene zwangsneurotische Streit regelmäßig darin endete, daß dieser die Ehefrau verprügelte. Die Großmutter stritt den angesprochenen Sachverhalt, vor allem das Schlagen, hartnäckig ab. Im Verlauf der Sitzung erinnerte sich die Mutter allerdings an frühere Szenen in der Familie, in denen ihr Vater die Mutter prügelte. Die sexuell asketisch erzogene Großmutter verachtete den Großvater und dessen Mutter, da sie unordentlich waren. Von ihrem eigenen Vater (Urgroßvater mütterlicherseits) wird berichtet, daß er nach mehreren kinderlosen Ehejahren wegen Potenzstörungen den Arzt aufsuchte. Die Sexualstörung war bis in die Beziehung der Ehepartner, die unsere Behandlung über das Kind aufsuchten, tradiert, ebenso die Verachtung der Ehemänner und deren Herkunftsfamilien. Die Schwiegerfamilie war der von uns behandelten Ehefrau ebenfalls zu unordentlich.

Da Partnerwahlen meist denselben familiär geprägten "Wahlbildern" (MOSER 1957) folgen, ist die "Objektfindung" im Grunde eine "Wiederfindung" (FREUD 1905), wobei ohne Bearbeitung häufig immer wieder dieselben Konstellationen aufgesucht werden. So wiederholen sich im "ehelichen Projektionssystem" (PAUL 1980) die *mit* der Vorgeneration und *in* der Vorgeneration erlebten Beziehungskonstellationen, also die von den Partnern von früh an internalisierten Beziehungen zu ihren Eltern und deren Paarbeziehung, die die Entwicklung begleitenden Beziehungsmodelle.

Das Problem der Deutlichkeit in der Psychotherapie

Als wichtigste Aufgabe allen psychotherapeutischen Arbeitens möchten wir an dieser Stelle das Problem der Deutlichkeit nennen. Das Verleugnen von Realitäten oder von zentralen Teilaspekten der Realität stellt, wie bereits beschrieben, einen der wichtigsten familiären Abwehrmechanismen dar, die Patienten natürlich auch in Einzelbehandlungen zeigen.

Wenn wir von Deutlichkeit sprechen, so in mehrfacher Hinsicht: Der Mensch im Therapieprozeß soll wirklich klar erleben, worum es jeweils geht. Diese einfache Forderung gehört wegen des Widerstandes von Individuen, Familien und Gruppen gegen die Erkenntnis der tatsächlichen Lage zu den am schwersten zu verwirklichenden therapeutischen Notwendigkeiten. Es ist in Frage zu stellen, ob der meistens abwartende *Analytiker* wirklich weiß, wovon sein Analysand spricht, vor allem aber, ob das Problem und dessen Bedingungen dem Analysanden selbst *deutlich* werden. Hiermit hängt auch die Frage zusammen, ob dem Patienten deutlich wird, was er mit sich und anderen tut. Um eine größere Deutlichkeit zu erreichen, wurden zahlreiche neue therapeutische Zugangswege kreiert und probiert, eben auch familientherapeutische. Ihr Vorteil scheint uns darin zu liegen, daß eine gemeinsam erlebte Geschichte von verschiedenen Seiten beleuchtet werden kann.

In der gesamten psychotherapeutischen Praxis zeichnet sich dagegen ein Trend ab, das Hauptgewicht auf das Erleben im Hier und Jetzt zu legen. Dies geschieht im Interesse einer erhofften größeren Effektivität. Auf das *Durcharbeiten* der Probleme, zu dem unseres Erachtens die Begleitumstände, die historischen Dimensionen gehören, wird - zumindest in der theoretischen Darstellung dieser Ansätze - verzichtet. Die psychosoziale Umwelt und die Problematik der Werte und deren Veränderung bleiben weitgehend ausgeklammert. Besonders die familientherapeutischen Ansätze stellen Lösungsversuche für das Problem der Deutlichkeit dar.

Gegen die zentrale familiäre Abwehr der Verleugnung macht der Symptomträger der Familie, der Indexpatient, deutlich, daß die bisherigen Orientierungen unzureichend sind; denn die Selbstregulation des Systems funktioniert nur auf Kosten seiner Gesundheit. Er erlaubt es sich, krank zu sein, im Gegensatz zu den anderen Familienmitgliedern, die verbissen an der Fassade der Gesundheit festhalten. Durch das familientherapeutische Setting wird zunächst deutlich gemacht, daß es hier nicht um die Probleme eines einzelnen, sondern die der ganzen Gruppe geht. Hiergegen besteht der stärkste Widerstand.

Abwehr stellt wie beim Individuum einen elementaren Schutz dar, dessen Funktion es zunächst *von der sie motivierenden Angst her* zu verstehen gilt. Intendiert Familientherapie bereits durch das gewählte Setting ein Mehr an Deutlichkeit, da sie Prozesse zu erfassen versucht, die sich im Übertragungsprozeß nur sehr schwer und sehr allmählich, oft auch gar nicht herstellen, so richtet sich der Widerstand der Angehörigen entsprechend oft gegen das Setting ("Was soll ich hier? Was habe ich damit zu tun?").

Abwehr und Widerstand haben dabei in der Regel vier grundlegende Motive, die wir in Familien immer wieder finden (vgl. REICH 1990): Familientherapie kann zum Beispiel als Bedrohung eines elementaren Gefühls, aufeinander angewiesen zu sein, erscheinen. Hier spüren die Familienmitglieder, daß die "Gesundheit" eines Teils mit der "Krankheit" eines anderen erkauft ist. Sie haben sich in ein Arrangement gegenseitiger Ausbeutung verstrickt, in dem es nur noch die Alternative "Entweder wir trennen uns völlig (und gehen unter), oder wir bleiben eng zusammen (und erpressen uns weiter, überleben aber)" zu geben scheint.

Familientherapie aktiviert zudem in der Regel die Über-Ich-Konflikte der Primärgruppe. Schon durch das Setting kann die Schuldfrage aufgeworfen werden. Eltern fühlen sich schuldig an den Symptomen ihrer Kinder, Partner geben sich gegenseitig die Schuld an der ehelichen Tristesse, Weggehen ist seit Generationen mit einer "Trennungs-" oder "Ausbruchsschuld" verbunden, in der die Bulimie oder Magersucht eines Familienmitgliedes nur das vorläufig letzte Glied in der Kette gegenseitiger Lösungsversuche darstellt. Hier wird Familientherapie zum staatsanwaltlichen Ermittlungsverfahren, zum Familiengericht oder zur kollektiven Beichte.

Steht die Schamseite des Über-Ich mehr im Vordergrund, wird Therapie als das Eindringen eines sehenden Auges in den bisher sorgfältig geschützten Binnenraum der Familie gefürchtet, durch das die Abweichung von einer intendierten Idealität (SEIDLER 1989) der Öffentlichkeit zugänglich gemacht wird. Die Angst, bloßgestellt und lächerlich gemacht zu werden, beherrscht den Prozeß.

Schlußendlich kann Therapie als Verführung im ödipalen wie im adoleszenten Sinne gefürchtet werden. Therapeuten erscheinen hier als "Dritte", die entweder die Ehepartner einander oder aber die Jugend der älteren Generation abspenstig machen wollen.

Familiäre Abwehrprozesse sind *interaktionell organisiert*, wobei häufig bestimmte Interaktionssequenzen wie "Bandschleifen" eingesetzt werden, wenn bestimmte "brisante Themen" in der Luft liegen. Diese "verflüchtigen" sich dann. Neben dieser kollektiven Verschiebung und Isolierung erscheint uns insbesondere die Verleugnung ganzer Wirklichkeits-Segmente durch Handeln, die Identifikation mit dem Aggressor in Verbindung mit der Wendung vom Passiven ins Aktive, also das "Umdrehen des Spießes" von großer Bedeutung. Sich angeklagt fühlende Familienmitglieder werden nun selbst zu Anklägern, die Beschämung fürchtende Familie versucht, die Therapeuten bloßzustellen und ähnliches. Dem Anliegen der Deutlichkeit steht das Interesse der Integrität gegenüber, das auch interpersonell konflikthaft sein kann. Die Integrität eines Familienmitgliedes mag Deutlichkeit verlangen, die eines anderen scheint eventuell nur über Verleugnung, die "gelebte Unwirklichkeit", aufrechtzuerhalten zu sein. Familientherapie ist so immer ein komplizierter Balance-Akt, zu dem oft ein hohes Aktivitäts-Niveau und eine aktive Beziehungsgestaltung notwendig sind, bei dem, wie so oft auf unserem Feld, "das Essen die Probe auf den Pudding" darstellt. Wie Interventionen wirken, ist häufig erst post hoc zu entscheiden.

Hierzu ein Beispiel aus einer Mehrgenerationentherapie, bei der die beiden Indexpatienten (Sohn und Tochter, Enkelkinder), das Elternpaar und die Großeltern väterlicherseits anwesend waren.

Die Familie kam wegen Suizidversuchen, Leistungsverweigerung, Alkoholabusus und Verdachts auf Colitis ulcerosa bei dem männlichen Indexpatienten sowie einer Magersucht bei der Indexpatientin, die eine stationäre Einzelbehandlung abgebrochen hatte, in die Therapie. Die Eltern lebten in enger Nachbarschaft mit den Großeltern väterlicherseits, die Kinder in einer nahegelegenen Kleinstadt. Eltern und Kinder besuchten sich gegenseitig fast täglich. In der ersten Sitzung war die Großmutter väterlicherseits nicht erschienen, da ihr Mann das nicht wollte. Dieser beherrschte die Szene durch lautes Beschreiben der Verhältnisse während des Krieges und nach der Vertreibung. Die Eltern schwiegen weitgehend, besonders die stark depressiv wirkende Mutter, wobei ihre Ablehnung des Ehemannes und des Großvaters väterlicherseits spürbar war. Beide Kinder stritten sich lauthals mit dem Großvater.

In der folgenden Sitzung, zu der auf dem Erscheinen der Großmutter väterlicherseits bestanden wurde, trug die Therapeutin den Männern auf, die Frauen, die bisher nicht zu Worte gekommen waren, reden zu lassen und nicht vom Thema abzulenken. Für diesen Fall war mit dem hinter der Videokamera sitzenden Kollegen vereinbart worden, die Sitzung durch ein lautes Klingelzeichen zu unterbrechen.

Hier nun ein Ausschnitt aus der Sitzung, in dem es um die Ehebeziehung und das Verhältnis der Mutter zu ihren Schwiegereltern geht:

Th.: "Wollten die Schwiegereltern, daß Sie heiraten?"
Mu.: "Ich glaube nicht."
Th.: "Woran haben Sie das gemerkt?"
Mu.: "Das spürt man doch."

Th.: (an den Großvater gewandt) "Jetzt brauchen wir Sie wieder."
Der Großvater beginnt vom Kriege zu erzählen.
Th.: (Ihn unterbrechend) "Wie fanden Sie Ihre Schwiegertochter?"
Großvater: "Das war so, Ihr Vater hat mich einmal auf der Straße angehalten und gemeint: 'Dein Sohn hat noch keine und meine Tochter hat auch noch keinen. Können die nicht heiraten.' Ich habe dann zu meinem Sohn gesagt: 'Die Leute sind in Ordnung. Du kannst mit ihnen ja mal wegen der Tochter reden.' Wir sind ja erst nach dem Krieg nach ... gekommen. Ich habe mir alles erarbeiten müssen ..." Hier klingelt der Kollege hinter der Kamera. Die Therapeutin macht den Großvater darauf aufmerksam, daß er vom Thema ablenkt.
Th.: "Wie haben Sie Ihre Schwiegertochter gefunden?"
Großvater: "Ich war mit ihr einverstanden."
Großmutter: "Wir waren doch einverstanden."
Th.: (An die Mutter gewendet) "Woran haben Sie es gemerkt, daß Sie nicht so erwünscht waren?" (An den Vater gewendet) "Vielleicht können Sie hier mithelfen."
Vater: "Es gibt überall Reibereien, wenn fremde Personen ins Haus kommen."
Therapeutin: "Erzählen Sie das mal konkret".
Der Vater beginnt wieder ausweichend zu antworten. Seine Frau stimmt ihm bei.
Th.: (Jetzt an die Kinder gewandt): "Wißt Ihr mehr?"
Indexpatient: "Es hört sich jetzt so an, als wärt ihr einverstanden gewesen. Es gab doch oft Streit. Die Großeltern von der Seite meiner Mutter her waren bei uns unten durch."
Indexpatientin: "Ja, das stimmt."
Großvater: "Ja, da hat es etwas gegeben."
Therapeutin: "Verstanden sich die Schwiegereltern gegenseitig nicht?"
Großvater: "Nur mit der Schwägerin nicht."
Mutter: "Es ging alles ums Geld."
Großvater: "Schwiegervater hatte versprochen, 10000 DM bei der Heirat zu geben. Dann hat das plötzlich doch nicht geklappt. Schwiegermutter ist dagegen gewesen. Dadurch hat es Streit gegeben."
Therapeutin: "Also ist Streit zwischen Ihnen, weil Ihr Vater (an die Mutter gewendet) den Handel nicht eingehalten hat. Wie haben Sie sich denn dabei gefühlt?"
Mutter: "Dadurch kam ich mir vor wie ein Handelsstück, es hat mich erniedrigt. Ich habe ja gearbeitet und gut im Haus gearbeitet. Es hat mich sehr bedrückt. Meine Eltern sollten dann nicht mehr ins Haus kommen. Das war ein bißchen sehr hart. Dies ist eigentlich der Grund für die vielen Auseinandersetzungen."

Durch die Aufdeckung des den Indexpatienten bislang unbekannten Familiengeheimnisses wurde die ganze Tragweite und der Grund der Spannungen zwischen der Ehefrau und ihrem Mann und ihren Schwiegereltern deutlich. Die oben wiedergegebene Sitzung trug wesentlich zum Verständnis der Depressivität der Mutter und der Symptomatik der Kinder bei, die sich im Gegensatz zu den Eltern den vom Großvater formulierten familiären Erwartungen entzogen oder offen widersetzten. Nach der Aufdeckung des Geheimnisses konnte mit deutlich weniger Angst über die in der Folge aufgetretenen Probleme des Ehepaares und die Entwicklung der Kinder offen gesprochen werden. Der Großvater erschien durch das klare Auftreten der Therapeutin ebenfalls entlastet. Bei einem konturierten Gegenüber mußte er weniger Schuldgefühle haben.

BOSZORMENYI-NAGY hat die Konfrontation zu einer familientherapeutischen Grundregel erhoben. Diese besteht für uns im wesentlichen aus der Wiederbegegnung mit den Personen der Genese, dem Festhalten an dem inhaltlichen Fokus der jeweiligen Sitzung und dem Nichtzulassen von Ausweichmanövern, die den Familienmitgliedern stets verdeutlicht werden müssen. Damit die Familienmitglieder merken, was sie miteinander tun, müssen die individuellen Toleranzgrenzen dosiert überschritten werden. Dosiert deswegen, weil ein Therapieabbruch einzelner Familienmitglieder oder deren Schädigung verhindert werden muß.

MINUCHIN entwickelte als Interventionsstrategie gegen den Familienwiderstand die therapeutisch "induzierte Familienkrise", MARA SELVINI-PALAZZOLI übernahm die von MILTON H. ERICKSON und der Arbeitsgruppe um BATESON entwickelte "paradoxe Intervention" als Konzept.

Bei der paradoxen Intervention wird der Familie die "Verschreibung" gegeben, in den Umgangsformen genauso weiter zu machen, wie bisher, im Speziellen wird sogar das Symptom, das zum Ausgangspunkt der Behandlung wurde, "verschrieben". Hiermit wird erreicht, daß wirklich deutlich wird, was die Betreffenden tun.

Das eindrucksvollste Beispiel einer solchen Symptomverschreibung gab unseres Erachtens WYNNE (1980), der einer magersüchtigen Frau, deren Hauptsymptom Erbrechen war, folgendes verordnete: Sie sollte das Essen zubereiten wie bisher. Allerdings sollte sie es dann nicht zu sich nehmen, um es wieder zu erbrechen, sondern es sogleich nach der Fertigstellung in das Klo schütten. Die Verblüffung war perfekt und führte sehr schnell zu einer Umstrukturierung, wie überhaupt von den mit systemischen Techniken arbeitenden Familientherapeuten über sehr kurze Behandlungszeiten berichtet wird. Es kommt zu sprunghaften Veränderungen, die nach unseren jüngsten Erfahrungen jedoch nach einigen Tagen bis Wochen wieder zurückpendeln können.

Uns erscheinen derartig gezielte Eingriffe nur möglich, wenn man, wie MARA SELVINI-PALAZZOLI und ihr vierköpfiges Arbeitsteam, jede Therapiesitzung sehr gründlich vorbereitet, die paradoxe Verschreibung, die am Ende der Sitzung steht, im Team genauestens reflektiert und durchformuliert hat. Die ungeheure Verantwortung, die derart arbeitende Familientherapeuten auf sich nehmen, mag folgendes Beispiel illustrieren:

Eine Familientherapie stockte seit mehreren Stunden, als inhaltlich der seit Jahren schwelende latente Ehekonflikt der Eltern zu bearbeiten war. Beide befanden sich noch in einer engen Beziehung zu ihren Müttern, die sich untereinander nicht leiden konnten. Die Großmütter mischten sich in Haushaltsangelegenheiten und die Kindererziehung ein. Durch spektakuläre Aktionen, die die gesamte Familie in Aufregung versetzten, verhinderten die Kinder eine Klärung. Der manisch-depressive Indexpatient weigerte sich, seine Lithium-Tabletten zu nehmen, und inszenierte hierüber ständig Streitereien, sein jüngerer Bruder schoß einen Nachbarjungen mit einem Luftgewehr an, und die Schwester zog sich durch riskantes Verhalten beim Fahrradfahren eine Kopfverletzung zu. Am Ende der Sitzung wurden die Kinder aufgefordert, sich in den nächsten Wochen jeweils einmal wöchentlich 2 Stunden zusammenzusetzen und zu überlegen, was sie noch alles anstellen könnten, um die Familie in Aufregung zu versetzen, um eine Klärung der elterlichen Konflikte und eine Lösung der Eltern von den Großmüttern zu verhindern.

Vordergründig betrachtet haftet allen paradoxen Interventionen etwas Sadistisches an, bei näherem Hinsehen handelt es sich jedoch um den Mut zur absoluten Ernstnahme dessen, was von den einzelnen Familienmitgliedern mehr oder minder unbewußt phantasiert, intendiert oder getan wird. Die "Konfrontation" zwischen den Familienmitgliedern und durch den Therapeuten, mit der das "Verrückte" auf die Spitze getrieben wird, macht es in der Regel unmöglich, die familiäre Situation weiter zu bagatellisieren oder zu verleugnen.

Es mag den Anschein haben, als würden hier verschiedene Theorien und daraus resultierende Interventionsstile durcheinandergebracht und willkürlich verwendet. Tatsächlich deckt keine der bisher vorliegenden Theorien den Bedarf des Praktikers. Das von der Psychoanalyse in fast 100 Jahren zusammengetragene Erfahrungsgut an Erlebensstrukturen stellt den unverzichtbaren Hintergrund therapeutischer Interventionen dar. Die neugewonnenen Einsichten über Familienkommunikationsstrukturen sind unerläßlich, um Zugangswege überhaupt wahrzunehmen. Der Einsatz verschiedener Interventionsstrategien hängt von der beobachteten Antwort der Familienmitglieder ab, wobei die Balance zwischen Toleranzgrenze (HEIGL 1965) und Deutlichkeit die Wahl der Mittel bestimmt. Dabei ist auffallend, daß die Toleranz der Großelterngeneration meistens erstaunlich groß ist.

Gerade die in den letzten Jahren von systemischen Therapeuten entwickelte Kunst des "zirkulären Fragens" (SELVINI et al. 1981; PENN 1983) ermöglicht es in hervorragender Weise, die angesprochene Balance zu wahren. Insbesondere die von TOMM (1987a, b, 1988) entwickelten "reflexiven Fragen" und die "Zukunftsfragen" von PENN (1985) erlauben es, die Familienmitglieder in eine Meta-Perspektive zu den unter ihrer Beteiligung ablaufenden Prozessen einzuführen, einen selbstreflexiven Prozeß in "optimaler Distanz" zu dem Geschehen zu induzieren und hierbei vorsichtig zu dosieren. Für uns als psychoanalytische Familientherapeuten liegt der Wert all dieser technischen Neuerungen darin, daß sie einen affektiv-kognitiven Umstrukturierungsprozeß auch dort anregen können, wo aufgrund des Übertragungswiderstandes kein "Arbeitsbündnis" mit einer "therapeutischen Ich-Spaltung" etabliert werden kann, so daß Konfrontation und Deutung keine "vorübergehend desintegrative Wirkung" (PETO 1961) entfalten können, weil sie aufgrund des Angst- und Aggressivitätsniveaus nicht "ankommen".

Im günstigen Fall wird durch systemische Interventionsformen ein selbstreflexiver Prozeß in Gang gesetzt, der dann auch eine im engeren Sinne psychoanalytische Arbeit mit der Familie ermöglicht (vgl. REICH 1990, SCHÖLL u. REICH 1989).

Unsere Aufgaben sehen wir darin, aus psychoanalytischer Perspektive näher zu bestimmen, welche Vorgehensweise zunächst als günstiger erscheint. Dies ist natürlich immer auch eine Frage der "subjektiven Indikation", der persönlichen Präferenz.

Die Wahl des therapeutischen Instruments hängt unseres Erachtens mit der Persönlichkeitsstruktur des Familientherapeuten zusammen. Nach unsystematischer Beobachtung von Familientherapeuten sind die strukturalistisch beziehungsweise systemisch orientierten Therapeuten fröhlicher und erleben einen Teil der Familientransaktionen nach Art eines absurden Theaters. Dagegen scheint den konfliktbearbeitenden Familientherapeuten das oft tragische Element familiären Scheiterns aus ihrer eigenen Persönlichkeitsstruktur heraus bewußtseinsnäher zu sein.

3. KAPITEL

Was bedeuten Angehörige verschiedener Lebensalter füreinander?

Der praktizierende Familientherapeut, der mit mehreren Generationen zusammen arbeitet, sieht sich mit Grundproblemen konfrontiert, deren sich die wissenschaftliche Forschung erst in allerjüngster Zeit annimmt. Wesentliche Anregungen zur Lebenslauf-Analyse hat bereits ERIKSON (1976) gegeben. Zwar hat der Familientherapeut TH. LIDZ (1974) die Entwicklung der Persönlichkeit im Lebenszyklus schon ausführlich zu beschreiben versucht, jedoch mutet diese Darstellung aufgrund der Ausklammerung der Umwelteinflüsse wie eine Idylle an. Dagegen bemüht sich eine psychologische Forschergruppe seit 1969 in den "West-Virginia-Konferenzen", die methodologischen Voraussetzungen einer "Entwicklungspsychologie der Lebensspanne" zu erarbeiten (s. BALTES 1979). Hierbei geht es um die Aussagekraft von Quer- und Längsschnittuntersuchungen. Die Querschnittmethode erfaßt vor allem Altersdifferenzen, die Längsschnittmethode Altersveränderungen. Wesentlich erscheint uns die neu aufgenommene Zeitwandel-Methode, die speziell den kulturellen Wandel zu erfassen versucht. Die von BALTES und Mitarbeitern (1979) herausgearbeitete Unterscheidung zwischen Lebenszeit, sozialer Zeit und historischer Zeit kommt unseren Bedürfnissen am nächsten. Die Beschreibung der Familie unter Rollengesichtspunkten, wie sie bereits 1967 H.E. RICHTER darstellte, nähert sich den Problemstellungen auch von soziologischer Seite an. KOHLI (1978) hat für den deutschen Sprachraum das Schrifttum einer "Soziologie des Lebenslaufs" erstmalig zusammengestellt. Er hebt hervor, daß schon Stichworte vom "Generationenkonflikt" (für die Auseinandersetzung zwischen jugendlichen Protestbewegungen und den jeweiligen Erwachsenen) oder "Generationenvertrag" (für die Regelung der Rentenfinanzierung), "als Hinweis für die kulturelle, politische und ökonomische Brisanz" des Themas genügten.

Die Mehrgenerationenperspektive, die ja eine Längsschnittmethode ist, lieferte uns eine Menge an neuem Forschungsmaterial und erweiterte zunehmend den Blickwinkel für die oben angeführten vielfältigen notwendigen Betrachtungsweisen. Im folgenden soll hier der Frage nach der Bedeutung der verschiedenen Lebensalter für die Angehörigen nachgegangen werden.

Bedeutsame historische Wandlungen mit sozialen Reformen, Verbesserungen der ökonomischen und hygienischen Verhältnisse, die eine Erhöhung der Lebenserwartung zur Folge hatten (1871/80: 35,6 Jahre, 1978/79: 67,6 Jahre, 1986/88: 75,4 Jahre), brachten einschneidende familiäre Verschiebungen mit sich. Der familiäre Verband entwickelte sich von der vorindustriellen Großfamilie, die einen nichtverwandtschaftlichen Verband darstellte (MITTERAUER u. SIEDER 1977), zu der erst im 19. Jahrhundert entstandenen Kleinfamilie. Zu dieser zählten damals drei Generationen, heute oft nur noch zwei Generationen. In jüngster Zeit findet nochmals eine "Verkürzung" des normalen Familienzyklus (MATTHES 1978) statt, weil Jugendliche sich zum Teil früher aus dem Wohnverband ihrer Herkunftsfamilie lösen. Die Zunahme der 1-Personen-Haushalte korreliert hier entsprechend.

Trotz des Wandels und der damit verbundenen Funktionsverschiebungen, aber auch der Tendenz, Vergangenheit zu leugnen oder zu tabuisieren, bleiben den drei Generationen, die wir mit der Mehrgenerationen-Perspektive zu erfassen versuchen, noch genügend Gemeinsamkeit und Aufgaben (vgl. CIERPKA 1988).

Wir überblicken bei unseren Familien einen Zeitraum von etwa 90 Jahren. Dies bedeutet, daß wir als Therapeuten die Zeit von der Jahrhundertwende bis heute auch in ihren historischen Dimensionen verfügbar haben müssen.

Schwieriger als die Darstellung eines Kataloges von Muß-Leistungen in den Familien stellt sich die Beschreibung ethischer Kategorien dar, die nach dem emotionalen Wert der Generationen füreinander fragen.

Diese auch philosophisch bedeutsame Frage kann sicherlich nicht allgemeingültig beantwortet werden. Zum einen ist sie in unterschiedlichen Kulturen und Schichten verschieden, zum anderen impliziert sie im weiteren letztlich auch die Fragen nach dem Sinn des Lebens.

Jedoch meinen wir soviel sagen zu können, daß die Generationsfolge existentielle Kontinuität herstellt. Diese ist ein Garant, daß elementare Bedürfnisse wie: am Leben erhalten werden durch

Nahrung, Nähe oder "optimale Distanz" (KOHUT 1973) über zureichend lange Zeit gewährt werden und somit in uns stabile Ressourcen entstehen lassen.

Die Menschen verschiedener Altersstufen innerhalb des Familienkontextes können - idealtypisch gesehen - allein durch ihr Dasein vermitteln, daß die *Jugend* den "élan vital" (BERGSON) einbringt: ein unbeschwertes körperliches und seelisches Wohlbefinden.

Die *mittlere* Generation könnte eine Art "Prinzip Hoffnung" (BLOCH 1976) verkörpern, etwa schon dadurch, daß sie sich entscheidet, Kinder zu bekommen, denn: Leben vermittelt Hoffnung.

Die *alten* Menschen stellen in dem Mehrgenerationen-Arrangement einen Wert an sich dar. Dadurch, daß sie existieren, vermitteln sie eine Botschaft. Sie sind der Beweis, daß Leben lebbar ist, und daß Außenumstände überlebbar waren, ja, daß nach MANÈS SPERBER (1978) schon das Überleben immer eine Überwindungsprämie darstellt.

Nach diesen von SPERLING 1979 hervorgehobenen Grundgedanken stellt sich die Frage: Was bedeuten die einzelnen Personen einander in den verschiedenen Generationen?

Was bedeuten sich Eltern und Kinder?

So beschreibt DONZELOT (1980), daß seit der Jahrhundertwende ein Wandel dahingehend eingetreten ist, daß damals die Eltern handfeste Erwartungen und Verpflichtungen an die Kinder stellten, während heute eher Wünsche der Eltern hinsichtlich emotionaler Beziehung untereinander überwiegen.

Es geht im Grunde unabhängig vom Lebensalter immer wieder um die Frage: Was bedeuten Kinder ihren Eltern? Und umgekehrt: Was bedeuten Eltern ihren Kindern?

Weil auch seit 1965 in der Bundesrepublik Deutschland eine nahezu sichere Konzeptionsverhütung möglich ist, können Partner sich bewußt *für* eine Schwangerschaft entscheiden. Durch Kinder wird Elternschaft erst möglich. Kinder als Wunschkinder können Wärme, Zärtlichkeit und Glück entstehen und in den Partnern Empathie für die gegründete Familie wachsen lassen.

Hier bahnt sich ein neues Selbstverständnis der Väter an, das im Gegensatz zu früheren Zeiten, in denen Verpflichtungsaspekte überwogen, mehr emotionalen Raum einnimmt.

Kinder ermöglichen Eltern Wunschphantasien wie "meine Kinder sollen es emotional besser haben" im Sinne tröstlicher Wiedergutmachungswünsche, die eigene in der Kindheit erlebte Kargheit revidieren helfen. Hierzu ein Beispiel:

Eine sehr herb wirkende, Frauen gegenüber eher kühle Medizinstudentin äußerte als Berufswunsch, Frauenärztin zu werden. Stellten sich anfangs Aspekte der Rache gegenüber Frauen dar, wurde jedoch bei lebensgeschichtlicher Betrachtungsweise ein Wunsch deutlich, der in der für sie tröstlichen Situation lag, wiederholt real zu erleben und vor allem zu sehen, daß Kinder wirklich aus der Gebärmutter einer Mutter kommen. Es stellte sich heraus, daß die Studentin ein adoptiertes Kind war, weil ihre Mutter keine Kinder bekommen konnte. Sie selbst hatte eine Bauchhöhlenschwangerschaft gehabt, die ihre Gewißheit zementierte, daß Kinder und Mütter nicht zusammen gehören.

Was wiederum Eltern ihren Kindern bedeuten, ist für Säuglinge und Kleinkinder eindeutig zu beantworten. Mütter oder Personen in Mutterfunktion (vermehrt auch Väter) machen ein Überleben überhaupt erst möglich. Anderenfalls würden kleine Kinder sterben. In den letzten Jahren finden sich thematisch hierzu eine Unzahl von Publikationen. Eltern bemühen sich, ihren Kindern vom Zeugungszeitraum an emotionale Sicherheit und Verantwortlichkeit zu vermitteln. Dem noch ungeborenen Kind wird bereits offene Zuwendung gegeben. Beide Eltern scheuen keine Mühe in der Schwangerschaft und wünschen sich die "sanfte Geburt", bei der nicht nur die Frau, sondern auch der Mann aktiv emotional und handelnd beteiligt ist - so beschreibt MYRHOFF (1980) von den Huichol-Indios, daß das Partnerschaftliche dadurch dokumentiert wird, daß gemeinsam Schmerzen ertragen werden. So läßt sich der Ehemann bei der Geburt ein Band um die Hoden binden, an dem die Frau bei jeder Wehe ziehen kann.

Diese an sich emotional verbindende Entwicklung mit der Revision zeitgeschichtlicher Tabuisierung des schwangeren Leibes droht jedoch durch Ideologisierung und Vermarktung in einem normativen Klischee zu erstarren.

Eine junge Mutter litt darunter, daß sie nicht "soviel Milch" für ihren Säugling habe wie die anderen Frauen im Zimmer. Problematischer jedoch war für sie, hierdurch keine gute Mutter zu sein.

Oder: Ein junger Vater litt sehr darunter, daß sein Kind "nur" durch einen Kaiserschnitt zur Welt gekommen war, noch nach 1 1/2 Jahren pflegte er sich hierfür zu entschuldigen.

Sicherlich ist für das biologische Überleben eines Kindes die leibliche Mutter nicht unbedingt erforderlich, wie aus Untersuchungen von SPITZ (1973), WINNICOTT (1969, 1973, 1974), MAHLER (1978) hinlänglich bekannt ist. Die Frage würde sich dahin verdichten, daß nachgeforscht werden müßte, aus welchen Gründen eine Mutter ihre "holding function" (WINNICOTT 1974) nicht ausüben kann. Beispielsweise wäre der Frage nachzugehen, warum eine Mutter ihre durch die Stillfähigkeit mitgegebene Möglichkeit nicht wahrnimmt. Schon hierbei begegnen wir einer Vielzahl von biologischen, emotionalen und sozialen Gründen, die in die Tiefenschicht der Mutter reichen, bis hin zu offen geäußerten kosmetischen Gründen.

Weiterhin kann das Kind von der Mutter oder dem Vater abgelehnt werden, weil es ein uneheliches Kind ist, weil es das Kind eines nicht genügend geliebten Partners ist, weil es die Berufspläne stört, weil die Partnerschaft durch das Kind selbst in eine Krise geraten ist. SHORTER (1977) weist darauf hin, daß in dem Maße, wie erotische Befriedigung zum Hauptbestandteil der Existenz des Paares geworden ist und deshalb die Liebe der Mutter zum Kinde als Kern der Familie als störend empfunden wird, die Familie heute weit gefährdeter ist. Es ist bedeutsam, in welcher Weise ein junges Wesen für die Vorstellungswelten der jeweiligen Herkunftsfamilien okkupiert wird, ob es also ein "ganzer XY" oder ein "ganzer XZ" ist. Schon der Säugling kann mit selbstidentifikatorischen Wunschphantasien und -abgrenzungen seines Betreuers besetzt werden, die sein späteres Schicksal richtunggebend mitbestimmen.

Ein Vater über seine Tochter: "Als meine Frau schwanger war, wußte ich, daß es ein Mädchen werden würde. Und ich wußte, daß diese so sein würde wie meine verstorbene Mutter. Und als Friederike geboren wurde, war es genau, wie ich vermutet hatte. Natürlich erhielt sie den Namen meiner Mutter."

Die Aufzählung der unendlich vielen menschlichen Möglichkeiten würde nicht viel mehr besagen, als daß es eine ganz frühe Phase im Leben jedes Menschen gibt, in der er hilflos ausgeliefert ist. Erst im 4. und 5. Monat - der oralen Phase - beginnt ein

Loslösungs- und Individuationsprozeß (MAHLER 1978), der es dem Kind ermöglicht, durch aktives Verhalten gezielt Aufmerksamkeit und Zuwendung auf sich zu lenken.

Was bedeuten sich Geschwister?

Im familientherapeutischen Schrifttum ist der Bedeutung der Geschwister füreinander bisher wenig Beachtung geschenkt worden (MASSING 1987). Immerhin jedoch ist deren Beziehung untereinander nach denen zu den Eltern am wichtigsten. Auch ihnen kommt strukturbildende Bedeutung im Sinne von internalisierten Objektbeziehungen zu. TOMANN (1965) betont, daß sie eine Gruppe mit eigenständigem Handeln und individuellen Beziehungen untereinander sind. Dieses bestätigt auch FRAMO (1965, S. 221): "Die Welt der Geschwister ist ein machtvolles Subsystem ganz eigener Kultur ... Unter Geschwistern werden wichtige Lern- und Gefühlserfahrungen wie starke Liebes- und Haßgefühle mit- und gegeneinander erprobt, die zu riskant und gefährlich sind, um sie Eltern gegenüber zu erproben. Bruder oder Schwester kann einem auf Dauer nichts antun. Die Geschwister wissen, wer wo steht und auf seiten welchen Elternteils, und sie lernen, wie man gewinnt, verliert oder Unentschieden erreicht. Kinder spielen und kämpfen miteinander, müssen sich mit Neid- oder Schuldgefühlen auseinandersetzen. Geschwister beschützen sich gegenseitig vor den Eltern oder bei außerfamiliärer Bedrohung. Sie beherrschen die Kunst, mit jemandem auszukommen, den sie nicht immer mögen."

FISHEL (1980) ging noch einem weiteren Aspekt nach, den sie bei Schwestern fand. Sie betont, daß die Beziehung der Schwestern untereinander zwar am stärksten durch Konkurrenz geprägt ist, andererseits Schwestern aber unmittelbar durch eine Art gemeinsamer Privatsprache wechselseitigen Einfluß auf ihre erwachende Sexualität, ihre Identität als Frau, die Beziehung zu Freunden, Liebhabern und Ehemännern nehmen.

Zur Frage der "gesunden" Geschwister

Bei der Durchsicht von Familienfallbeschreibungen finden sich vielfältige Hinweise dafür, daß die Geschwister ebenfalls "krank" sind. LIDZ (1974) stellte fest, daß die sogenannten "gesunden" Geschwister bei näherer Betrachtung gar nicht so gesund waren, wenn sie auch zunächst sozial besser adaptiert schienen. Er fand genauso viele Geschwister mit schweren Persönlichkeitsstörungen oder gar psychotische Geschwister. Bei den "gut angepaßten" Geschwistern fand er Abwehrmanöver der Abkapselung oder Flucht vor der Familie. Zum Beispiel klagte eine kleine Patientin bei uns über Asthma und auch darüber, daß sie ständig irgendwie unglücklich sei. Ihre beiden Geschwister beneidete sie um deren Gesundheit. Bei näherem Betrachten stellte sich heraus, daß beide Geschwister ebenfalls massive klinische psychosomatische Beschwerden hatten, die sie aber als so "normal" schilderten, als hätten diese gar keinen Krankheitswert. Die "gesunden" Geschwister wirken häufig stabiler auf Kosten des Geschwisters, das Indexpatient ist, indem "der Patient als Ziel für die elterlichen Aufdringlichkeiten dient oder als warnendes Beispiel für die Geschwister" (FRAMO 1965, S. 220). Ein sehr sensibler Indikator für Störungen aller Geschwister sind auch Symptomverschiebungen bei einseitiger Besserung des Indexpatienten.

Es gibt also wichtige Begründungen, alle Geschwister in den familientherapeutischen Prozeß miteinzubeziehen. Ein zusätzlicher Gesichtspunkt ist zu bedenken: Geschwister nehmen unter sich selber keine Bewertungen vor von "krank", "andersartig", "gestört". Vielmehr sind Geschwister bei aller gegenseitigen Rivalität nach unseren Beobachtungen (siehe auch ANDOLFI 1982) in hohem Maße bereit, sich gegenseitig zu schützen und solidarisch zu sein. Wenn man demnach nur den Indexpatienten einbezieht, unterstützt man als Therapeut nicht nur den Familienwiderstand, sondern fördert Spaltungen unter den Geschwistern.

Was bedeuten sich Großeltern und Enkelkinder?

Großeltern und Kinder haben eine wohltuende Gemeinsamkeit: Sie müssen nicht mehr oder noch nicht sozialisieren, was tiefe emotionale Verbundenheit und Unbekümmertheit implizieren kann. Der Kabarettist JÜRGEN VON MANGER drückte dies in einem Sketch mit seiner Enkelin treffsicher so aus: "Also, im nächsten Leben werde ich gleich mit den Enkelkindern anfangen!"

Während die Großeltern-Elternbeziehung spannungsgeladen und konflikthaft sein kann, muß die Beziehung Großeltern Enkelkinder hiervon keineswegs tangiert sein. Es sind eher spannungsarme Beziehungen zu beobachten.

In einer recht schwierigen Mehrgenerationen-Sitzung, die durch Vorwürfe der Mutter an die eigenen Eltern einerseits und von Beleidigtsein der Großmutter und verständnislosem Schweigen des Großvaters andererseits geprägt war, war es dem Großvater auf eine therapeutische Intervention hin ohne Schwierigkeit möglich, sich mit den 3- und 5jährigen Enkeln zu beschäftigen und zu spielen. Interessanterweise brachte die 3jährige Enkelin der Großmutter und der Mutter eine Babypuppe, bevor sie mit ihrem Bruder und dem Großvater spielte. Dieses leitete bei der Großmutter und der Mutter das zentrale Thema ihrer eigenen gestörten Körpergefühle ein.

Die Großeltern stellen für die Enkel im Prozeß der Wandlungen äußerer Geschehnisse mit Unsicherheiten, Scheitern, Verlorenheit, politischen Veränderungen, gar Katastrophen, ein beruhigendes und sichernd konstantes Element dar. Erinnert sei daran, wie wichtig für die um 1940 geborene Generation zum Beispiel Großväter waren, wenn die eigenen Väter irgendwo an der Front kämpften oder gar fielen.

Großeltern müssen keine Angst mehr haben, ökonomisch zu scheitern, sie haben den beruflichen Konkurrenzdruck hinter sich.

Ein 6jähriger Sohn zu seinem Vater: "Du bist immer soviel weg, warum ist das denn Großvater nicht?" Der Vater: "Großvater muß nicht mehr arbeiten, muß kein Geld mehr verdienen. Er ist alt."

Enkel wiederum können eine Quelle von Freude für die Großeltern sein. Sie geben den Großeltern noch einmal erneut spielerische Elemente zurück und erfüllen sie mit Stolz. Sie geben den Großeltern ein positives Gefühl von Bedeutung und Gebrauchtwerden. Großeltern und hier speziell Großmütter können nach der Geburt der Enkelkinder durch diese noch einmal ihre "große Zeit" haben und aktiv mit in die Kinderbetreuung eingreifen. H.P. BAHRDT (1973) spricht deshalb von einer Art "ambulanter Großmutter", die von Enkelkind- zu Enkelkindfamilie reist, um aktiv zu helfen.

Schon bei der Beschreibung dieser Möglichkeiten kommen wir auf die Feststellung, daß in nicht wenigen Konstellationen das, was sein könnte, eben nicht ist. Großeltern können zu früh versterben. Dieses bedeutet für die Enkel üblicherweise die erste Todeserfahrung. Aber im Gegensatz zu frühen Toden von Eltern ist der Tod eines Großelternteils für Kinder nicht so existentiell dramatisch.

Ein 8jähriger Junge fängt in einer Familiensitzung an, bei der auch die Großmutter väterlicherseits anwesend ist, von dem Tod seines geliebten Großvaters zu erzählen. Er schildert, wie er den sterbenden Großvater besucht hat, beschreibt, wie er den toten Großvater gestreichelt hat und dessen kalte Hände gefühlt hat. Er sei traurig gewesen, aber auch neugierig. Die Beerdigung übte anfangs auf ihn eine Art Faszination aus. Er sah seine Großmutter weinen und streichelte sie. Als er jedoch seinen Vater weinen sah, fing auch er an zu weinen, aber nicht aus Trauer, sondern weil es ihm Angst machte, seinen Vater weinen zu sehen.

Der hinterbliebene Großelternteil vermittelt gerade den Enkelkindern, daß Verlust von Menschen überlebbar ist, auch, weil Großeltern Vorerfahrungen mit dem Tod vermitteln können, denn sie wissen am meisten über ihn.

Dachten wir im vorher Beschriebenen eher an Großeltern jenseits von Berufstätigkeit, sieht die Situation bei Großeltern, die noch sehr jung und deshalb noch berufstätig sind, anders aus. Zwar haben sie in der Regel keine Sozialisationsaufgaben mehr zu erfüllen, jedoch fehlt für die Enkel der wichtige Faktor von unbegrenzter Zeit.

Großeltern können aber auch aus konflikthaften Gründen so mit sich beschäftigt sein, daß sie ihre Großelternaufgaben nicht übernehmen wollen. Auch denke man an die vereinsamten isolierten Alten, die von den Angehörigen nicht mehr "gebraucht", das heißt verstoßen werden.

Wir sagten eingangs, daß Alter ein Wert an sich ist. Es wird daher verständlich, inwieweit den Enkeln oder der Familie der Beweis für das immer brüchigere Prinzip Hoffnung fehlt, wenn die Großeltern-Generation nicht mehr verfügbar ist, sei es durch Lieblosigkeit, zu frühen Tod oder durch die herrschende Ideologie des Alters als Unwert. Als Ausdruck mag hierfür der soziale Wohnungsbau dienen, in dem weder Alte noch Kinder genügend Lebensraum haben!

Was bedeuten sich Eltern und Großeltern?

Als dritte Beziehungskonstellation wollen wir die Bedeutung der Beziehung von Eltern zu Großeltern und umgekehrt Großeltern zu Eltern aufzeigen. Diese Beziehungen erscheinen uns als die unbekanntesten und auch unantastbarsten.

Am aufregendsten für Eltern ist immer wieder die Situation,

die eigenen Eltern zu gemeinsamen familientherapeutischen Sitzungen einzuladen. Rationalisierungen wie "die wohnen ja so weit weg", bis hin zu Befürchtungen um deren Gesundheit: "die rührt der Schlag", werden geäußert. Unsere Erfahrung jedoch ist, daß bisher Großeltern immer gekommen sind.

Für die Eltern einer 30jährigen Frau war es leichter, aus Polen anzureisen, als für die Eltern des Ehemannes, die nur 80 Kilometer von Göttingen entfernt lebten. Auch Alter ist kein Hinderungsfaktor, so ist unsere älteste Großmutter mit 86 Jahren angereist.
Anderenfalls besteht ja auch die Möglichkeit, daß wir zu den Großeltern mit nach Hause fahren.

Was ist es also, was die Beziehung zwischen Großeltern und Eltern ausmacht?

Nach unseren unsystematischen Eindrücken werden in Krisen die eigenen Eltern gefühlshaft besonders wichtig genommen, wichtiger als die eigenen Kinder oder Partner, wenn auch letztere auf der bewußten Ebene als Ursache des Konfliktes angegeben werden. Nach unserer vorläufigen Beobachtung gilt das besondere Interesse vorwiegend den Müttern.

In einer Mehrgenerationen-Sitzung machte der Ehepartner seiner Frau den uns allen bekannten Vorwurf: "Du bist wie Deine Mutter ...". Die Ehefrau weist diesen Vorwurf entrüstet zurück und zählt vielerlei Dinge auf, in denen sie das genaue Gegenteil ihrer Mutter sei. Hierzu holt sie sich von ihrer Mutter Bestätigung. Nach einiger Zeit bemerkt der 9jährige Sohn, der auf der Erde spielt: "Komisch, Omas und Deine Stimme klingen von hier aus ganz gleich ...". Die junge Mutter war, wie sich herausstellte, tatsächlich ihr ganzes Leben bemüht, *nie* so zu werden wie ihre Mutter. Jedoch, indem sie ihre Mutter als Parameter für ein "Anders-Sein" nahm, war sie wie ihre Mutter!

Es ließen sich eine Anzahl ähnlicher Situationen aneinanderreihen, die nicht weniger aussagen, als daß die innere Auseinandersetzung - weniger oder mehr bewußt - zwischen der mittleren Generation und ihren Eltern andauert. Welcher Elternteil hätte nicht mehr Angst vor dem Beleidigtsein der eigenen Eltern als vor dem des Partners oder gar der eigenen Kinder!

Was ist es aber dann, was sich Eltern mit ihren Eltern geben könnten, wenn nicht - wie es scheint - unbearbeitete Angst zwischen diesen Generationen persistieren würde?
Die Beziehung zwischen diesen Generationen könnte ein tie-

fes Gefühl von emotionaler Bekanntschaft widerspiegeln, einen Vertrautheitsgrad, der einzigartig zwischen Eltern und Kindern ist. Wir kennen die wiederholten Aufforderungen von Kindern an die Eltern, "etwas von früher zu erzählen". Bedeutsam sind, neben dem Interesse der Kinder an der kindlichen Vergangenheit der Eltern - "weil ich doch da noch nicht gelebt habe" -, Erlebnisse, die eine Atmosphäre von Vertrautheit und emotionaler Sicherheit widerspiegeln und Ausdruck dieser spezifischen Beziehung sind.

Gerade solche netten alten Geschichten, die wieder hochgeholt werden können, lassen gelungene Symbiosewünsche deutlich werden. Sie stellen, therapeutisch gesehen, inselartig erste Versöhnungsschritte zwischen den Generationen dar.

Neben dieser sicheren Vertrautheit könnte die Beziehung geprägt sein durch eine Atmosphäre, die sinnliche Freude und Spaß an Sexualität beinhaltet.

Wenn wir nun daran denken, was die mittlere Generation ihren Eltern bedeuten könnte, so wäre das emotionale Bestätigung und Stolz. Sie könnten den Eltern aufrichtigen Dank dafür zeigen, daß aus ihnen "etwas geworden ist", nämlich nunmehr erwachsene Menschen, die partnerschaftliche Sexualität genießen und ihre sozialen Aufgaben befriedigend erfüllen können. Eltern könnten ihren Eltern über ihre Kinder Bedeutung und Wichtigkeit geben. Sie könnten den Eltern "Welt" liefern, schon allein dadurch, daß Großeltern umherreisen und mit emotional positivem Empfang rechnen können. Eltern könnten ihre Eltern in ihrem Alltag, in ihrer Gebrechlichkeit und Krankheit würdigen.

Großeltern wiederum könnten, wie wir oben andeuteten, allein durch ihr Alter Konstanz und hierdurch Sicherheit vermitteln. Großeltern vermitteln tröstlich, daß Sexualität bis ins hohe Alter möglich ist und Befriedigung schafft. Großeltern könnten der mittleren Generation *direkt* sagen, was sie an ihnen schätzen, lieben und was nicht. Dieser Aspekt erscheint uns außerordentlich wichtig, da meistens diese zentralen Beziehungsangebote nur über Dritte vermittelt werden.

In einer Drei-Generationen-Sitzung ist der Vater darüber bekümmert, daß er immer daran herumrätselte, was sein Vater nun eigentlich an ihm möge. Die 14jährige Tochter: "Das hat er mir aber gesagt, nicht Opa?" Der Großvater zum Therapeuten: "Er sieht wirklich gut aus und ...". Den Großvater vorsichtig unterbrechend, der Therapeut: "Ja ...

doch mögen Sie dies Ihrem Sohn nicht direkt sagen?" Der Großvater: Ja ... " Großvater und Vater sehen sich kurz an ... "Helmut weiß doch, daß ich ihn mag." Der Therapeut, den Großvater vorsichtig doppelnd: "Ja, Helmut, Du weißt doch, daß ich Dich mag". Helmut: "Ich möchte mal wissen, was Du meinst, Vater". Der Großvater, anfangs verlegen, gibt sich einen Ruck und zählt - wiederholt noch in "Er-Formulierungen" zurückfallend - seinem Sohn nun direkt auf, was er an ihm liebenswert findet. Diese kurze direkte Beziehung zwischen den Männern leitete ein Revidieren von Mißverständnissen ein; vorher war der Sohn der festen Überzeugung, sein Vater liebe ihn nur wegen seiner Leistungen. Die Revision lag vor allem darin, daß sein Vater ihn als Mann auch erotisch fand.

Insofern ist der Dialog zwischen den Generationen *die* entscheidende therapeutische Hilfe. Was auch gerade von den Alten erzählt werden muß, sind Lebensgeschichten, Berichte, die sich allmählich unter der Hilfe des Therapeuten von den gängigen Normalitätsschablonen befreien. Wenn die Großmutter mit ihrer Tochter über ihr eigenes Kinderkriegen und die frühen Stillzeiten spricht und über das Erleben hierbei, werden Brücken geschlagen, bei denen die Gemeinsamkeit der Gefühle zeitgeistabhängige Unterschiedlichkeiten der Vorgehenspraktiken weit in den Schatten stellt. Und da beide Frauen, die Kinder geboren haben, auch sexuelle Kontakte hatten, läßt sich auch ein Gespräch über schwierige Umgangsformen mit diesem einfachen menschlichen Grundbedürfnis schrittweise erarbeiten. Dabei stellt sich heraus, daß Frauen häufig von der Art des Umganges des Mannes mit ihrer Sexualität enttäuscht sind. Sie können das häufig klar formulieren und Gründe hierfür angeben. Es ist gut, wenn der Mann dabei ist, es zu hören, um schrittweise zu lernen. Hier muß der Therapeut wissen, daß es vielen Paaren so geht und wie sie sich zu helfen versuchen. Oft wird deutlich, daß die Sexualabwehr der jungen Generation eine direkte Übernahme der Sexualabwehr der alten Generation ist. Noch überraschender aber ist es, wenn die Großeltern über ein mit der Zeit zunehmend geglücktes Sexualleben, das noch jetzt im Alter fortbesteht, berichten, obwohl ihre sexualfeindlichen Botschaften aus der Kindheit unvergessen sind.

Noch ein Bereich erscheint uns erwähnenswert: Großeltern bedeuten für die mittlere Generation häufig unverzichtbare materielle Ressourcen. Diese werden von den Großeltern gerne gewährt und müssen nicht an bestimmte Bedingungen geknüpft werden. Materielle Geschenke der Großeltern an die mittlere Generation sind durch alle Schichten zu beobachten, angefangen von "praktischen Geschenken" zu Weihnachten bis hin zu Wertpapieranlagen. Die junge Generation, durch Familiengründung "relativ verarmt", kann auf diese Geschenke kaum verzichten. So übernahmen zum Beispiel Großeltern die regelmäßige Mietüberweisung ihrer Tochter, damit diese nicht für den Familienunterhalt mitzuarbeiten brauchte und sich ihren kleinen Kindern widmen konnte.

Gerade materielle Geschenke oder finanzielle Zuwendungen können in vielen Fällen jedoch auch hochbrisant sein, weil sie von einzelnen unterschiedlich gewertet werden. So kann die fast stereotyp anzutreffende Aussage: "Wir haben euch doch alle gleich gern; wir haben immer darauf geachtet, daß jeder das gleiche kriegte", einer Verschleierung realer Verhältnisse dienen.

So war es mit einer Familie recht schwierig, die mehrgenerationalen Determinanten herauszuarbeiten bei dem Sachverhalt, daß es in dieser Familie "normal" war, daß der älteste Sohn, 16jährig, 250 DM Taschengeld bekam, während seine Geschwister nur 40 DM im Monat bekamen. Nicht etwa die Geschwister problematisierten diesen Sachverhalt, sondern wir Therapeuten waren darüber erstaunt und wurden hierüber von der Familie ihrerseits verständnislos angesehen!

Uns scheint, daß sich die Generationen untereinander die hier angedeuteten Beziehungsangebote geben könnten, wenn nicht aus frühester Beziehung imaginäre, archaische Befürchtungen persistierten. Diese hängen mit unbewußten gegenseitigen Todesdrohungen zusammen und werden jetzt, angesichts des realen möglichen Todes der Eltern, quasi als Wiederholung der frühkindlichen Beziehung aktualisiert. Ein alltägliches Beispiel:

Die Krankheit der eigenen Mutter - ein banaler klinischer Eingriff - rückte für die Mutter so in den Mittelpunkt, daß die gesamte Familie mit ihrer Besorgnis überschwemmt wurde. Die Großmutter wurde behandelt, als müsse man stündlich mit ihrem Tode rechnen. Real stellte sich heraus, daß die Großmutter eine stabile, vitale Frau war; keineswegs schwerstkrank oder die Tochter übermäßig strapazierend. Aktualisiert aber war für die junge Mutter ein wiederholter Vorwurf ihrer Mutter an sie aus der Kindheit: "Du bist ein weiterer Nagel zu meinem Sarg!"

Zum anderen wird die Dynamik der mittleren Generation für diese dadurch brisant, daß ihre Tötungswünsche gegenüber den Eltern nun "wahr" werden könnten.

Dieses spiegelt sich, wie anfangs erwähnt, in den Befürchtungen der mittleren Generation wieder, wenn sie aufgefordert werden, ihre eigenen Eltern zu Gesprächen einzuladen, Befürchtungen wie "Vater bekommt einen Herzinfarkt", "Mutter bricht zusammen" und vieles mehr.

Uns scheint, daß der Mythos, die Stärke zu besitzen, die Eltern oder das Kind zu töten, schuldhaft verdrängt unrevidiert blieb. Die Revision dieses quälenden Mythos kann nur in der Wiederbelebung des Faktischen liegen und in dessen entmystifizierender Bearbeitung.

Ein 55jähriger Vater berichtet weinend, daß seine Mutter zu ihm als kleinem Jungen immer gesagt hatte: "Wenn Du so wirst wie Dein Vater, dann wächst eine Hand aus dem Grab". Jahrelang sei er am Friedhof vorbeigegangen und habe angstvoll geguckt - ja, wenn er ehrlich sein solle, ertappe er sich noch heute beim Anblick von Friedhöfen dabei. Er wendet sich dann direkt an seine Mutter und fragt sie: "Jetzt will ich endlich von *Dir* wissen, was Du damit gemeint hast".

Wir meinen, daß die drei Generationen, die wir hier erfassen, sich den Wunsch nach gegenseitigem Gutmachen erfüllen könnten, so daß die Bilanzen untereinander ausgeglichen werden könnten und dennoch ständig im Fluß bleiben.

Im Falle von Störungen und Erkrankungen jedoch finden wir sie durch Gewichtsverschiebungen und Ausbeutungen verlagert und eingefroren. Eine Um- und Neudefinition von Beziehungsregeln scheint nicht mehr möglich.

Was bedeuten die Toten den Überlebenden?

In diesem Zusammenhang beschäftigt uns eine weitere Frage. Erwähnten wir anfangs, daß Alter ein Wert an sich sei, so wird verständlich, inwieweit einer Familie der Beweis für das immer brüchigere Prinzip Hoffnung fehlt, wenn die Alten schon verstorben sind - man denke allein an die vielen in jungen Jahren umgekommenen Kriegstoten. Doch gerade die Toten sprechen in den Familien mit, wenn auch durch eine oft unverstandene, eigene Botschaft.

Daß am Sterbebett Versprechen von der Nachfolgegeneration abgenommen werden, geistert durch das Volksbewußtsein und wird mit einem Odium des Besonderen umgeben. Mittelalterliche Sterbeszenen, Darstellungen im Kreise einer großen Familie haben etwas Würdiges, das dem modernen Tod schon lange abgeht. Es wird plötzlich oder langsam irgendwo oder in emotional sterilen Kliniken gestorben, nur ausnahmsweise bis nahe zum Ende hin mit wachem Bewußtsein.

Die Bedeutung der Toten für die hinterbliebene Familie ist nicht nur aus ihren letzten Stunden und Äußerungen, sondern aus ihrem realen Fehlen abzuleiten. Das Ausmaß des Verlustes hängt von dem Zeitpunkt des Todes, genauer, dem Zeitraum des gemeinsamen Lebens und von der Intensität der emotionalen Bindung ab. Ein Vermächtnis ist schon bei dem Tode eines Kindes da, was sich nicht selten in der ähnlichen oder gleichen Namensgebung eines nachfolgenden Kindes und einer speziellen Erwartungshaltung an das Nachgeborene ausdrückt. So hieß ein verstorbenes Mädchen Petra. Dem "Ersatzkind" wurde auch der Name Petra gegeben. In einer anderen Familie bekam das Mädchen gar den Vornamen ihres gefallenen Vaters.

Weil der Gestorbene die schwerste Aufgabe des Lebens, nämlich das Sterben, bewältigt hat, sind die Erwartungen an den Stellvertreter besonders auf Bewältigung von Lebensschwierigkeiten gerichtet und überhöht. Ein solcher Mensch ist noch weniger als andere er selbst, sondern immer auch ein bereits definierter Anderer! Der Entschluß zu einem weiteren Kind nach dem Tode oder der Abtreibung eines Kindes geschieht häufig, um der notwendigen Trauerarbeit, die die Eltern leisten müssen, zu entgehen.

Uns scheint, daß nur der Tod, der wirklich gefühlt wird, Menschen am eindrücklichsten mit der Schicksalsfrage konfrontiert. Nur hier herrscht Klarheit darüber, was zu den Unabänderlichkeiten gehört.

Eine ähnliche Stellung nehmen die Verstümmelten jedweder Art ein, die durch Teilverluste das "nie wieder" mit dem Tode gemeinsam haben.

Erschütternd fanden wir in einer Familiensitzung die totale Leugnung der Arm- und Beinamputation eines Vaters. Obwohl die Kinder schon halbwüchsig waren, war hierüber noch nie gesprochen worden. Die Kinder hatten entsprechend komplizierte Mechanismen des Übersehens entwickelt. Und doch war die Problematik in der schweren Dysmorphophobie der Tochter zum Tragen gekommen.

Vermitteln die "nach einem erfüllten Leben" gewissermaßen zur rechten Zeit Gestorbenen ein ähnliches Gefühl, wie die Alten es durch ihr Dasein zumindest vermitteln könnten, so ist der unzeitgemäße Tod im Grunde für die übrigen Familienmitglieder unverarbeitbar. Dem unzeitgemäßen Tod haftet immer etwas von magischer Schuld der Überlebenden mit an. Selbst der Kriegstod läßt einen Augenblick die Frage aufkommen, ob man nicht selbst diesen Krieg als eine notwendige Sache gutgeheißen hat. Der Selbstvorwurf der Angehörigen wegen unzureichender Fürsorge für den Verstorbenen bis hin zur Rechtfertigung seiner gerechten Strafe für eine abgelehnte Lebensführung führen dazu, daß das Todesbewußtsein psychisch abgekapselt werden muß. Schwere Krankheiten konfrontieren unweigerlich mit der Schicksalsfrage, die begrifflich das Wort "Schickung" mitbeinhaltet, wobei es im Grunde gleichgültig ist, ob es ein Gott oder das Zufallsprinzip "schickte".

Am schwierigsten ist die Bewältigung von Selbstmorden für die Familie. Eine nähere Bearbeitung des Problems ergab, daß es sowohl Selbstmordtraditionen in Familien gibt als auch Häufungen von vorzeitigen Todesfällen (SPERLING 1980, KLEMANN 1983). Im Grunde geht es dabei um die Frage, ob der Tod für das Bewußtsein etwas Fern- oder Naheliegendes ist. Für den Selbstmörder ist er durch Todeserfahrung etwas Naheliegendes. Aber es kommt noch etwas anderes hinzu: der, der sich das Leben nahm, ist tatsächlich *auch* von Nahestehenden tot gewünscht worden, und zwar nicht nur in infantiler Form, wie Kinder Eltern als Plagegeister wegwünschen, sondern wirklich. Das heißt mit anderen Worten, daß der Selbstmörder seine Überlebenden nunmehr im Erleben realiter als Mörder bloßstellt. Hier müssen Verdrängungsleistungen der Überlebenden zuwege gebracht werden, die zur Folge haben, daß Aussagen von Angehörigen von Selbstmördern etwas Unglaubwürdiges haben, weil unbewußt die in den Tiefenschichten der Psyche verankerten Beziehungskonflikte mitvermittelt werden.

Die Botschaften der Toten also, greifen wir nur das Lebensalter bei Todeseintritt heraus, sind bereits spezifische Mitteilungen an die Familien *über das Leben*. Diese Mitteilungen enthalten Realerfahrungen und Loyalitätsverpflichtungen. Hierbei kommt der Großelterngeneration insofern besondere Bedeutung zu, als ihr Gelegenheit gegeben werden muß, ihre eigenen Entwicklungsschritte im Laufe ihres Lebens zu formulieren. Es besteht nämlich die merkwürdige Tatsache, daß Kinder, *gleich* welchen Alters, ihre Eltern immer unter den Prämissen erleben, mit denen diese sie sozialisierten.

Ein oft schwer überwindbares Problem von innerfamiliärer Erwachsenenbeziehung ist, daß die jüngere Generation die Entwicklungsschritte der Älteren und die damit verbundenen Einstellungsverschiebungen nicht realisiert.

Dies hat zur Folge, daß nicht erfüllbare Loyalitäten und Irrtümer weitergegeben werden. Sie vergiften Gefühle andauernd und machen Angst.

Sie könnten versöhnt werden, wenn sie nur ausgesprochen würden! In diesem Sinne hat uns die Entwicklungspsychologie des Forscherehepaares BÜHLER schon immer beeindruckt. Sie schreiben: "Kindheit und Jugend stellen einen Entwurf des Lebens dar, einen provisorischen Aufriß." Insofern sind Prognosen, aber auch - für den Familientherapeuten besonders wichtig - Prävention möglich. Denn: "Aktives Vordringen also in die Welt, erst tentativ und provisorisch, dann definitiv und spezifisch bis zur Herstellung bestimmter Ergebnisse ist Methode und Ablauf des Lebens" (CH. BÜHLER 1959, S. 170).

So stellt die Hinwendung zum Leben in dieser breiten Ausfächerung kreativer Möglichkeiten das Hauptelement dar, das durch unsere Treuebindungen zu einem geglückten Lebenslauf beitragen - aber auch ebenso durch sie verhindert werden kann.

4. Kapitel

Das relative unabdingbare Scheitern der Eltern

Um uns diesem Thema zu nähern, das in allen Familien als mehr oder minder dramatischer Konfliktstoff zwischen den Generationen von Bedeutung ist, wollen wir einige allgemeine Überlegungen zum Wandel der Entstehungsbedingungen von Familie und den damit verbundenen psychosozialen Veränderungen vorausschicken.

Bei reduktionistischer Betrachtung wird Familie durch einen heterosexuellen Geschlechtsakt, dessen Frucht ausgetragen wird, konstituiert. Das dann geborene Kind hat Eltern. Alles andere, was dem vorausging und nachfolgt, kann außerordentlich variabel sein. Immer ist jedoch Sexualität die notwendige Bedingung für die Entstehung des Sozialgebildes "Familie".

Es ist in der Menschheitsgeschichte immer wieder versucht worden, Brautzeit und Familienleben durch Sitte und Gesetz zu ordnen. Diese Ordnungen verändern sich langsamer als andere Sozialbereiche; die Ahndungen von Verstößen waren zu verschiedenen Zeiten verschieden streng.

In unserem Kulturkreis können wir in den letzten 80 Jahren, die wir hypothetisch unserem Drei-Generationen-Ansatz zugrundelegen, eine allmähliche Entwicklung zu mehr sexueller Freizügigkeit beobachten, ohne daß etwa von einem tiefgreifenden intrapsychischen Wandel die Rede sein könnte. Besonders in der Zeit nach dem 2. Weltkrieg wurde ein Geschlechtsleben, auch für Frauen, zunehmend offener zugestanden, so daß Bestrafungen von Normabweichungen erheblich zurückgingen und in Teilbereichen offenbar eine Normenumkehr vorzuliegen scheint - man denke nur an die wachsende Zahl junger Menschen, die wegen ungenügender Befriedigung beim Sexualakt einen Arzt aufsuchen.

Die Kernfamilie ist in den letzten Jahren immer kleiner geworden, die Anzahl der unvollständigen Familien steigt. Darüber hinaus gibt es zunehmend mehr verheiratete oder "ohne Trauschein" kinderlos auf Dauer zusammenlebende Paare, die für unsere Betrachtung irrelevant sind. Die Kinderlosen stellen das letzte Glied einer Familienkette dar, deren persönliches Wohlergehen wohl wünschenswert, aber für die nachfolgende Generation unbedeutend ist.

Es ist also festzuhalten, daß es ein zu verschiedenen Zeiten wechselnd großer Anteil der Bevölkerung ist, der Elternschaft zuläßt beziehungsweise auf sich nimmt.[1]

Die enge Verknüpfung des Lebensschicksals der Primärgruppe Familie mit dem Triebgeschehen als wesentlicher Komponente menschlichen Erlebens tritt selten voll in unser Wachbewußtsein. Wenn wir formulieren, daß Sexualität wirklich das wichtigste Element des Lebens ist, so setzen wir uns so vielen persönlichen und kulturhistorischen Mißverständnissen aus, daß wir damit das umgrenzte Unternehmen der Beschreibung der Mehrgenerationen-Familientherapie ernsthaft gefährden. Dennoch haben wir es getan. Kürzer gefaßt: Ohne Sexualität gibt es kein menschliches Leben. Der Bedeutung dieser Tatsache entspricht das erbitterte Ringen der Menschen um die soziokulturelle Einbettung der Sexualität mit dem Ziel, einmal entstandenes Leben zu erhalten und nach Möglichkeit zu fördern. Auch die weitere Feststellung bleibt noch banal: Elterliches Leben kann sowohl an der geschlechtlichen Disharmonie der Partner als auch an den sozialen Begleitumständen scheitern. Das kann total sein, in den meisten Fällen ist es abgestuft partiell.

Wir können jetzt unser Hauptaugenmerk auf zwei Faktorenbündel richten, nämlich die psychosoziale Mitgift der jeweiligen Herkunftsfamilie sowie die psychosoziale Lage der Familie in den Rahmenbedingungen ihrer Zeitumstände. Diese sind miteinander verflochten und zeigen Ähnlichkeiten und Unterschiede im Verlauf der Erlebenszeiten zwischen Großeltern-, Eltern- und Enkelgeneration.

Zu Zeiten der hier zur Diskussion stehenden Großelterngeneration war die Sexualausübung wegen einer unsicheren Konzeptionsverhütung real beschränkt durch die soziale Kapazität der Aufzucht möglicher Kinder. Die Enkelgeneration lebt heute in einer Umwelt, in der erstmals die Konzeptionsverhütung als na-

---

1 Wir glauben nicht, daß die Reduktion auf ökonomische Bedingungen das Problem umgreift. Vielmehr geht es u.a. um Themen wie Egozentrizität und Verantwortungsangst, wobei der Faktor der real begründeten Angst vor der Zukunft immer mehr an Bedeutung gewinnt.

hezu absolut sicher bezeichnet werden kann. Man darf aber nicht außer acht lassen, daß diese durch familiäre oder kirchliche Bindungen so reglementiert oder tabuisiert sein kann, daß eine geplante, sinnvolle Konzeptionsverhütung gar nicht erst stattfindet. Jedoch bedeutet die theoretisch mögliche sichere Empfängnisverhütung eine Umorientierung in den Bewertungsgrundlagen erotischen Erlebens, deren Ausmaß noch nicht bewußtseinsfähig zu sein scheint. War die menschliche Fortexistenz noch um die Jahrhundertwende, wenn auch abgestuft, bereichsweise weitgehend zufallsabhängig, so ist sie nun, zumindest potentiell, in die alleinige Entscheidungsfreiheit des Paares gestellt.

Es ist ein Autonomiezuwachs des Menschen erfolgt, der die emotionale Verständigung zwischen den Generationen behindern muß. Daß die erst seit kurzer Zeit erworbene, fast absolute Sicherheit einer Empfängnisverhütung einen Wandel impliziert, der in der Vorgeneration kein Muster hat, macht es verständlich, daß die Vertrauensbarriere zwischen den Generationen größer geworden ist. So sprechen Mütter und Töchter nicht über die gleichen Voraussetzungen, wenn es um Sexualität geht. Das heißt, die Mütter ängstigt etwas, was die erwachsenen Töchter nicht mehr zu ängstigen braucht. Daher sind die Warnungen der Vorgeneration auch weitgehend unverständlich für die junge Generation. Sexueller Lustgewinn und Fortpflanzung sind entkoppelt. Wenn zur Luststeigerung auch Abwechslung gehört, so ist dies ohne Angst vor Realfolgen möglich.

Bei der Entscheidung für Nachkommenschaft ist also die Balance zwischen Trieb- und Sozialfaktor eindeutig auf die Seite der Sozialfaktoren verschoben. Sexualpartner müssen heute lediglich ihre faktischen Möglichkeiten der Kinderaufzucht prüfen; die libidinösen Anteile ihres Erlebens sind davon unbeeinträchtigt. Noch schärfer formuliert kann man sagen, daß es die Frauen sind, die entscheiden können, ob dieser Mann als möglicher Vater ihrer Kinder akzeptabel ist. Von der Entscheidung, daß Frauen ihre Kinder ohne Mann aufziehen wollen, über die familiäre Rollenumkehr des Hausmannes bis hin zum Zusammenschluß mehrerer Familien in Wohngemeinschaften sind alle sozialen Gestaltungsmöglichkeiten vorstellbar und werden praktiziert. Die reale Ausübung der Elternfunktion ist von dem ursprünglich sexuell verbundenen Ehepaar gelockert und scheint weitgehend austauschbar geworden zu sein. Der Sexualakt, der früher immer Anteile eines "Gottesurteils", also eine Schicksalskomponente enthielt, ist zu einem Spiel der Partner geworden, das mehr oder weniger angenehme Befindlichkeiten hervorrufen kann.

Die emotionale Bindung zwischen Eltern und Kindern ist durch die neue Entscheidungsfreiheit erheblich erhöht; mehr Kinder, die zur Welt kommen, sind erwünscht. Durch den wissenschaftlichen Fortschritt der Medizin über die Jahrhunderte mit Abbau der Säuglings- und Kindersterblichkeit ist das möglichst geringe emotionale Einlassen der Eltern auf ihre Kinder zur Vermeidung zu schmerzlichen Verlusterlebens durch frühen Tod, wie es ARIÈS und DE MAUSE in ihren psycho- und soziohistorischen Studien beschreiben, nicht länger als psychische Bewältigungsstrategie erforderlich. Statt dessen steht nun eine ganz eng gefühlshaft verbundene Kleingruppe mit ihren eigenen Formenvorstellungen der Lebensgestaltung vor der dauernden Notwendigkeit gegenseitiger Abstimmung; das heißt, sie benötigen viel Zeit für ihre neue Freiheit. Grenzen werden lediglich, wenn auch nicht unerheblich, durch die Vorgegebenheiten der Berufs- und Wohnwelt gesteckt.

Die Großelterngeneration hat die Entwicklung dahin mit wechselndem Bewußtseinsgrad miterlebt und sagt, wenn auch unterschiedlich pointiert, wie sie das findet. Gemessen an den eigenen Wunschvorstellungen, die sie als Eltern hatten, als sie ihre Kinder ins Leben führten, sind wesentliche Lebensgestaltungen dieser Kinder auf jeden Fall anders, das heißt, bereichsweise in ihren Augen relativ mißglückt. Da verläßt beispielsweise die erwachsen werdende Tochter ihr Elternhaus, weil sie mit ihrem Freund zusammenziehen will, was teuer ist. Das unbefangene Sexualleben unter einem Dach ist nicht möglich. Das wird aber nicht als Familienproblem erlebt, sondern als Undankbarkeit der Kinder, die vorzeitig ihr Elternhaus verlassen.

Besonders leiden Eltern, die fest in einer Religionsgemeinschaft verankert sind, wenn ihre Kinder diese ablehnen. Sie erleben ihr Scheitern daran, ihren Kindern den rechten Glauben zu vermitteln, als transzendentale Schuld, die sie bestenfalls als eine ihnen auferlegte Prüfung verarbeiten können. Ähnlich grämen sich die Eltern, deren Kinder andere politisch-weltanschauliche Vorstellungen und Ideologien vertreten als sie selbst. Ob sich nun Vater und Sohn in konkurrierenden politischen Gruppierungen engagieren oder ob Mutter und Tochter kontroverse Vorstellungen von der Reinlichkeitserziehung kleiner Kinder haben - Eltern erleben diese Unterschiedlichkeiten auch als Traditionsverrat, den sie in irgendeiner Form dem eigenen Unvermögen anlasten, traditionelle Familienwerte an die Kinder weiterzugeben.

Sogar sichtbare Erfolge können den Eltern Schwierigkeiten bereiten. So machte der unerwartete berufliche Aufstieg seines Sohnes einen alternden Vater so unglücklich und neidisch, daß er einen ganz verbitterten Lebensabend hatte.

Viel deutlicher sind die Probleme natürlich erkennbar, wenn Kinder einen sozialen Abstieg erleiden oder sich in Feindschaft von ihren Eltern trennen. Für den Familientherapeuten sind diese Fälle deswegen so besonders wichtig, weil sie sehr häufig Reaktionen auf Irrtümer und Mißverständnisse enthalten, die dadurch, daß sie niemals ausgesprochen wurden, zu schwerwiegenden Folgen für die Beziehung führen.

Zwei hervorhebenswerte Wurzeln sozialen Abstiegs sind die illusionäre Überschätzung des Kindes und die Verwöhnung. Das Kind, das die Wunschträume seiner Eltern erfüllen soll, ohne mehr Fähigkeiten als diese selbst zu besitzen, steht vor einer ausweglosen Situation. Ähnlich geht es dem verwöhnten Kind, das nie lernen durfte, daß die Welt anders ist, als die Eltern sie für dieses Lieblingskind haben wollen. Verwöhnung geschieht meist als Gegenreaktion auf in der Kindheit erfahrene Härte. Es gehört zum psychoanalytischen Basiswissen, daß Härte und Verwöhnung ähnlich schädigende Folgen haben können.[2] Sie verzerren in den bildsamen Phasen des Kindesalters die Wirklichkeit. Spätestens mit dem Schulalter tritt diese dann an die Kinder heran, die es ihren Eltern nach Art eines emotionalen Rückkoppelungseffektes in irgendeiner Weise heimzahlen, daß sie ihnen eine Welt vermittelt haben, die es nicht mehr gibt oder noch nie gab.

So berichtet eine 36jährige Frau, die seit 4 Jahren Sozialhilfe empfing, strahlend, daß ihr Vater jetzt wenigstens indirekt für sie aufkommen müsse. Er hatte hohe Erwartungen in sein erstes Kind gesetzt und dieses dann, als es schon in der Sexta versagte, zu den Großeltern abgeschoben. Der Rachekreislauf vollendete sich erst mit deren Tod: Der Vater zahlte seinen Eltern heim, daß sie zuviel von ihm forderten, indem er ihnen die Erziehung der Tochter aufhalste; die Tochter zahlte es ihrem Vater heim, als sie früh in der Schule und später im Leben

---

[2] "Die Erziehung hat also ihren Weg zu suchen zwischen der Scylla des Gewährenlassens und der Charybdis des Versagens." (FREUD, G.W. Bd. XV, S. 160).

versagte. Was wurde heimgezahlt? Die nähere Analyse ergab, daß es Ideen waren. Die Idee der Großeltern war, daß es Proletariern gutgehen sollte; der Vater arbeitete so sehr, daß er kein Proletarier mehr war, aber die Tochter verproletarisierte sich wieder, um den ursprünglichen Versorgungsanspruch an den Staat (der es sich wieder vom Vater holte) endlich in die Wirklichkeit umzusetzen.

Immer, wenn Ideen wichtiger werden als Gefühle, kann es zu diesem mehrgenerationalen unbewußten Rachekarussell kommen.

Neurotische Anspruchshaltungen vielfacher Art führen zu schweren Enttäuschungsreaktionen, die, von den Erziehungspersonen auf andere übertragen, echte schwerwiegende Sozialkonflikte zur Folge haben können. Solche Sozialkonflikte wirken dann auf die Familiengruppe zurück und werden dort, weil psychogenetisch verzahnt, häufig nicht erkannt. Die Primärgruppe schließt sich noch enger um ihr gemeinsam geteiltes Wunschbild zusammen und findet einen Sündenbock. So ist für Schulversagen beispielsweise die Unfähigkeit des Lehrers verantwortlich; für das Scheitern einer Ehe immer der Partner, der aus einer anderen Familie stammt; für das beruflich-existentielle Versagen werden zeitbedingte Umstände gesucht und gefunden. Nur daß der "Versager" im Wechselspiel von Reaktionsbildungen mit seiner Primärgruppe steht, wird fast nie gesehen. In diesem Sinne kann BOSZORMENYI-NAGY (1973) sagen, daß die Loyalitätsbindungen an die Herkunftsfamilie stärker sind als alle anderen Bindungen, auch die zum Ehepartner. Weil dieses Loyalitätsband durch noch engeren emotionalen Zusammenschluß der Mitglieder der ursprünglichen Familie so stark ist, kommt BOSZORMENYI-NAGY zu dem Schluß, daß effektive Familientherapie immer mit der Bearbeitung der Eltern-Großeltern-Beziehung ihren Anfang nehmen sollte. Hier soll gemeinsam erforscht werden, was zwischen Eltern und Großeltern ablief, wodurch die Eltern sich so verhielten, daß es zu einer Symptombildung in der dritten Generation kommen mußte.

Das Wichtigste und Schwierigste hierbei ist, den Versuch zu unternehmen, die emotionale Identität - das wahre Selbst im Sinne WINNICOTTs (1974) - zu erhalten und zu stärken, dagegen die mit ihr aufs engste verknüpfte Identität der Stilbildungen, Meinungen und Handlungen *gemeinsam* zu verändern.

Dieses Unternehmen, dessen Ungeheuerlichkeit nur der ermessen kann, der beispielsweise einmal versucht hat, eine politische Überzeugung eines Menschen etwas zu relativieren, setzt voraus, daß Eltern jeden Alters in die Lage kommen, für möglich zu halten, daß die eigene Reduplikation durch Sozialisation nicht gelingen kann und daß ihr relatives Scheitern als Eltern unabdingbar ist. Eltern können sein, wie sie wollen: sie werden eines Tages an ihren Kindern erleben, daß diese anders sind, und von ihnen hören, daß sie etwas falsch gemacht haben. Das war für Eltern immer schwer erträglich und ist im Verlauf der Geschichte wegen des steigenden emotionalen und realen Aufwandes für die Kinder noch unerträglicher geworden. Die heutigen Eltern in unserem Kulturkreis, die praktisch nur noch Wunschkinder großziehen können, werden die ganze Tragweite dieser schlichten Implikation zu gegebener, gar nicht ferner Zeit erleben. Der ungeheure emotionale Aufwand, der für die Aufzucht von Kindern gleistet wird, wird von diesen weder wahrgenommen noch gedankt in der Weise, wie es sich Eltern wünschen.

Kommen Komplikationen hinzu, wie in einem uns bekannten Fall eine schwere Herzentzündung des Sohnes, die die Eltern zwang, jahrelang das größer werdende Kind nur zu tragen oder auszufahren, was dem Kind möglicherweise das Leben rettete, aber gleichzeitig eine "Verwöhnungsneurose" mit allen negativen sozialen Folgen für das Erwachsenenleben züchtete, kann kaum ein Verständnis, ja nicht einmal eine Verständigung zwischen den Generationen erreicht werden. Insofern kann BOSZORMENYI-NAGY davon sprechen, daß die existentiellen Schulden, die Kinder bei ihren Eltern haben, nicht an ihnen selbst, sondern nur durch die eigene Aufzucht einer neuen Generation abgetragen werden können.

Wir sprachen vom relativen Scheitern der Eltern und können das jetzt deutlicher formulieren. Solange Kinder, gleich welchen Alters, am Leben sind, sind die Eltern nicht gescheitert. Eltern mißlingt selten die einfache Fürsorge für das Leben. Aber sie ändern ihr Denken zu langsam, das bedeutet, ihre prospektiven Erziehungsmöglichkeiten werden durch ihre eigenen verinnerlichten, immer veralteten Sozialisationsmuster behindert. Sie stehen vor der unlösbaren Aufgabe, mit Mitteln und Erfahrungen der Vergangenheit in eine Zukunft hinein zu erziehen, die sie selbst nicht kennen. Eltern scheitern deshalb immer an den unzeitgemäßen psychosozialen Innenbildern und am Wechsel der Außenumstände.

5. KAPITEL

Die Mehrgenerationen-Behandlung

Die Mehrgenerationen-Perspektive stellt, wie oben bereits ausgeführt, eine langfristige Betrachtungsweise von Lebensläufen unter Einbeziehung zumindest dreier Generationen dar. In ihr sind die wechselseitigen Beeinflussungen der Familienangehörigen untereinander Hauptgegenstand des Interesses.

Die Mehrgenerationen-*Behandlung* ist als technischer Zugang zu verstehen, als Versuch, die in den Perspektiven gewonnenen Erkenntnisse in die Realität umzusetzen und für eine Veränderung der Familie nutzbar zu machen. Es geht um konkrete Interaktionen, um Gespräche zwischen Eltern und Kindern verschiedener Generationen, die die familienspezifische Art der wechselseitigen Beeinflussung und darüber hinaus die rationalen und irrationalen Begründungen eben dieses jeweiligen Verhaltens zum Thema haben.

Dabei ist in der Behandlungsführung darauf zu achten, daß die Familie die Fähigkeit entwickelt, Konflikte da zu suchen und zu bearbeiten, wo sie tatsächlich liegen. Vor allem jedoch soll der Versuch unternommen werden, gemeinsam mit allen Familienmitgliedern Veränderungen des Umganges miteinander auf der Basis von Einstellungsveränderungen zu erarbeiten, damit *alle* Familienmitglieder überleben können (BOSZORMENYI-NAGY 1981). Das klingt zunächst einfach, ist aber in der Praxis ungeheuer schwer. Der Schwierigkeitsgrad ist nur dem gefühlshaft zugänglich, der selbst einmal den Versuch unternommen hat, sich mit seinen Eltern über etwas zu besprechen, was ihn wirklich bewegt. Eine ähnliche Schwierigkeit mag der erlebt haben, der den Versuch unternommen hat, sich tatsächlich in die Bedürfnisse eines Kindes oder Jugendlichen einzufühlen.

Es ist also festzuhalten, daß weniger das Lebensalter als die Ambivalenz der affektiven Beziehungen zwischen Eltern und Kindern und die damit zusammenhängenden Empfindlichkeiten, gerade bei nahen Verwandten, die Schwierigkeiten bedingen. Auf diese Empfindlichkeiten und Widerstände der Familie muß der Therapeut sich einstellen und dennoch darauf reagieren, daß über Inhalte gesprochen wird, die üblicherweise intrafamiliären Tabus, Verleugnungen und Ängsten unterliegen. Er muß es der Familie zugleich abfordern und ermöglichen, mehr Deutlichkeit in ihrem Umgang miteinander zu wagen und auszuhalten, ohne daß sich die Familie durch Abbruch der Behandlung einer Klärung und Bearbeitung ihrer Probleme zu entziehen versucht. Diese Gratwanderung des Therapeuten zwischen systemkonformem stützendem Verhalten und konfrontativem Vorgehen und die Schwierigkeiten der Familie, sich auf die Anforderungen von für sie ungewohnten Settings und Gesprächen einzustellen, sollen in diesem Kapitel diskutiert werden. Es wird zunächst auf einer generellen Ebene untersucht, mit welchen übergreifenden Problemen die Familie und die Therapeuten unabhängig von spezifischen Störungen konfrontiert werden.

Die Kontaktaufnahme

Wir können davon ausgehen, daß wegen eines Indexpatienten auf Überweisung oder direkt Familientherapie zustande kommt. Hierbei stellt der erste telefonische Kontakt mit dem Therapeuten häufig schon die Weichen für die weitere Therapie. In der Regel muß der Therapeut entgegen allgemeiner Erwartung beim Anrufer die Angst oder mangelnde Bereitschaft, die ganze Familie einzubeziehen, erspüren, und ihn gegen dessen Widerstände dazu ermuntern, alle Familienmitglieder mitzubringen. Wie wichtig das ist, und in welchem Ausmaß der Therapeut sich um Klarheit und Eindeutigkeit in seinen Formulierungen bemühen muß, zeigt folgendes Beispiel:

Eine Frau sagt sehr besorgt beim ersten Telefonkontakt: "Wir brauchen alle dringend Hilfe, weil wir nicht mehr weiter wissen und Angst um das Leben unseres ältesten Kindes haben." Therapeut: "Kommen Sie mit Ihrer ganzen Familie am ... nach Göttingen, dann sehen wir, was wir tun können." Daraufhin fuhr zwar die ganze Familie, die mit vier Kindern außerhalb wohnte, komplett nach Göttingen, doch wurden drei der Kinder für die Zeit der ersten Sitzung in die Stadt geschickt. Die Eltern erschienen nur mit dem Indexpatienten, denn "... Sie haben ja nur gesagt, daß wir alle nach Göttingen kommen sollten."

Bei uns hat es sich bewährt, beim telefonischen Erstkontakt folgendes zu klären: Wir fragen, wer alles in der Familie zusammen in der Wohneinheit lebt, und bitten, daß alle diese Personen zum Erstgespräch erscheinen.

Es versteht sich von selbst, daß nur solche Personen gemeint sind, die wirklich am Familienleben teilnehmen, also nur ausnahmsweise Untermieter oder Freunde. In seltenen Fällen sind hierbei schon die Großelternteile dabei. Was allerdings häufig von der ersten Sitzung an wichtig sein kann, sind Haustiere, die mit in der Wohngemeinschaft leben, wie Hunde und Katzen. Wir erlebten eine Sitzung mit neun Familienangehörigen, die ihren Hund zur Störung aller ernsthaften Interaktionen heranzogen.

Wir erkundigen uns dann nach dem Problem, dessentwegen angerufen wird. Das lassen wir nur so kurz wie möglich umreißen, weil der eigentliche Klärungsprozeß ja im Erstgespräch stattfinden soll, und man sonst Gefahr läuft, mit den Vorinformationen in ein spezielles Bündnis gezogen zu werden. Denn häufig versucht schon hier der Anrufer den Therapeuten zu einer Parteinahme zu bewegen, um sich auch seiner Loyalität in der ersten Sitzung zu vergewissern.

Außerdem versuchen wir zu erfahren, wer bei wem in Behandlung war oder ist. Dazu ein Beispiel:

Eine fünfköpfige Familie hatte insgesamt sieben Einzeltherapeuten, die zum Teil völlig unabhängig voneinander arbeiteten. Als sie mit der Familie zusammen zu einer Sitzung eingeladen wurden, zeigte sich, daß die Therapeuten auch ohne die Familie deren Konflikte agieren konnten und sie sogar stabilisierten, denn jedes Familienmitglied wurde durch die klare und ausschließliche Parteinahme seines Therapeuten für Auseinandersetzungen, die ständig nach dem gleichen Muster abliefen, in Einzelsitzungen aufgebaut.

Wir halten deshalb für günstig, daß Therapeuten zur ersten Sitzung eingeladen und für die Zeit der Familientherapie Einzeltherapien beendet oder ausgesetzt werden.

Wir werden bereits informiert, wer nach Meinung des Anrufers nicht zu dieser Sitzung kommen will oder solche Schwierigkeiten macht, daß der Anrufer sich nicht in der Lage sieht, ihn zu motivieren. Wenn etwa gesagt wird: "Vater kommt mit Sicherheit nicht", dann macht der Therapeut das Angebot, diesen Vater selbst schriftlich einzuladen. Auf diese Weise wird ein eventueller Widerstand konstruktiv unterlaufen.

Das Telefongespräch wird damit beendet, daß der Therapeut, wie oben bereits erwähnt, klar und deutlich seine Einladung an die *ganze Familie* formuliert.

Zu den in diesem gesammelten Informationen werden zur Vorbereitung des ersten Gesprächs mit der ganzen Familie auch die Vermutungen notiert, die sich aus den Informationen ergeben: Ob die Therapie von der Frau gewünscht wird, damit ihrem Mann klar gemacht werden kann, daß er an allem schuld ist, ob die Eltern nur so eine Art Rezept haben wollen, wie ihre Kinder "richtig" zu erziehen sind, oder ob man sich vorstellen kann, mit der Familie überhaupt zu arbeiten, und ähnliches.

Erstgespräch und Anfangsphase

Mit Beginn der ersten Sitzung erklären der oder die Therapeuten den Teilnehmern, nachdem sie sich für ihr Erscheinen bedankt haben, ihre Arbeitsweise. Die Sitzungen werden grundsätzlich auf Video aufgezeichnet und stehen den Familien und Therapeuten für weitere Arbeit damit zur Verfügung. Es wird gesagt, daß einzelne, wichtige Äußerungen für die Familie sofort wieder eingespielt werden können. Vor allen Dingen dienen die Bandaufnahmen der Familie zum Wiederansehen und Durcharbeiten zwischen den Sitzungen, wo die Familie die Möglichkeit hat, auch unter gezielten Aufgabenstellungen bereits als problematisch erkanntes Verhalten zu verändern. Wenn keine Videoaufzeichnungen möglich sind, sollte auf jeden Fall ein Tonbandprotokoll gemacht werden. Mit den Familien wird ein Vertrag über die Verwendung des aufgezeichneten Materials geschlossen.

In der Anfangsphase, die über das Erstgespräch hinaus weitere zwei bis fünf Stunden umfassen kann, geht es zunächst darum, ein *Arbeitsbündnis* mit der Familie herzustellen. Arbeitsbündnis heißt für uns, daß die Familienmitglieder sich zumindest probeweise auf die Frage einlassen, ob das Leiden der Indexpatientin/des Indexpatienten etwas mit der Entwicklung der Familie und ihren Beziehungsstrukturen zu tun haben könnte. Die Familienmitglieder müssen hier auch zumindest zeitweise bereit sein, die familiären Beziehungsmuster und ihre eigene Beteiligung hieran zu betrachten. Schon dies ist wegen der verschiedenartigen in Behandlung kommenden Familien und wegen der sehr unterschiedlichen Behandlungsmotivationen der einzelnen Angehörigen keine Selbstverständlichkeit - im Gegenteil, dies gestaltet sich sehr viel schwieriger als in der Einzel- oder Gruppentherapie; denn hier bringen alle einzelnen Beteiligten eine aus individuellem Leidensdruck resultierende Behandlungsmotivation mit und werden auch hiernach für die Therapie ausgesucht. Genau das ist bei der Familientherapie nicht der Fall. Hier kann entsprechend auch keine explizite Vereinbarung über das Procedere der Behandlung getroffen, keine explizite "Rahmensetzung" wie etwa in der psychoanalytischen Therapie vorgenommen werden. Familientherapie ist auf implizite Rahmensetzung durch die Gesprächsgestaltung der Therapeuten angewiesen (vgl. hierzu REICH 1990). Das oft äußerst komplizierte Unterfangen, reflexive Prozesse bei allen Familienmitgliedern, auch den "Nichtmotivierten", anzuregen, kann im günstigen Fall bei allen Neugier auf bisher unbekannte, eventuell auch gefürchtete Umstände der Familiengeschichte wecken.

Arbeitsbündnis und "therapeutische Ich-Spaltung", das heißt die Fähigkeit zur gleichzeitigen Teilnahme am therapeutischen Prozeß und dessen Beobachtung können sich nur in dem Maße entwickeln, wie eine angstfreie Atmosphäre herrscht. Ein von Angst beherrschtes Ich ist kein zuverlässiger Partner. Bei den Behandlern setzt dies eine psychoanalytische Einstellung zu allen Familienmitgliedern voraus, die möglichst frei von "pädagogischen" Impulsen und dem "furor sanandi" sein sollte. Abwehr, Widerstand, Ideologien, "Agieren" und so weiter sind in diesem Sinne als Schutzmaßnahmen von der sie motivierenden Angst her zu verstehen und positiv zu konnotieren (vgl. REICH 1990). Wie der Einzeltherapeut über die Dauer gesehen gleichen Abstand zu Es, Ich und Über-Ich halten sollte, kann Familientherapie nur gelingen, wenn sich, ebenfalls über die Dauer gesehen, die Therapeuten allen Familienmitgliedern so vorurteilsfrei wie möglich zuwenden können.[1]

Abwehr ist immer eine "Ressource" der Familie, und es erscheint uns mit der Intention der Psychoanalyse nicht vereinbar, die Personen in ihre "gesunden" und "defekten" Anteile zerlegen zu wollen. Auch das "Neurotische", "Psychotische" und das

---

[1] Schon deswegen halten wir in der Familientherapie Team-Arbeit für unerläßlich. Daß Familientherapie auch bei der skizzierten therapeutischen Einstellung keine "Idylle" ist, versteht sich dabei von selbst.

"Psychosomatische" stellen *hochkomplexe menschliche Lebensäußerungen* dar, die der inneren Situation der Beteiligten *angemessen* sind. Stets sind also beide Seiten der familiären Entwicklung, die "Stärken" wie die "Schwächen", in ihrer wechselseitigen Bedingtheit zu betrachten. Wir legen in diesem Sinne Wert darauf, nicht nur das "Pathologische", sondern auch das im konventionellen Sinne "Gelungene" deutlich hervorzuheben.

Kontextklärung

Vor dem Einstieg in die inhaltliche Klärung ist mit den Familienmitgliedern sehr sorgfältig der Kontext der Gespräche zu explorieren; denn dieser entscheidet, wie der Inhalt von Fragen oder Deutungen, ja oftmals, wie das gesamte verbale und nonverbale Verhalten von allen am Gespräch Beteiligten "gelesen" beziehungsweise "gehört" wird. Familientherapie hat so in der Regel eine ganze Reihe von - meist stillen - Teilhabern, deren Nichtbeachtung nach dem heutigen Kenntnisstand ein Kunstfehler ist.

Was bedeutet es zum Beispiel für ein Paar und die Kinder, wenn der Scheidungsrichter sie zur Klärung der Sorgerechtsfragen in die Beratung schickt? Welche Wirkung hat es, wenn die Klassenlehrerin, der Hausarzt oder die Mutter des Mannes von den Gesprächen weiß? Was bedeutet es, wenn bereits mehrere Vorbehandlungen gescheitert sind? Wenn mehrere Experten zu dem Schluß kamen, die Depression des Vaters sei endogen? Wenn ein Ehepartner nur Familiengespräche möchte, der andere eher Einzeltherapie oder eine Kur? Was denken die Familienmitglieder, wenn ein Mitglied Psychopharmaka verschrieben bekommt? Welche Informationen haben sie den "Waschzetteln" in den Medikamentenpackungen entnommen? Was halten sie hiervon? Die Arbeitsgruppe um SELVINI-PALAZZOLI hat herausgearbeitet, daß auch die Überweisenden mit zum zu behandelnden System gehören und ebenso einzubestellen sind, wie wir es auch mit den beteiligten Einzeltherapeuten tun.

Nach unserem heutigen Kenntnisstand entscheiden zudem die "Krankheitstheorien" der Beteiligten, Patienten wie Therapeuten, eher über die Prognose als die "Schwere" der Erkrankung der Indexpatienten (vgl. GRANDE et al. 1988; RETZER 1989).

Übertragung und Gegenübertragung als Kollusion von Krankheitstheorien und Prozeßphantasien

Schwerwiegende Probleme bis hin zu Behandlungsabbrüchen ergeben sich nach unseren Beobachtungen immer dann, wenn bestimmte Krankheitstheorien und Phantasien über den therapeutischen Prozeß, eben die "Prozeßphantasien" (PLASSMANN 1986) bei Familien und Therapeuten zusammenwirken.

Oben (S. 67) beschrieben wir bereits die wichtigsten Motive der Abwehr von Familien gegenüber der Behandlung. Diese induzieren häufig entsprechende Gegenübertragungsreaktionen, die wiederum die die Abwehr motivierenden Befürchtungen bestätigen.

Fühlen sich Familienmitglieder in einem *Arrangement gegenseitiger Ausbeutung existentiell aufeinander angewiesen*, so übertragen sie oft den abgewehrten Trennungswunsch auf die Therapeuten, der den Impuls spürt, diese einmal "radikal voneinander zu trennen", "für Individuation zu sorgen" und ähnliches, was natürlich nur die Trennungsangst der Familie verstärkt. Diese betont nun zur großen Enttäuschung der um "Befreiung" bemühten Therapeuten die Vorzüge des Beisammenseins.

Dominiert die *Schuldthematik*, so wird das gesamte Verhalten des Therapeuten auf mögliche Wertung, Kritik oder Anschuldigung hin "abgeklopft". Empathie für die Eltern wird als Parteinahme gegen die Kinder gesehen und umgekehrt. Therapeuten werden zu Richtern, Detektiven oder Staatsanwälten. Nicht selten schweigen die "Angeklagten", weichen aus, drehen den Spieß um, indem sie die Behandler ins "Kreuzverhör" nehmen, oder nehmen das "Urteil" durch umfangreiche Selbstbeschuldigungen vorweg.

Vertreten Therapeuten nun lineare Krankheitstheorien, so führen diese in der Regel implizit oder auch explizit zu schuldzuweisenden Werturteilen. Wir finden dies häufig in Verballhornungen der psychoanalytischen Theorie, in denen das Konfliktmodell aufgegeben wurde, auch in bestimmten Varianten systemischer Therapie.[2] Dringen Therapeuten dann in die Fami-

---

2 Z.B. bei strukturalistisch orientierten Therapeuten, die schwere Pathologien auf die "Uneinigkeit der Eltern" zurückführen, oder in psychoanalytischen Therapien, wenn Depressionen auf "mangelhafte Symbiose-Erfahrungen", Zwangsneurosen auf die Strenge des Vaters zurückgeführt werden oder nach einer kurzen Zusammenarbeit, ohne das gründliche Durch-

lien ein, um festzustellen, wie die Mutter, der Vater, der Großvater "wirklich" war, bestätigen sie diese unter Umständen in ihren Erwartungen. Auch die entsprechende Reaktionsbildung, das Negieren der Schuldthematik als einer zentralen menschlichen Erlebenskategorie, meist mit einem "systemischen Verständnis" der Familiendynamik rationalisiert, überzeugt die Familien in der Regel nicht.

Dominieren *Schamgefühle*, so werden Therapeuten zu Vertretern der Öffentlichkeit, der Nachbarn, der Kollegen, der erweiterten Familie, des sozialen Ideals. Interventionen werden als entblößendes Eindringen oder Entwertung wahrgenommen. Die Familie schließt sich ab, was zu weiterem "Bohren" anregen kann, wenn Therapeuten beispielsweise die Ansicht vertreten, Therapie bestünde darin, möglichst viele Emotionen der Familienmitglieder "offenzulegen", diese dazu zu bringen, sich "offener zu zeigen".

Als *"einbrechende Dritte"* wahrgenommene Therapeuten, die vielleicht selbst die Absicht hegen, die zu behandelnde Familie "modernisieren" zu wollen, werden als "bessere Partner", "potentere Liebhaber" oder als Repräsentanten des "Zeitgeistes", die die Jungen den Alten entfremden, gefürchtet. Therapeuten können sich hier entsprechend angespannt fühlen, der Frau "die Augen über ihren unsensiblen Mann zu öffnen" oder Jugendliche "aus dem Familiengefängnis zu befreien" (vgl. hierzu und zu weiteren Mustern REICH 1990).

Im Grunde verstoßen Therapeuten in all diesen Kollusionen gegen den einfachen Grundsatz der Familientherapie, *niemals gegen die Loyalität* der Familienmitglieder zueinander zu "therapieren".

Gegenübertragungsanalyse

Diese Kollusionen sind um so schwerer zu durchschauen, je stärker die Überzeugungen der Familie denen der Therapeuten entgegenkommen. So ist die ständige Reflexion der eigenen Krankheitstheorien und Vorstellungen vom therapeutischen Prozeß in der Familientherapie ebenso unabdingbar wie die sorgfältige Analyse der Gegenübertragung, der durch die eigene Biographie bedingten "Bereitschaft zur Rollenübernahme" (SANDLER 1976).

---

arbeiten der Konflikte, aufgrund der Phänomenologie einer Störung auf "Defekte in der Ich-Struktur" geschlossen wird.

Durch ihren "transaktionalen Sog" bergen Familientherapien mehr noch als Einzelbehandlungen die "Gefahr der Wiederansteckung" (WHITACKER et al. 1975) entsprechend den eigenen weiterhin wirksamen "Familienszenen" und unbearbeiteten Familienkonflikten der Therapeuten in sich (vgl. auch BAURIEDL 1980). So schließt Mehrgenerationen-Familientherapie immer die Auseinandersetzung mit der eigenen Herkunftsfamilie ein (vgl. REICH 1982, 1984; SPERLING et al. 1980).

Interaktionsmuster

Da familiäre Abwehrprozesse immer interaktionell organisiert sind, legen wir besonderen Wert darauf, die Umgangsstile der Familien genau zu erfassen. In der Regel erschließt sich erst nach deren detaillierter Beobachtung deren unbewußter Sinn.

Wer fängt an zu sprechen, wer hört schweigend zu oder fällt dem anderen dauernd ins Wort? Wer bemüht sich und auf welche Weise um die Kinder? Wie beteiligen sich die Kinder am angebotenen Spiel oder an Gesprächen? Wann müssen sie stören? Nach welchem zugrundeliegenden Muster laufen diese Interaktionsprozesse ab? Wie gehen Familienmitglieder mit Lachen, Weinen und anderen Gefühlsausdrücken um?

Um uns selbst in Supervisionssitzungen, aber auch in den Familiengesprächen die Beziehungsmuster zu verdeutlichen, ist uns die Familienskulptur besonders hilfreich (vgl. z.B. DUHL, KANTOR u. DUHL 1973; SCHWEITZER u. WEBER 1982).

Jedem Familienmitglied wird dabei die Aufgabe gestellt, sich und die anderen so im Raum zu plazieren - das kann sitzend sein, stehend, liegend, entspannt oder verkrampft, zugewandt oder sich und/oder andere isolierend - wie es die Beziehungsstruktur der Familie wahrnimmt. Außerdem kann jeder noch aufgefordert werden, den gewünschten Zustand familiärer Beziehungen zu modellieren, indem er die Familie so stellt, daß sie möglichst genau seinen Bedürfnissen entspricht.

Auf diese Weise erleben alle in einem begrenzten und kontrollierten Rahmen, wie unterschiedlich und auch im Gegensatz zu eigenen Interessen und Bedürfnissen jeder Nähe und Distanz oder Koalitionen und Machtstrukturen in der Familie wahrnimmt und verändert wissen möchte.

Familiengeschichten

Ein Interesse an der Familiengeschichte und Familiengeschichten muß erst geweckt werden, weil häufig eigene Ansätze der Familien in Vorwürfen, Abrechnungen oder Tränen gescheitert sind oder insgeheim gefürchtete Umstände dem im Wege stehen.

Hierbei muß der Familientherapeut vorsichtig die Mitglieder an die Tatsache heranführen, daß etwas Unbekanntes gefürchtet wird, was bisher die Verständigung, vor allem zwischen den Generationen, beeinträchtigt hatte. Er muß zu einem große Sensibilität erfordernden "richtigen Zeitpunkt" anmerken, daß das Gefürchtete in der Regel keine vernichtenden Enthüllungen enthält, sondern vielmehr die Abweisung von anderen Personen in der Familie, die jeweils nicht die "richtigen", sondern "falsche" Werte in Form von Lebensstilen und Meinungsäußerungen vertreten. Das *Genogramm* (vgl. GUERIN u. PENDAGAST 1976, MC GOLDRICK u. GERSON 1985), das wir bereits eingangs erwähnten, ist hierbei für die Familie und für uns Leitfaden zur Erfassung der affektiv relevanten Fakten der Familienhistorie. Oft lassen wir in den ersten Stunden die Familien ihr Genogramm selber zeichnen.

Zur Sonderrolle des Indexpatienten

Im Indexpatienten kommt besonders deutlich eine Ambivalenz des Systems zum Ausdruck. Die Familie hat einem ihrer Mitglieder die Rolle des Patienten zugewiesen und damit die Aufrechterhaltung ihrer Struktur scheinbar möglich gemacht. Nun verlangt der Indexpatient, auf dessen indirekte Veranlassung die Familientherapie überhaupt in Gang kam, unbewußt von der Familie eine Änderung, um aus dieser Rolle entlassen zu werden. Es handelt sich dabei meistens um ein sogenanntes parentifiziertes Kind (BOSZORMENYI-NAGY u. SPARK 1973), das heißt einen Menschen, der in einer wichtigen Lebensperiode seinen eigenen Eltern oder einem Elternteil als Elternersatz diente. Die Parentifikation wird erst richtig verständlich, wenn wir uns klarmachen, wieviel Bedürfnis nach Elternliebe auch der Erwachsene noch hat.

Der Symptomträger steht selbst in einer merkwürdigen Ambivalenz: einerseits möchte er aus der Situation heraus und die

Verhältnisse grundlegend ändern, andererseits kann und will er seine Rolle nicht aufgeben, weil bisher im System sein Überleben und seine Bedeutung so organisiert waren und ihm andere Erlebens- und Verhaltensmuster nicht zur Verfügung stehen. Gestützt wird diese Angst, die Rolle zu verlassen und damit eine Veränderung einzuleiten, durch die Tendenz der gesamten Familie, die Thematik auf den Indexpatienten und dessen Störung einzugrenzen.

Schon bald wird der Therapeut den Versuch unternehmen, das Problem auf die ganze Familie auszuweiten. Er wird die verschiedenen Arten der Zurückweisung der eigenen Betroffenheit aller Mitglieder anmerken und eine Konfliktverschiebung dadurch vornehmen, daß er, wenn - wie meistens - Kinder und Jugendliche die Indexpatienten sind, nach dem Befinden der Eltern fragt, sich vorsichtig an deren Beziehung herantastet, um sodann die eigene Kindheit jedes Elternteils anzuvisieren.

So ist auch die Frage, die in dieser ersten Phase der Familientherapie gestellt wird: "Was möchte jeder an sich verändern, damit es allen besser geht?" bereits derart verblüffend oder kaum verständlich, daß darauf geantwortet wird: "Meinen Mann kann ich nun nicht mehr verändern!" Deshalb muß häufig durch ruhiges Wiederholen und Beharren auf dieser Aufgabenstellung die Familie an eine richtige Wahrnehmung der Frage herangeführt werden. Denn mit dieser Aufforderung, über eine Veränderung von sich selbst ernsthaft nachzudenken, wird zum Ausdruck gebracht, daß jeder der Beteiligten mit dem herausragenden Symptom etwas zu tun hat, was den Abwehrprozeß der Familie in Frage stellt.

Die Drei-Generationen-Sitzungen:
Vorbereitung - Zusammensetzung - Abfolge

Je nach Art des Partner- und Familienkonfliktes wird auf eine Mehrgenerationensitzung mit der ganzen Kernfamilie vorbereitet oder, was häufiger der Fall ist, zunächst reduziert auf die ursprüngliche Eltern-Kind-Beziehung, das heißt, die Frau soll mit ihren, der Mann mit seinen Eltern allein kommen. In der Vorbereitungsphase wird außerdem darüber verhandelt, ob und welche Geschwister der Partner an der Sitzung mit der Großelterngeneration teilnehmen sollen. Hierbei hat es sich als günstig erwiesen, zunächst so viele Angehörige wie möglich zusammenzuführen, um die ursprüngliche Familienatmosphäre zu rekonstruieren. Nur bei deutlichen Trennungsbestrebungen der Eltern soll der Personenkreis in der ersten Mehrgenerationensitzung möglichst klein gehalten werden. Die Mitglieder der Kernfamilie erhalten den Auftrag, die Personen, die an der ersten Mehrgenerationensitzung teilnehmen sollen, selbst dazu einzuladen. Handelt es sich um Beziehungsstörungen, die in Beziehungsabbrüchen und Erbschaftsproblemen ihren Niederschlag gefunden haben, werden es möglichst alle erreichbaren Geschwister sein, handelt es sich um Störungen der Intimsphäre, kann sich die Mehrgenerationen-Arbeit zunächst auf Einzelsitzungen mit dem gleichgeschlechtlichen Elternteil beschränken. So gibt es verschiedene Formen von Mehrgenerationensitzungen: Es kann die Frau mit ihrer Mutter, der Mann mit seinem Vater allein sprechen, was insbesondere dann effektiv ist, wenn es sich um Störungen der Geschlechtsidentität handelt. Es kann aber auch ein Großelternteil oder -paar in eine Sitzung der Kernfamilie eingeladen werden. Kamen zunächst die Eltern der Frau dazu, können in der nächsten Sitzung die Eltern des Mannes teilnehmen. Nur ausnahmsweise gelingt es, initial die Herkunftsfamilien beider Partner zusammenzuführen. Wenn das ohne Schwierigkeiten zustandekäme, gäbe es entweder keine gravierenden Konflikte, oder aber die Abwehr ist so stabil, daß die Sitzung ineffektiv wird. Ein Zusammenführen beider Herkunftsfamilien gemeinsam mit der Kernfamilie des Indexpatienten stellt die Ausnahme nach einer erfolgreichen Mehrgenerationen-Behandlung dar, wäre aber anzustreben. Wir haben daraus und aus der Beobachtung, daß die Beziehung der Schwiegereltern zueinander etwas über die Prognose einer Paarbeziehungsstörung aussagt, erste Schlüsse gezogen (E. u. U. Sperling 1976).

Sollten die Großeltern verstorben sein, können noch lebende nahe Angehörige der Herkunftsfamilie, die die verstorbenen Mitglieder gut kannten, stellvertretend zu den Sitzungen gebeten werden. Entscheidend für die erfolgreiche Arbeit in der Familie mit mehreren Generationen ist die therapeutische Einstellung unter dem Gesichtspunkt der Mehrgenerationenperspektive, das heißt der Anerkennung einer weitgehenden Abhängigkeit aufgrund von longitudinalen Loyalitätsbindungen, die stärker durchschlagend sind als Gegenwartsbeziehungen.

Optimal ergibt sich eine Reihenfolge der Bearbeitung des

Konfliktes in der Weise, daß erst die Mitglieder der jeweiligen Kernfamilie, dann diese jeweils mit den Herkunftsfamilien zusammenkommen und schließlich die Ehepartner und die Enkelkinder hinzugezogen werden. Es kann aber auch genau der umgekehrte Weg angezeigt sein, wenn die Beziehungen zwischen Großeltern und Enkelkindern ein besonders stabilisierendes Element für die Familie darstellen.

Probleme beim Einbeziehen der älteren Generation

Die Gefahr des Mißbrauchs als Hilfstherapeut

Das Vorgehen richtet sich je nach der Art des von den Therapeuten vermuteten zugrundeliegenden Familienkonflikts. Dabei ist zu beachten, daß meistens für die jüngste Generation Hilfe gesucht wird, seltener für die mittlere Generation und fast nie für die Großeltern. Das ist besonders auffällig, weil auch in der Großelterngeneration durchaus Konflikte bestehen können. Die übliche Einbeziehung der alten Menschen geschieht aber meistenteils quasi als *Hilfstherapeuten* für die Nachfolgegenerationen und birgt damit neben psychotherapeutisch-technischen Problemen auch ethische in sich. Die Gefahr der Ausbeutung der alten Generationen mit Schuldzuschiebung auf sie, die kein Hinterland mehr haben, besteht immer und verlangt vom Therapeuten eine besondere, wachsame Übernahme seiner Schutzfunktion. Diese gewährt er vor allem dadurch, daß er den alten Menschen einen breiten Raum für die Schilderung ihrer gegenwärtigen und früheren Lebensumstände einräumt.

Identifikation

Von zentraler Bedeutung ist aber auch, daß der Therapeut seine eigene Position neu überdenkt, denn unreflektiert neigt er dazu, sich zunächst als Anwalt der Jüngeren gegenüber den Älteren zu verstehen. Das entspricht seiner eigenen Verarbeitung der Sozialisationserfahrung, auch wenn er versucht, bewußt gegenzusteuern. Es ist aber zu bedenken, daß auch die alten Menschen noch immer Kinder ihrer längst verschiedenen Eltern sind und innerlich in zeitbedingten Abwandlungen mit denselben Problemen zu tun haben wie ihre Kinder und Kindeskinder auch. Nur fehlt ihnen der Adressat, so daß sie entweder als ungeschütztes letztes Glied in der Kette alle Schuld auf sich nehmen oder die Problemkonstellationen auf Kinder und Enkelkinder projizieren.

Sprachbarriere/Sprachlosigkeit

Außerdem ist hier auf die "Sprachbarriere" zwischen den Generationen hinzuweisen. Je älter die Teilnehmer sind, desto eher werden sie dazu neigen, sich zunächst in den früher üblichen schablonenhaften "man-Formulierungen" zu äußern, die oft den Charakter moralischer Postulate haben, in denen die emotionale Wirklichkeit eher verborgen werden kann. Auf der anderen Seite wirken die farbige Sprache und die Formulierungen der älteren Generationen gegenüber der heutigen unterkühlten Nüchternheit häufig im emotionalen Bereich übertrieben und ist so eher in der Lage, Konfliktquellen freizulegen.

Diese Sprachbarriere hindert auch die Eltern, Entwicklungsschritte, die sie durchmachen, mitzuteilen. Vorweggenommene Mißverständnisse können zu Kommunikationsabbruch oder Sprachlosigkeit zwischen den Generationen führen. Der Therapeut hat hier die Aufgabe, fruchtlose Machtkämpfe um Worte und Formulierungen zu unterbinden. Er kann außerdem zum Ausdruck bringen, daß er weiß, wie "sprachlos" gerade Familienmitglieder miteinander sein können, und daß es hier darum ginge, erst einmal vorsichtig eine gemeinsame Sprache dafür zu finden.

Experten für die Vergangenheit

Insgesamt ist die Bereitschaft der älteren Generation zur Teilnahme an Intergenerationensitzungen sehr groß. Emotional werden sie auf jeden Fall wieder mehr in das Familiengeschehen einbezogen, und Ausklammerungstendenzen wird entgegengewirkt. Tatsächlich werden sie zu dem gemacht, was sie auch sind, nämlich Experten für die Vergangenheit. Ohne Zweifel werden durch die Heranziehung der Vorgenerationen die in der Familie vorhandenen Ressourcen zur Selbsthilfe wesentlich erweitert. Wir werden aber auch mit der Frage konfrontiert, ob es nicht menschliche Verstrickungen gibt, die nicht lösbar sind. Die Schwere der bisweilen zutage tretenden Konflikte übersteigt unter bestimmten Umständen auf jeden Fall die Toleranzgrenze einzelner Familienmitglieder, weil diese unterschiedlich ist.

Therapeutisch von Wichtigkeit ist es, der Schilderung der

damaligen *Zeitumstände* genügend Beachtung einzuräumen. In Deutschland bereitet die Bearbeitung des jeweiligen Verhaltens in den 12 Jahren des Hitler-Regimes besondere Schwierigkeiten. Der Mehrgenerationen-Familientherapeut muß über zureichende Geschichtskenntnisse verfügen, um der Familie zu helfen, affektiv stark ambivalent besetzte Erinnerungen möglichst wirklichkeitsnah einschätzen zu lernen. Besondere Klippen stellen Rationalisierungen früheren Verhaltens dar, die zur Erhaltung des gemeinsam geteilten Familienstolzes das eigentliche Problem des Konformismus oder Nonkonformismus zu verschleiern versuchen. Hierbei ist es wichtig, daß die Konfrontation sich an den jeweiligen zeitgeschichtlich bedingten Umweltverhältnissen orientiert und nicht a priori von der heutigen Sichtweise, also von Erfahrungen, die man seinerzeit nicht hatte, ausgeht. Entscheidend ist hierbei, das Recht auf Irrtum einzuräumen. Andererseits können von alten Menschen rechthaberisch vertretene, längst historisch überholte Positionen zu schwerwiegenden Verständigungshindernissen werden.

Der Therapeut kann darauf hinweisen, daß diese Stile und Einstellungen viel weniger mit der wirklichen Person zu tun haben, als man denkt, vielmehr den Versuch der Anpassung an die jeweiligen Zeitumstände und Moden darstellen, die bei Personen in höherem Lebensalter in der Zeit der eigenen Hauptaktivität, in der die Kindererziehung stattfand, stehengeblieben zu sein scheinen. Sehr deutlich wird das an der banalen Tatsache, daß Haartrachten erhebliche Meinungsverschiedenheiten in den Familien hervorrufen können.

Vorwürfe/Klärungen

Therapeutisch ist in den Mehrgenerationensitzungen deshalb besonders darauf zu achten, daß die Begegnung nicht zu lange in gegenseitiges Vorwürfemachen ausartet.

Der Umgang mit den unvermeidlichen *Vorwürfen* erfordert ein besonderes Geschick vom Therapeuten, soll doch alles ausgesprochen, aber Beziehungsabbruch vermieden werden. Dabei helfen sich die drei Generationen gegenseitig. Erfahrungsgemäß koalieren Enkel und Großeltern miteinander, wogegen die Elterngeneration der Großelterngeneration Versäumnisse vorwirft. Daraus ergibt sich als zentrale therapeutische Aufgabe, den Großeltern genügend Raum zur Darstellung ihrer eigenen Sicht der Dinge einzuräumen, wobei die Aktivität des Therapeuten darin besteht, diese zu bitten, ihre eigene damalige Situation und späterhin ihre eigenen Kindheitserinnerungen ausführlich zu schildern. Mit diesem Vorgehen wird einerseits das Verständnis für die alten Menschen gefördert, andererseits können Familiengeheimnisse zur Sprache kommen, deren unterschwellige Wirksamkeit die Familienatmosphäre seit langem beeinträchtigt. Hierbei kommen einerseits neue Fakten ans Licht, andererseits gelingt eine Umdefinition der Bedeutung für die Familie wichtiger Schlüsselpositionen. So kann beispielsweise die Rolle, die Verstorbene für das Familienleben spielten, eine adäquatere gemeinsame Beurteilung finden.

In einer Familie waren die Umstände des Todes des Großvaters verschleiert worden, weil für einen Teil der Familie die Art seines Umkommens als ehrenrührig galt. Ein den ganzen Sachverhalt klärendes Schreiben war von einigen Familienmitgliedern vernichtet worden, wobei alle Beteiligten zu absolutem Stillschweigen verpflichtet wurden. Trotzdem wurde der Sohn des Mannes in das Geheimnis eingeweiht und mußte wiederum versprechen, seine Mutter nicht zu informieren. Als der Mann in der Familientherapie davon erzählen konnte, und schließlich auch seine Mutter über den wahren Sachverhalt aufklärte, waren die Mutter und er selbst so entlastet, daß sie über den jetzt erst möglichen Austausch zu einer völlig neuen, von beiden sehr positiv erlebten Beziehung kamen.

Es ist von therapeutischer Seite zu betonen, daß es sich hier vor allem um *Klärungen* handelt, nicht um Abrechnungen. Es ist zu fragen, was so schlimm an dieser oder jener Verhaltensweise oder Einstellung ist und wer dabei wirklich zu Schaden kam.

Schwierigkeiten beim Einbeziehen der mittleren Generation

Angst "vor Veröffentlichung des eigenen Versagens"

Man muß sich ständig vergegenwärtigen, daß bereits das Intergenerationensetting *Ängste* reaktiviert und freisetzt. Von der Familie wird hoffnungsvoll erwartet und gleichzeitig gefürchtet, daß vor allem anderen Dinge an- und ausgesprochen werden, die gewöhnlich verheimlicht oder höchstens in dyadischen Beziehungen besprochen werden. Für die Praxis bedeuten diese Überlegungen, daß der Familientherapeut davon auszugehen hat, daß bei der Begegnung von mehreren Generationen alle Beteiligten Angst haben, wenn auch in unterschiedlichem Ausmaß und aus verschiedenen Gründen. In der Vorbereitung zur Intergenerationen-Familientherapiesitzung muß den Teilnehmern deshalb von Anfang an mitgeteilt werden, daß der Familientherapeut darum weiß.

Der oder die Therapeuten können ihre Erfahrungen mit ihrer eigenen und den bisher behandelten Familien einbringen, um der Familie gegenüber ganz deutlich ihre Kompetenz zum Ausdruck zu bringen. Das ist wichtig, weil eine Abwehrstrategie der Familienmitglieder, in der sie sich häufig zusammenfinden, darin besteht, dem/den Therapeuten die Kompetenz abzusprechen, weil sie nicht alle Schicksalsschläge selbst erlitten haben können oder nicht "mitreden" dürfen, weil sie nicht genügend eigene Kinder aufgezogen haben und ähnliches. Hier hat der Therapeut klarzumachen, daß er alles nur Mögliche über das System Familie weiß, und daß er dieses Wissen auch aufgrund eigener Erfahrungen erworben hat.

Aus Erfahrung können wir sagen, daß die größte Angst von der mittleren Generation, die den Sozialisationsprozeß durchführen muß, signalisiert wird, wogegen die Enkel- und Großelterngeneration sich relativ weniger beängstigt fühlt. Die mittlere Generation fühlt sich unter der Anklage sowohl der Kinder als auch der Eltern beängstigt, und versucht, diese Angst umzudelegieren. Sie sucht Hilfe für bessere Sozialisation ihrer Kinder und die Schuld an ihrer eigenen Unfähigkeit bei den Großeltern.

Eine häufige Form der versteckten eigenen Aufwertung bei zugrundeliegendem Minderwertigkeitserleben geschieht über die Verachtung anderer Mitglieder des Familiensystems, die von therapeutischer Seite unbedingt angemerkt werden muß. Wenn zum Beispiel der Vater durch seinen Jähzorn ein so unmöglicher Mensch wäre, ist zu fragen, weshalb die anderen Familienmitglieder ihn in diesem Punkt immer wieder reizen, obwohl sie das doch wissen.

Von zentraler Bedeutung ist dabei, daß die Einladung der Großeltern-Generation in die Behandlung bereits das Eingeständnis des Scheiterns der Familie "öffentlich" macht. Die Angst davor wird als Ablehnung offen ausgesprochen oder hinter der Befürchtung, eine solche Begegnung könnte den alten Eltern schaden, verschleiert. Das ausführliche Durchsprechen derartiger Befürchtungen läßt oft ein erhebliches Aggressionspotential bei der gegenwärtigen Elterngeneration in Erscheinung treten, das mit alten Kindheitsängsten einhergeht. Auch Scham, vor den Großeltern zugeben zu müssen, daß die mittlere Generation ihre Lebensaufgabe nicht optimal bewältigt hat, spielt eine wesentliche Rolle bei der Angst vor der ersten Mehrgenerationensitzung. Der Therapeut sollte auf ihrem Zustandekommen bestehen, jedoch mit den Mitgliedern der Kernfamilie detailliert auszuphantasieren versuchen, was wirklich bei einer derartigen Begegnung gefürchtet wird. Alte Verständigungsschwierigkeiten und Ressentiments, aber auch enttäuschte kindliche Wünsche treten dann offen zutage.

Trotz aller Schwierigkeiten gelingt es jedoch in den meisten Fällen, echte Dialoge anzuregen, die klären helfen, warum es zu einem früher angstmachenden und für die weitere Familiengeschichte bedeutsamen Ereignis oder zu problematischen Dauereinstellungen kam.

Der Therapeut hat die Möglichkeit, die Bedeutung der vergessenen Geschichte ins rechte Licht zu rücken und die trotz aller Differenzen vorhandenen Gemeinsamkeiten zwischen den Angehörigen der verschiedenen Generationen hervorzuheben. Er hat ihre schon äußerliche Ähnlichkeit vor sich, sieht die verwandten Attitüden und Interaktionsmuster. Aber auch in den Wertvorstellungen und Interessenvorlieben bestehen trotz kontroverser Ausformulierungen überwiegend Übereinstimmungen. In dem Fall einer Professorenfamilie, in der der erwachsene Sohn an der Fertigstellung seiner Doktorarbeit scheiterte, besteht durchaus allgemeine Einigkeit über den hohen Wert wissenschaftlicher Qualitätsarbeit. Daß die therapeutische Arbeit gerade an der Relativierung solcher gemeinsamen Hochschätzungen anzusetzen hat, ist ebenso verständlich wie der erbitterte Widerstand der Familie dagegen. Aber auch Verachtungen werden geteilt. Sie können quer durch die Familien gehen, etwa in der Koalition einer aufstiegsbewußten Großmutter mit ihrer Tochter, die auf dem zweiten Bildungsweg den Lehrerberuf anstrebte, gegen den Großvater, der "nur" Facharbeiter war, und den eigenen Ehemann, der es "nur" bis zu einem Büroangestellten gebracht hatte. Beispiele, in denen Mutter und Tochter sich hinsichtlich der Ablehnung männlicher "Sexualbegierden" trotz unterschiedlicher zeitgeistabhängiger äußerer Attitüden gefühlshaft völlig einig waren, wären so zahlreich, daß ein prototypisches Beispiel fast wie eine Karikatur erschiene. Wenn man dazu bedenkt, daß in einem besonders hervorstechenden Fall die Männerverachtung der Tochter in Übereinstimmung mit ihrer Mutter bisher mit der Geburt und Aufzucht zweier Kinder mit verschiedenen Vätern zum Ausdruck gebracht werden mußte, die ihrerseits wegen Hautstörungen zu "Patienten" wurden, wird die existentielle Bedeutung gemeinsam geteilter Grundüberzeugungen besonders deutlich, gleichzeitig aber auch die schwere Behandelbarkeit derartig ich-syntoner, über Generationen weitervermittelter Einstellungsmuster. Praktisch besteht für den Therapeuten hier nur die Möglichkeit, interpretativ konfrontierend einzugreifen oder die Absurdität der speziellen Familienüberzeugung durch eine paradoxe Verschreibung im Sinne SELVINIS dem Erleben zugänglicher zu machen.

Die ubiquitäre Angst vor den Eltern

Wie bereits erwähnt, werden die Intergenerationensitzungen vor allem von der mittleren Generation derart gefürchtet, daß eine längere Vorbereitungsphase zur Mehrgenerationen-Familientherapie vorgeschaltet werden sollte. Diese hat ein unheimliches Thema, nämlich *die ubiquitäre Angst vor den Eltern.* Die kann so groß sein, wie in dem Beispiel von FRAMO, dessen Indexpatient sagt, daß er lieber den Ozean durchschwömme, als noch einmal mit seinem Vater zu streiten.

Sie ist aber immer da, sie hat überwiegend die Reaktivierung gemeinsam geteilter Scham zum Inhalt, wohinter sich reales Schuldig-geblieben-Sein füreinander verbergen kann. Die Angst vor den Eltern hängt einmal mit deren Sozialisationsaufgaben zusammen. Der total abhängige Säugling zeigt keine Angst, er schreit und beruhigt sich wieder, wenn er aufgenommen und gefüttert wird, das heißt seine Lagebefindlichkeit in Ordnung gebracht wird. Erst mit den sozialen Verboten, die Eltern aussprechen müssen, entwickelt sich mehr oder weniger thematisierbare Angst. Das bedeutet, in dem Moment, in dem die Eltern ihre primäre emotionale Bezogenheit auf das Kind aufgeben und sich als Agenten einer übergreifenden Instanz für die Sozialisation verstehen müssen, um das Überleben aller zu gewährleisten, entstehen Ambivalenzen. Mit anderen Worten: die Macht ist der Realfaktor, ein Umstand, dem alle Beteiligten unterworfen sind, die jedoch für das kindliche Erleben von Eltern und späteren Lehrern ausgebildet wird. Anders ausgedrückt, die Eltern sind für ihr

Kind immer die Stärkeren. Das Kind internalisiert, daß es ihnen gegenüber - beginnend mit den kleinen Machtkampfversuchen gegen Mitte des zweiten Lebensjahres - letztendlich immer unterliegen muß. Ob es nun angebrüllt wird, eine Prügelstrafe, heute Klaps genannt, bekommt, eingesperrt wird, etwas, was es gerne hat, ihm weggenommen wird, die Eltern traurig reagieren und ihm die Schuld dafür geben: die Unzahl der Möglichkeiten, wie der Wille eines Kindes besiegt werden kann, ist Gegenstand der zahlreichen Neurosenlehren geworden. Auch emotionale Unzuverlässigkeit der Erziehungspersonen macht angst.

Ein erwachsener, psychosomatisch kranker Indexpatient erinnert sein Leben lang das abgrundtiefe Verlassenheitsgefühl, das er als 5jähriger erlebt hatte, als seine Eltern hinter einer Wegbiegung verschwunden waren, nachdem er ein ganzes Stück zurückgeblieben war, weil er an einem Bach spielte.

Obwohl im Falle relativer psychischer Gesundheit das Individuum es zeit seines Lebens nicht aufgibt, diese früh erfahrene Angst vor den Eltern dennoch zu überwinden - die Pubertät ist dafür ein hervorstechendes Beispiel, der sogenannte Generationenkonflikt wird davon getragen - so bleibt sie in den tiefen Schichten der Person immer wirksam, auch wenn sie als Angst vor dem Schicksal oder Gott eine metaphysische Position einnimmt oder durch scheinbar gelungene Distanzierung von den Eltern weitgehend in den Bewußtseinshintergrund getreten ist. Im Konfliktfalle macht sie sich automatisch wieder bemerkbar. So sagte eine 37-jährige Frau anläßlich ihrer Scheidung, daß das größte Problem für sie war, das Scheitern ihrer Ehe ihrer Mutter mitzuteilen. Sie tat es in aggressiver Form: "Mein ganzes Leben lang habe ich getan, was Du wolltest, jetzt mache ich mal, was ich will". Diese aggressiv getönte Äußerung stand in deutlichem Gegensatz zu dem Trauererleben und der Angst, die diese Frau durchlitt.

Die "praktizierte Unwirklichkeit zwischen den Generationen" und die prägende Wirkung von Kleindetails

Es ist angstmachend, als Kind den Eltern seine Schulmisere mitzuteilen. Es macht angst, Scheitern zu melden, bis hin zur Mitteilung eigener Krankheit, von der die Eltern nichts erfahren sollen, weil es sie beunruhigen könnte.

Deshalb werden den Eltern auf Anfragen von den Kindern häufig Erfolgsmeldungen gegeben und nicht vermittelt, wie es dem einzelnen wirklich geht.

Da wird den Eltern mitgeteilt, daß eine Zwischenprüfung oder ein Examen bestanden wurde, um ihnen die gewünschte gute Nachricht zu übermitteln, obwohl real die Prüfung wegen Krankheit verschoben werden mußte.

Oder ein Elternpaar fürchtet sich davor, seinen Kindern mitteilen zu müssen, daß sie sich haben scheiden lassen, so daß bei einer unserer Familien der Vater noch zwei Jahre nach dem offiziellen Scheidungstermin jeden Nachmittag nach der Arbeit zur geschiedenen Frau und den Kindern in die Wohnung ging, dort blieb, bis die Kinder schliefen, um sich dann nachts zu seiner Freundin aus der Wohnung zu schleichen.

So entsteht zwischen den Generationen eine praktizierte Unwirklichkeit. Sie steht in Übereinstimmung zu frühen Erfahrungen des Kindes mit seiner Sozialisation, nämlich dem Scheitern seiner ersten eigenen Willensäußerung, die es zwar tun soll, aber nur so, wie die Eltern es wollen.

Wir meinen, daß die Bedeutung der sozialen Dimension an keiner Stelle so deutlich zutage tritt wie in der Persistenz der Eltern-Kind-Beziehung. Es wird von früh an das Scheitern des Individuums erlebt, und zwar in der Regel zuerst an den Eltern. Die Angst der einzelnen Familienmitglieder kann auch aus dem bisher Gesagten resultieren oder aus der Erwartung, daß intime Kleindetails, Zwistigkeiten oder bestimmte Stile, an denen sich immer wieder Kontroversen entzünden, die eigentlich allen mehr oder weniger bekannt sind und doch aus Scham verheimlicht wurden, plötzlich durch bloßes Aussprechen überdeutlich werden. Der Therapeut steht dann vor der Schwierigkeit, abzuwägen, welche Dinge zur Sprache gelangen müssen oder noch nicht "veröffentlicht" werden dürfen, weil die Familie dem Aussprechen noch nicht gewachsen ist.

Das reale Familienleben wird in einer so erheblichen Weise durch Kleindetails intimen Zusammenlebens geprägt, daß das schließliche Eingehen darauf den Charakter einer subjektiv erlebten "Erlösung" für alle Beteiligten haben kann. Inwieweit das Gefühl von sich selbst von diesen alltäglichen intimen Dingen, die zwanglos auf fast alle Lebensbereiche ausgedehnt werden können, beeinflußt wird, ist Grundlage und Allgemeingut der Psychoanalyse. Die Analyse der subkulturellen familiären Stilbildungen, die aus den Grundgefühlen und zeitgeistbedingten Modeströmungen der Werteskala resultieren, steht erst in ihren Anfängen. Wie wichtig es sein kann, auch über mehrere Sitzungen Kleindetails durch "Am-Thema-Bleiben" zusammenzutragen, soll das folgende Intergenerationenbeispiel illustrieren. Daran wird deutlich, wie sich für den Therapeuten und die Familie aus Kleindetails, die bisher für die Familie zusammenhanglos nebeneinander standen oder fast schon verschüttet waren, mosaikartig ein Bild ergibt, das zeigt, wie sich über Generationen ein bestimmter Konflikt tradiert.

Eine Familie sucht therapeutische Hilfe. Die beiden Kinder sind durch Verhaltensstörungen auffällig geworden, unter anderem dadurch, daß sie in der Schule störende, aggressive Doktorspiele anregten. Es stellte sich in den Sitzungen heraus, daß der männliche Indexpatient eine Phimose hatte, die vor Jahren einmal operiert werden sollte, was aber zurückgestellt wurde. Die Großmutter berichtete, daß auch ihr Sohn, also der Vater dieses Jungen, als Kind eine Phimose hatte, die sie aber durch tägliche vorsichtige Dehnung und Zurückstreifversuche der Vorhaut ohne Operation beseitigt hätte. Es gab also eine Phase intensiv sexuell getönter Zärtlichkeit zwischen Mutter und Sohn in dessen früher Kindheit, die genau um dieses Thema, die Stellung der Vorhaut zur Eichel, als Ausdrucksphänomen ging.

Es wurde nun berichtet, daß der Vater die sexuellen Aktivitäten seiner Eltern, der jetzigen Großeltern, miterlebt hatte und Möglichkeiten gesucht und gefunden hatte, das männliche Glied seines Vaters zu studieren, mit seinem eigenen und dem anderer Männer zu vergleichen, wobei ihm besonders ein Untermieter seiner Großmutter bei gelegentlichen Besuchen behilflich war. Die Großmutter betonte den hohen Stellenwert der sexuellen Befriedigung im Leben ihres Mannes, des Großvaters, auch mit Hilfe eines Beispiels. Sie erzählte, daß dieser vorrangig nach der Heimkehr aus dem Krankenhaus nach einem schweren Herzinfarkt zunächst versuchte, wieder mit ihr den Sexualverkehr aufzunehmen. Der Großvater konnte sich an nichts erinnern. Durch dosiertes "Am-Ball-Bleiben" des Therapeuten wurde mit der Zeit deutlich, daß es dem erwachsenen Sohn ungeheuer wichtig war, über die Identifikation mit dem Vater und seinem Glied, das offenbar dessen Beziehung zur Mutter herstellte, ein Gefühl von sich selbst zu erlangen. Er erinnerte sich an seine eigene Schulzeit, in der er besonderes Interesse daran hatte, die Geschlechtsteile seiner Mitschüler zu sehen. Er erwarb sich unter seinen eigenen Klassenkameraden durch Vorzeigen des Penis mit zurückgezogener Vorhaut einen besonderen Stellenwert, obwohl er sonst eher als unmännlich und verzärtelt von den anderen Jungen abgelehnt wurde.

Spontan erinnerte er sich dann, daß er mit Anfang dreißig, nachdem er bisher in derselben Großstadt wie seine Eltern gelebt hatte, ihnen nach seinem Umzug in eine andere Großstadt einen einmaligen persönlich gehaltenen Brief schrieb, in dem er unter anderem mitteilte, daß er es schwer habe, Kontakte zu finden, und seine sexuelle Befriedigung zunehmend auf homosexuellem Wege zu erreichen versuchte. In dem Antwortschreiben der Eltern - der Vater, also der jetzige Großvater war federführend - standen viele Ermutigungen; auf das mitgeteilte zentrale Problem des Sohnes wurde aber mit keiner Silbe eingegangen.

Auch im späteren Leben kam es nie mehr zur Sprache. Beide Eltern konnten sich in gar keiner Weise erinnern. Erst nachdem die bisher bereits beschriebenen Kleindetails nach und nach aufgedeckt wurden, konnte auch der Großvater allmählich seine Freude an der Sexualität und seinem besonders stattlich geratenen männlichen Glied andeuten, obwohl er sonst in der Körpergröße etwas klein geraten war. Auch die vom Sohn miterlebten zärtlichen Berührungen des väterlichen Geschlechtsteils seitens der Mutter brauchten im weiteren Gesprächsverlauf nicht mehr verleugnet werden. Alle Einzelheiten der tatsächlich vom Sohn gesehenen Intimitäten seiner Eltern, einschließlich deren Rätselhaftigkeit für ein Kind, kamen zur Sprache. So konnte der Großvater nun auch berichten, auf welche Weise er seine um 2 Jahre ältere Schwester als Kind für sein Glied interessiert hatte. Da die Indexpatienten, also die Kinder seines Sohnes, einen ähnlichen, noch kürzeren Altersabstand hatten, war es auch bei ihnen zu solchen Spielen gekommen; es fehlte jedoch dem Jungen der dritten Generation von seiner Mutter das konstante Bemühen, seine Phimose zu beseitigen, sowie die verdeckte Offenheit der Sexualität seiner Eltern, wie das noch bei den Eltern des Vaters der Fall gewesen war.

In weiteren Gesprächen stellte sich heraus, daß ihr Vater auch nicht mehr so "umsorgt" worden war, weil sexuelle Kontakte zwischen den Eltern wegen einer Impotenz des Vaters nicht mehr zustandekamen und in der mütterlichen Linie Intimität früh verleugnet werden mußte.

Handelt es sich bei Fragen der Sexualität um Schuld- und Schamreaktionen gegenüber irrationalen, normativen Instanzen, so führen Geldauseinandersetzungen oft zu verbitterten und verhärteten Feindschaften.

Häufig wird - wenn auch nur vordergründig - versucht, sie dadurch zu vermeiden, daß reale, jederzeit überprüfbare Beziehungsverhältnisse so unklar wie irgend möglich gehalten werden. Der rationalste, am schlichtesten und eindeutigsten zu definierende Gegenstand, Geld und Besitz, wird zu einer Quelle von soviel Rätseln und Wundern, daß der Therapeut nicht gezielt genug nachfragen kann. Durch Deutlichkeit und das Aussprechen von Fakten kann eine bisher verschleierte Neidproblematik zur Machtfrage werden, die plötzlich unvorhersehbare Parteiungen entstehen läßt.

Da ist eine Frau in ihrem Bewußtsein eigentlich eine Gutsherrin, besitzt aber nichts. Der Betrieb sei im Osten verloren gegangen. Daß er aber hier im Westen, gleich nach dem Kriege, zu ungeahnter Größe wieder aufgebaut wurde und zur Anhäufung von erheblichen Reichtümern führte, von denen lediglich die Indexpatientin ausgeklammert wurde, aufgrund komplizierter Erb- und Pachtverträge, war nur durch hartnäckiges Nachfragen überhaupt zu erfahren.

Es seien alle tot; der letzte Eigentümer sei gerade vor kurzem verschieden. Sie wehrte sich mit Händen und Füßen dagegen, mit ihrem Bruder, dem angeblich einzigen Überlebenden, ein therapeutisches Gespräch über ihre tatsächliche Enterbung zu führen, obwohl sie immer hervorhob, daß dessen finanzielle Lage "ganz anders sei". Er habe allerdings eine Frau, die wahre Wunder vollbringe. Damit sollte versucht werden, den Reichtum des Mannes über diese Wunder der Frau zu erklären. Durch gezieltes Nachfragen kristallisierte sich folgender Sachverhalt heraus: Ihre Mutter hatte zugunsten des zweitgeborenen Kindes das erste total vernachlässigt, beiden Kindern aber großbürgerliches Bewußtsein vermittelt.

Die Mutter selbst war Lieblingskind und wurde gegenüber ihren Geschwistern ausschließlich gefördert. Sie verließ ihre Herkunftsfamilie und heiratete den Sohn (2. Kind) eines Großgrundbesitzers. Aufgrund dessen Maßlosigkeit und seines Hochmutes wurde dieser von der Erbfolge ausgeschlossen und darin seine Frau gleich miteinbezogen. In der Familie lebte der Mythos, daß er fiel. Tatsächlich kam er aber nach Kriegsende durch nicht geklärte Umstände um. Der Großvater setzte nun den Enkel, den Sohn der Indexpatientin, wieder als Erben ein. Jedoch auch hier das 2. Kind, denn die erstgeborene Enkelin bekam nichts. Es stellte sich also heraus, daß über drei Generationen die Erstgeborenen vom Erbe ausgeschlossen wurden und dennoch mit dem Bewußtsein lebten, "wir sind wer". Während das für sie nicht galt, sondern inhaltsleer gelebt wurde, haben die Geschwister tatsächlich erheblichen Reichtum. Das einfache Muster, daß willkürlich Erben ausgeschlossen wurden, wird nicht mehr gesehen. Nur der permanente Ehestreit der Indexpatientin gibt noch Kunde von ihrer tiefen Kränkung als Frau.

Technische Fragen

Welche therapeutischen Techniken wir verwenden, hängt sehr stark vom *Widerstand* der Familie, also von deren *Angstniveau* ab. Erlaubt dieses den Mitgliedern, als "teilnehmende Beobachter" in den ablaufenden Prozessen eine "optimale Distanz" (REICH 1990) einzunehmen, so ziehen wir direkte, "psychoanalytische" Vorgehensweisen vor.

Hier besteht das Instrumentarium zunächst über längere Strecken im wohlwollenden Aufnehmen und Konstatieren: "Mir fällt auf, daß ... (Sie immer, wenn Sie beunruhigt erscheinen, Ihr Kind auf den Schoß nehmen; ... daß Sie häufig betonen, daß Sie Recht haben etc.)". Der nächste Schritt ist die Klärung des nonverbal und verbal Mitgeteilten zunächst in seiner aktuellen, dann seiner biographischen Bedeutung: Was heißt es für die Mitteilenden? Wie nehmen es die anderen wahr? In welchem Zusammenhang entwickelte und tradierte es sich? In dieser Arbeit, oft unter Zuhilfenahme des bereits oben erwähnten Genogramms, durch mitgebrachte Foto-Alben, die Kontaktaufnahme zu ausgestoßenen Familienmitgliedern, erschließen sich so allmählich die Zusammenhänge, die dann unter Verarbeitung der Übertragungs-Gegenübertragungsdynamik deutbar werden. Hierbei verbleiben wir, anders als in Einzeltherapien, eher bei den intrafamiliären Übertragungen und deren Entwicklung, deuten die Übertragung auf die Therapeuten nicht, solange sie nicht störend negativ ist. Die Bedeutung von Therapie und Therapeuten für die Familie sprechen wir sonst erst explizit in der Beendigungsphase an.

Ist die Abwehr der Familie sehr stark, so bieten oft die von systemischen Therapeuten entwickelten Techniken den einzig gangbaren Weg, um mit der Familie in einen Dialog zu kommen. Insbesondere die *zirkulären und reflexiven Fragen* - zukunftsorientierte Fragen, Fragen zur Perspektive des Beobachters, zur unerwarteten Kontextveränderung, zum normativen Vergleich, zur Unterbrechung unproduktiver Interaktionsprozesse, zur Klärung von Unterschieden und zu den familiären Erklärungsmustern von Symptomen - haben sich hier bewährt (vgl. REICH 1990 und die dort zitierten Arbeiten, insbesondere TOMM 1987a, b und 1988).

Diese hypothetisch gestellten Fragen führen in die vielfach ausweglos erscheinenden destruktiven familiären Verstrickungen partiell das wieder ein, was man den "Spielcharakter" von Psychotherapie nennen könnte, der auch einen wesentlichen Teil der Übertragung ausmacht. Fragen, die mit "Was wäre, wenn ..." und "Nehmen wir einmal an, daß ..." beginnen, sind weniger erschreckend als entsprechende Feststellungen und laden mehr als diese zu eigenem Nachdenken ein, bringen oft einen vielfach gar nicht explizit verbalisierten Selbstdeutungsprozeß in Gang. Eine ähnliche Funktion erfüllen für uns paradoxe und direkte Aufgaben (vgl. REICH 1990).

Die Sitzungsfrequenzen hängen von dem oben skizzierten Vorgehen ab. Für ein eher "psychoanalytisches" Vorgehen hat sich eine 14tägige Frequenz bei einer Dauer von 60 bis 70 Minuten pro Sitzung bewährt. Bei eher "systemischem" Vorgehen ein Abstand von 4 bis 6 Wochen bei einer Sitzungsdauer von 90 bis 120 Minuten.

Für psychoanalytisch orientierte Familienbehandlungen veranschlagen wir zwischen 15 und 40 Sitzungen, für eher "systemisch" ausgerichtete Behandlungen zwischen 10 und 20 Sitzungen (vgl. REICH 1990).

Wir können Familientherapie nur als Teamarbeit empfehlen und sehen es keineswegs als Luxus an, uns die Videoaufzeichnungen unserer Behandlungen regelmäßig anzuschauen und zu diskutieren. Im Gegenteil erscheint dies unabdingbar, um die jeweils spezifische Dynamik und unsere Gegenübertragung besser zu verstehen und nach neuen angemesseneren Interventionsmöglichkeiten zu suchen.

Die Kinder in der Mehrgenerationensitzung

Ein besonderes Problem in der Mehrgenerationen-Therapie stellen die Kinder dar. Die Therapeuten müssen sich vergegenwärtigen, daß es sich um Kinder ganz verschiedenen Alters handelt. Sie können Kleinkinder im Therapiesetting haben, die beim Gespräch mit den Erwachsenen zu leicht vernachlässigt werden. Ist es schon schwierig, sich in alte Menschen einzufühlen, was bei den Therapeuten die Bearbeitung ihrer eigenen Elternprobleme voraussetzt, so ist es noch schwieriger, über die Einfühlung in die eigene Kindheit eine Therapie so kindgerecht durchzuführen, daß die Kinder ihr Anliegen, den Eltern zu helfen, auch erfüllen können.

Dabei spielt auch das äußere Arrangement und Angebot eine Rolle. Deshalb sollten die Therapieräume ausreichend groß sein, damit Kinder auch während der Sitzung ad hoc entscheiden können, ob sie bei den Erwachsenen bleiben oder in einer separaten Spielecke für sich spielen wollen. Diese Ecke sollte durch ein Regal oder eine nichtdurchgezogene Wand vom Therapieraum abgetrennt sein. Sie sollte mit Spiel- und Bastelmaterial, Handpuppen, Büchern, Comics, Papier, Kartons und vielen unterschiedlichen Stiften ausgestattet sein, dazu mit Spielzeug wie Autos, Puppenwagen, Puppenhaus und so weiter. Auf keinen Fall sollte dieser Spielbereich durch Türen oder Flure vom Therapieraum getrennt sein. Während der Sitzung hat dann nämlich neben den Kindern auch einer der Therapeuten die Gelegenheit, getrennt von den Eltern mit den Kindern zu spielen oder zu basteln (vgl. dazu auch CHASIN 1981, S. 32f.).

Man kann auch mit der ganzen Familie eher kindzentriert arbeiten, zum Beispiel die Familie sich selbst oder in Tieren malen lassen, ein Familienwappen entwerfen, oder die (Wunsch-) Wohnung skizzieren und einrichten und vieles mehr.

Hierbei können die Kinder als größte Stütze und als Verdeutlicher der Probleme auftreten, die sich in der Regel zwischen den Eltern und Großeltern in zweierlei Weise abspielen: Die Großeltern sagen den Eltern: Ihr müßt die Vergangenheit leichter nehmen, damit wir uns besser fühlen können. Die erwachsenen Kinder haben zum Teil gerade dann, wenn sie sozial aufgestiegen sind, mit ihren Eltern ein besonders Problem. Sie können unbewußt ausdrücken, daß sie sich ihrer Eltern schämen müssen, obwohl diese ihnen ihren Weg erst ermöglicht haben. Diese Deutung ist von den Therapeuten zu leisten, ohne daß sie als moralische Schelte gewertet werden muß, wobei die Begründungen nicht voreilig gesucht werden sollten, sondern erfragt werden müßten.

Eine aus der Unterschicht stammende Großmutter aß immer allein in der Küche, während ihre sozial aufgestiegenen Kinder und Enkelkinder im Wohnzimmer ihre Mahlzeit einnahmen. Dies wurde von den Kindern als unangemessen empfunden und ständig bemängelt. In der Sitzung konnte dann geklärt werden, daß die Großmutter wirklich allein in der Küche essen wollte, weil das eine ungestörte Zeit für sie war und keine Verbannung. Erst als die Therapeuten das belassen konnten, konnte auch die alte Frau von selbst wieder manchmal "mit am Tisch essen".

Bei der Arbeit mit Kindern sollte grundsätzlich beachtet werden, daß die Therapeuten nicht versuchen, "bessere Eltern" sein zu wollen. Denn ein Widerstand einer Familie wird nur stabilisiert, wenn man den Eltern beispielhaft zu zeigen versucht, wie sie eigentlich mit den Kindern umzugehen haben oder wie man mit den Kindern umgehen könnte.

Außerdem muß man vermeiden, die Kinder in ernsthafte Loyalitätskonflikte mit den Eltern zu treiben, indem man sie auffordert, Dinge zu erzählen oder preiszugeben, die sie vor ihren Eltern nicht auszusprechen wagen.

Zudem sollten die Eltern nicht als Co-Therapeuten eingesetzt werden, sondern als Teil des Beziehungssystems betrachtet bleiben (vgl. dazu BAETHGE 1981, die zumindest die Einzeltherapeuten in der Gefahr sieht, dies nicht zu tun).

Weiterhin sollte auf die Beziehungsdynamik fokussiert werden, um die Kinder von ihrem eigenen Empfinden eines Versagens oder einer Schuld zu entlasten. Denn in ihrer bisher definierten Rolle als Patient fühlen sich die Kinder nicht normal und krank. Diese Tatsache, daß das Kind nicht versteht, aber spürt, daß mit ihm etwas nicht in Ordnung ist, führt zu diffuser Angst. Sie kann dadurch wirkungsvoll und schnell aufgelöst werden, daß das ganze System in die Verantwortlichkeit genommen wird (vgl. dazu auch JESSEE u. L'ABATE 1980).

Was kann überhaupt Ziel einer Familientherapie mit mehreren Generationen sein?

Der Mehrgenerationen-Familien-Therapeut steht vor der Aufgabe, Familieninteraktionen strukturell so zu verändern, daß eine bessere Kooperation möglich wird, und gleichzeitig konfliktverarbeitend die Lasten, unter denen dieses System steht, so umzuverteilen, daß sie für jeden einzelnen tragbar werden. IVAN BOSZORMENYI-NAGY vereinbart mit den Familienmitgliedern einen Konsens, daß er gemeinsam mit ihnen dafür Sorge tragen möchte, daß alle Familienmitglieder überleben können. Diese so bescheiden anmutende Zielsetzung ist angesichts der Tatsache, daß in der Regel nur Familien in Behandlung kommen, die in irgendeinem existentiell wesentlichen Bereich gescheitert sind, von ungeheurer Bedeutung. Nur wenn wirklich voll bewußt wird, in welchem Lastenungleichgewicht die Familienmitglieder zueinander stehen, können Absurditäten von Interaktionsstilen auch in den tiefen Schichten der Persönlichkeit begriffen und Änderungen auch innerlich akzeptiert werden. Das Brechen des Schweigens über manchmal jahrhundertelang mitgetragene schwere Bürden verändert die Einstellung zu Scham und Schuld. "Wenn ich meinen Vater jetzt endlich verstehe, wo soll ich dann mit meinem Haß bleiben?" fragte ein Mann mittleren Alters, nachdem sein Vater ihm zum erstenmal seine ungeheuerliche Lebensgeschichte erzählt hatte. Die Schuldenentlastung geschieht durch Einsicht in das nicht mehr Veränderbare und durch aktive Umverteilung der gegenwärtigen Lasten oft unter Mithilfe der Großelterngeneration. Eine Mutter, die ihren eigenen Kindern während des zweiten Weltkrieges nur wenig Raum im wahrsten Sinne des Wortes und nur bedrückte Zuwendung geben konnte, ist ihren Enkeln eine unersetzliche Großmutter, die einerseits ihre eigene Lebensbilanz in Ordnung bringt, aber auch ihrer Tochter, die bereits ebenfalls Mutter ist, wirklich hilft. Durch Nachzeichnen der Schicksalslinien unter Einbeziehung aller widrigen Umwelteinflüsse in jedem zur Diskussion stehenden Zeitraum wird deutlich, wie klein der Spielraum des Individuums war, damals wirklich anders zu handeln, und wie klein der Spielraum heute ist, anders zu sein. Für die Therapie ist deshalb nicht eine allgemeine Glücksutopie oder der Traum von Selbstverwirklichung das gemeinsam geteilte Nahziel, sondern lediglich, daß alle Beteiligten möchten, daß niemand von ihnen im Verlauf des Auseinandersetzungsprozesses sozial verelendet, sich umbringt oder stirbt. Das Erreichen eines derartigen Konsensus stellt bereits eine Überwindung der Ausstoßungstendenzen und Todeswünsche an Familienmitglieder dar, deren Vorhandensein erst einmal bewußt werden muß.

Abschluß der Therapie

Bleibt zuletzt die Frage zu klären, wann eine Mehrgenerationen-Familientherapie zu Ende ist. Im günstigsten Fall dann, wenn der/die Therapeuten feststellen, daß der gemeinsam erarbeitete Therapieauftrag erfüllt ist und nun weitere Sitzungen nicht mehr nötig sind. Das Gegenteil dieser gelungenen Therapiebeendigung stellt die Tatsache dar, daß die Familie, ohne abzusagen, wegbleibt. Je nach Bedrohlichkeit des Störungsbildes kann von therapeutischer Seite nachgefragt werden oder dieses Faktum einfach als Aussage konstatiert und belassen werden. Die Erfahrungen ergaben, daß es den Familien teilweise wirklich besser geht oder daß ein Mitglied sich von sich aus eine Einzeltherapie gesucht hat. Hier würde eine Kooperation zwischen den verschiedenen Psychotherapiezweigen sicher viele Umwege ersparen.

Schließlich gibt es noch einen Weg der Beendigung, auf den MARA SELVINI-PALAZZOLI hingewiesen hat und der in seiner Paradoxie noch einmal hilfreich sein kann. Es gibt Familienmitglieder, die derart in ihre Probleme und Positionen verstrickt sind, daß sie zwar Anlehnung, aber keine Veränderung suchen. Dieses Anlehnungsbedürfnis boykottiert und prolongiert die Therapie, wobei dann ein Hauptziel ist, der Familie selbst ihre Kompetenz für ihr Leben wieder zurück zu geben. In solchen Fällen hat es sich bewährt, daß die Therapeuten ihre eigene Ohnmacht erklären und zum Ausdruck bringen, daß ihre Bemühungen gescheitert sind.

2. Teil

Praxis der Mehrgenerationen-Familientherapie

Wie sich die Beziehungsdynamik über mehrere Generationen im einzelnen darstellt und verändert

Vorbemerkungen

Im Praxis-Teil sollen nun einige eng umschriebene Störungsbilder der Index-Patienten zum Anlaß genommen werden, mehrgenerationale Probleme und ihre Bewältigung mit diesem therapeutischen Ansatz zu beschreiben. Die Auswahl ist schon eng verknüpft mit der noch immer strittigen Frage der Indikation zur Familientherapie überhaupt, hier eben im mehrgenerationalen Vorgehen. Die bisherige Formulierung (KAUFMANN 1975), daß Familientherapie immer indiziert sei, es sei denn, sie käme nicht zustande, ist in dieser globalen Form nicht aufrecht zu erhalten.

Die *Indikation* zu einer bestimmten Form der Psychotherapie ist niemals "objektiv" zu stellen, wie es in der Medizin in vielen Bereichen der Fall sein mag. Wie die "Behandelbarkeit" eines Patienten mit einer bestimmten Methode eingeschätzt wird, hängt sehr von der sich etablierenden Beziehung zwischen diesem und seinem potentiellen Therapeuten, von dessen Einfühlungsvermögen und technischem Geschick im Umgang mit spezifischen seelischen Erkrankungen und therapeutischen Settings ab. So kommen etwa verschiedene Psychoanalytiker zu völlig gegensätzlichen Einschätzungen bei denselben Patienten. Der "subjektive" Faktor kann nicht hoch genug veranschlagt werden.

Mit BUDDEBERG (1980) ergeben sich für uns darüber hinaus *zwei wesentliche Kriterien* der Indikation zur Familientherapie: das *Ausmaß der Vernetzung* eines Patienten mit seiner Familie und der *Grad der Verinnerlichung* der Konflikte. Sind Patienten sehr in ihre Herkunftsfamilie verstrickt, stehen Individuation und Loyalität in starkem Gegensatz, so verhindern die familiären Bindungen in der Regel den durch Psychotherapie angestrebten emanzipatorischen Prozeß. Hier sind Familiengespräche stets indiziert. Eine Bearbeitung der Beziehungskonflikte kann oft die notwendigen Freiheitsgrade für individuelle Entwicklungen schaffen.

Eine starke Verinnerlichung von Konflikten macht zudem psychoanalytische Einzelbehandlung unabdingbar, um gründliche Besserungen von Symptomen zu erreichen (vgl. BAETHGE 1981).

Zwischen diesen Polen bewegen wir uns, und es gibt hier ein

breites "Mittelfeld": zum einen scheinen auch innere und verinnerlichte Konflikte durch psychoanalytische Familientherapie bis zu einem Grade bearbeitbar, der zu sichtlichen Veränderungen und Besserungen führt. Zum anderen ändern sich natürlich auch durch Einzelbehandlungen die Beziehungsmuster von Patienten mit ihren Angehörigen.

Das oft befürchtete und auch zu beobachtende Agieren von in Einzelbehandlung befindlichen Patienten kann vermieden werden, wenn die wesentlichen Konflikte auf dem Feld der Übertragung bearbeitet werden, der Therapeut sich nicht zum Verbündeten des Patienten gegen die Außenwelt macht und auch die außeranalytischen Übertragungen in die Bearbeitung miteinbezieht (vgl. RANGELL 1981).

Zwei weitere Faktoren sprechen bei schweren Störungen für eine Einbeziehung der Herkunftsfamilien in die Behandlung: Nicht jedes für das Verstehen und die Veränderung von leidvollen Entwicklungen wichtige Material scheint "*übertragungsfähig*" zu sein. Zum einen werden manche Verhaltens- und Erlebensweisen von Patienten - zumindest nach unseren Beobachtungen - in Bedeutung und Ausmaß tatsächlich nur in der Primärgruppe sichtbar, zum anderen wird manches in seinen Wirkungen Wesentliche einfach *nicht gewußt*, kann also, da es nicht verdrängt wurde, auch nicht erinnert werden.

Auch in stagnierenden Einzelbehandlungen haben sich intermittierende Familiengespräche - dann unter Zuhilfenahme anderer Therapeuten - als ausgesprochen hilfreich erwiesen.

Eine *Kontraindikation* gegen Familiengespräche sehen wir überall dort, wo diese das Recht auf Privatheit in der eigenen Entwicklung verletzen könnten; so gehören zum Beispiel die sexuellen Probleme von Jugendlichen genausowenig in ein Familiengespräch wie die ihrer Eltern. Auch Partner brauchen ihre "privaten Räume" unabhängig vom anderen.

Die Familientherapie bietet den Vorteil, daß mehrere am Konflikt beteiligte Personen sich gewissermaßen um diesen Fokus versammeln, wobei jeder von seiner Sicht aus ihn anzugehen versucht. Durch eine derartige Facettierung der Störung kann sehr viel Zeit gespart werden, weil sie direkt im therapeutischen Setting sichtbar und erlebbar wird. Wir beginnen unsere Beschreibung mit der Darstellung von Störungen, die Kinder betreffen.

Hierbei wird die Bedeutung der Großelterngeneration zumeist

noch am deutlichsten erfahren, weil die Beziehung zwischen Enkelkindern und Großeltern oft weitgehend unbehindert ist, so daß erkennbar wird, daß die alte, ehemals belastende Mitgift bereits überwunden ist und nur noch als kindliche Erfahrung der Eltern wie eine Insel weiterbesteht, ohne daß bisher die Möglichkeit einer Klärung und Überwindung der Hindernisse gegeben war.

Da Kinder von der intergenerationalen Konflikttradierung in der Regel am stärksten betroffen sind und häufig eine Verschiebung von der Großeltern-Eltern-Ebene auf die Eltern-Kind-Ebene zu beobachten ist, sind Erkrankungen der Kinder oft eine besondere Indikation für eine Mehrgenerationen-Behandlung.

Daß außerdem noch kindertherapeutische Bemühungen angezeigt sein können, gleichzeitig oder im Anschluß, ist unbestritten und in nicht wenigen Fällen unerläßlich.

Für ein spezielles Krankheitsbild, die Anorexia nervosa der pubertierenden Mädchen, hat sich die familientherapeutische Behandlung als zweckmäßig herausgestellt, weil die familiären Verzahnungen in diesen Fällen sehr stark sind. Außerdem hat gerade dieses Krankheitsbild auf dem Wege seiner Erforschung viele Impulse zur Entwicklung der Familientherapie, insbesondere auch der Mehrgenerationenperspektive, beigetragen. Die familientherapeutische Erforschung und Behandlung der Bulimie stellt eine in den letzten Jahren gewachsene Herausforderung dar; erste Ergebnisse unserer Auseinandersetzung mit dieser Erkrankung fassen wir im Anschluß an die Anorexie zusammen.

Eine ähnliche Bedeutung wie die Eßstörungen für den mehrgenerationalen familientherapeutischen Zugang haben die vielen Formen der Schulstörungen, die Kinder in ihren Lebenschancen erheblich beeinträchtigen können und mit oft unbewußten tradierten Grundhaltungen der Eltern und Großeltern im Zusammenhang stehen. Eindeutig ist das bei den Leistungsüberforderungen erkennbar, unter denen Kinder leiden, aber auch Schulphobien, bei denen die Eltern, meist die Mutter, das Kind unbewußt nicht aus dem Haus lassen, bedürfen einer Bearbeitung elterlicher Einstellungen und Befürchtungen.

Die Schule als Institution konfrontiert das Kind am deutlichsten mit sozialen Zwängen. Die Verinnerlichung sozialer Zwänge in den sogenannten Zwangscharakteren führt zu schweren, überwiegend durch Streit gekennzeichneten fruchtlosen Auseinandersetzungen, meist zwischen dem Elternpaar und ihrem familiären Umfeld. Gerade hier wird deutlich, daß jedes Elternteil eine eigene Herkunftsfamilie mit eigenen ritualisierten Wertsetzungen repräsentiert. Die Bearbeitung von Zwängen ist immer schwer; der mehrgenerationale Kontext kann empfohlen werden, um die "unsichtbaren Bindungen" (BOSZORMENYI-NAGY) deutlich und Konflikte überhaupt erlebbar werden zu lassen und gegebenenfalls zu lockern.

Gerade an ritualisierten Zwangseinstellungen, und seien sie noch so subtil verborgen, scheitern viele Ehen, was für die Kinder ein schweres, lebenslang wirksames Trauma bedeuten kann. Immer mehr wird die Forderung laut, den Scheidungsprozeß familientherapeutisch zu begleiten. Das ist deshalb ein ganz besonders schwieriges Unterfangen, weil sich mit der Scheidung ja die konstituierte Familieneinheit wieder auflöst, wodurch für die Kinder eine gespaltene Situation entsteht und für die geschiedenen Eltern immer, zumindest emotional, eine Rückverweisung auf ihre Herkunftsfamilien stattfindet. Die Therapie im Zusammenhang mit der Scheidung hat den Auftrag, trotz der Trennung der Partner die de facto gegebene Elternschaft zu erhalten und den Kindern den Zugang zu den Großelternfamilien nicht zu verbauen. Spätestens an dieser Stelle wird der große Anspruch des mehrgenerationalen Ansatzes spürbar.

In den letzten Jahren verstärkt erforscht wurden die Erkrankungen des depressiven beziehungsweise zyklothymen Formenkreises, denen auch wir unsere spezielle Aufmerksamkeit widmeten. Wohl kaum eine psychische Störung führt so in die Werthaltigkeit des Erlebens in einer vorgegebenen Umwelt hinein. Die Zeitverschiebung zwischen Einstellungs- und Umweltveränderungen soll die Mehrgenerationenperspektive depressiver Störungen verdeutlichen. Hierbei haben wir es mit einer Skala verschieden abgestufter Schweregrade zu tun, die die Einschaltung der Mehrgenerationenbehandlung notwendig machen kann.

Aber bereits bei den herkömmlicherweise als Psychosen bezeichneten Erkrankungen ist es der Forschung bisher nicht gelungen, eine schlüssige Hypothesenbildung im Sinne psychogenetisch wirksamer Bedingungsgefüge zu entwickeln. Man benötigt bei aller Evidenz pathogenetisch einfühlbarer Interaktionsmuster die Hinzunahme eines unbekannten Faktors zur Deutung des Ausmaßes der Entgleisung, der in den psychiatrischen Wissenschaften mit dem Begriff der "Endogenität" beschrieben, jedoch nicht inhaltlich abgedeckt wird. Auch die Hinzuziehung systemischer Modellvorstellungen erhellt nicht zureichend das Verständnis des "Verrücktwerdens". Dennoch sind die gewonnenen Einsichten und die therapeutischen Einwirkungsmöglichkeiten mittels der Mehrgenerationen-Familien-Therapie bereichernd.

Die Lahmlegung durch unverarbeitete Traditionen, insbesondere Lähmung des Fühlens, fanden wir am gravierendsten in Familien mit unverarbeiteten Verstrickungen und Bindungen in die Nazi-Herrschaft.

Ähnlich schwierig wie der Zugang zu psychotischen Entwicklungen gestaltet sich die Vorstellung der Vermittlung der am besten untersuchten sogenannten psychosomatischen Erkrankungen, die bereits eine empirisch belegte Beeinflussungschance durch die bisher durchgeführten Einzel- und Gruppenbehandlungen haben. Die Mehrgenerationenbehandlung erweitert unser Wissen um eine Häufung unspezifischer Körpererkrankungen im Umfeld des Index-Patienten sowie um spezifisch anmutende Interaktionsmuster in den erweiterten Familien, um Krankheit verarbeitbarer zu machen.

Die Bedeutung familientherapeutischer Hilfe ergibt sich aus der Feststellung, daß Krankheit tatsächlich überwiegend in Familien gelebt wird. Die Adaption an das Leiden mit Umstrukturierungen im Rollenverhalten stellen erhebliche Leistungen der Familie dar, denen bisher nur unzureichende therapeutische Hilfen gegenüberstehen.

Besonders schwierig gestaltet sich die familientherapeutische Arbeit beim Einbruch schwerer körperlicher Erkrankungen, die Siechtum und trotz aufopfernder Pflege unausweichlichen Tod zur Folge haben. Hier hat sich neben der Erhellung bereits erfaßbarer Bedingungsgefüge die Erarbeitung von Möglichkeiten der Realhilfe als dringend erforderlich erwiesen. Gerade die chronische Krankheit stellt eine Herausforderung der Familientherapie dar, die auf das Zurückgreifen auf mehrgenerationale Ressourcen und alle verfügbaren Hilfsquellen in der Verwandtschaft und Umgebungsgesellschaft nicht verzichten kann. An dieser Stelle wird das psychotherapeutisch erforderliche Umdenken erkennbar. Solange sich nämlich im Erleben und Verhalten Faktoren erkennen lassen, deren Veränderung entweder zum Nichtauftreten der Erkrankung führen würden oder zu einer Besserung des Zustandes beitragen könnten, wird, auch bei noch so großem Bemühen um Wertfreiheit, in Kategorien des Verschuldens gedacht. Aufgabe der Therapie wäre es jedoch, gerade dort hilfreich zu sein, wo gelitten wird.

Alle Gefühle der Feindseligkeit und Vernichtung des anderen können in der Umgebung schweren destruktiven Leidens aus der Latenz treten und bedürfen therapeutisch der Entschuldung. Diese wird um so weniger gern gewährt, je mehr Ratlosigkeit und Ohnmacht bei den in der Familie Betroffenen vorherrschen. Immerhin ist es aber noch möglich, ein Familienmitglied in Frieden an Krebs sterben zu lassen.

Unverzeihbar erscheint vielen Familien der Tod eines ihrer Angehörigen durch Selbstmord, obwohl oder gerade weil in ihm sich die Struktur der Primärgruppe Familie und der gesellschaftlichen Trends unverleugbar deutlich widerspiegelt. Deswegen stellt die Selbstmordtradition auch ein so gravierendes therapeutisches Hindernis dar, daß es nur schwer gelingt, familientherapeutisch zu arbeiten.

So stellt unsere Gliederung weniger eine Reihenfolge der Notwendigkeit mehrgenerationalen familientherapeutischen Eingreifens dar als eine Rangordnung der Schwierigkeiten, die sich aus dem ergeben, was FREUD den Widerstand nannte.

Unsere Beschreibungen werden unter Umständen den Streit um die "Spezifität" wieder aufleben lassen. Wir möchten zunächst betonen, daß wir im folgenden familiäre Erlebens- und Verhaltensmuster skizzieren, die wir gehäuft bei den beschriebenen Störungen antrafen. Wir nehmen nicht an, daß Prozesse auf einer Systemebene sich linear auf einer anderen fortsetzen, ein familiäres Transaktionsmuster immer in einer bestimmten Symptomatik mündet. Neben der transaktionalen kommen hier die intrapsychische und dann eventuell noch die körperliche Verarbeitung sowie außerfamiliäre Umweltfaktoren als weitere Systemebenen zum Tragen. Alle folgen ihren eigenen Gesetzen. Enge Korrelationen werden also immer unwahrscheinlicher, je mehr Ebenen beteiligt sind (vgl. auch WIRSCHING 1986). So können wir auch in detaillierten Untersuchungen immer nur eine jeweils historische, angenäherte Konfliktkausalität beschreiben, ähnliche familiäre Ausgangsbedingungen können zu verschiedenen Symptombildern führen und vice versa. Mit WURMSER (1989) möchten wir dafür plädieren, den "Sprung vom Beschreiben zum Erklären" nicht zu rasch vornehmen zu wollen und die detaillierte Erforschung familiärer und intrapsychischer Konflikte in ihren vielfältigen Schnittstellen geduldig und sorgfältig weiter zu betreiben.

6. Kapitel

Kinder
oder: Wie helfe ich meinen Eltern?

Wir wollen hier bewußt keine spezielle Kinderpsychopathologie darstellen oder altersspezifische Störungen bestimmten Konflikten zuordnen, sondern in Ansätzen zu beschreiben versuchen, daß eine wesentliche Aufgabe von Kindern darin liegt, Funktionsträger unterschiedlichster Ansprüche zu sein. Denn unsere Beobachtungen haben gezeigt, daß eine vordergründig identische Problematik grundverschiedene Hintergründe haben kann, bei denen das Alter des Kindes keine Rolle spielt. Deshalb scheint es uns unerläßlich, nicht nur den Berichten oder Interpretationen der Eltern zu folgen, sondern eigene gründliche Beobachtungen und Analysen zu machen, um Zusammenhänge aufdecken zu können, die sonst nicht gesehen werden.

Die zentrale Rolle von Kindern ist darin zu sehen, daß Kinder Familien erst entstehen lassen. Waren bis dahin die Partner Kinder ihrer eigenen Herkunftsfamilien, werden jetzt aus Partnern Eltern, die damit ihre Beziehung zueinander, zum Kind und zu den Herkunftsfamilien neu definieren müssen.

Die Neudefinition hat endgültigen Charakter, weil die Eltern ihre Elternschaft behalten, auch wenn die Ehe oder Partnerschaft auseinandergeht. Über Kinder entsteht also der erste Konflikt einer sich konstituierenden Familie, weil Flexibilität und grundlegende Beziehungsneudefinitionen erforderlich werden.

Ein Kind - und auch jedes weitere Kind - verlangt allein durch seine Entwicklung über Laufen, Sprechen, Kindergarten, Schule, Berufsausbildung ständige Umorientierung des gesamten mehrgenerationalen Systems. Dadurch können viele Familiensysteme, in denen bereits alte, Veränderung erfordernde Konflikte bewältigt wurden, mit für sie unlösbaren Problemen konfrontiert werden.

Zu der entwicklungsimmanenten Veränderungsdynamik des

Kindes treten die bewußten und unbewußten Wünsche und Erwartungen der Eltern oder jedes einzelnen Elternteils; auch deren Älterwerden und die damit verbundenen Ängste, deren beruflicher Erfolg oder Mißerfolg, deren Spannungen in ihrer Beziehung und so weiter.

Auch darf man den Einfluß der Großeltern nicht unterschätzen, die meist zunächst die Beziehung zu ihren Kindern aktivieren, wenn diese ihren generativen Auftrag erfüllen, aber auch ihrerseits neben der Unterstützung Ansprüche geltend machen und über wohlgemeinte Ratschläge, die Forderungscharakter haben können, in die Erziehung der Enkel eingreifen wollen.

Daraus wird deutlich, wie früh Kinder in einen ständigen Interessenkampf einbezogen und auch mißbraucht werden können. Wir wollen an nur drei ausgewählten Komplexen, die beliebig ausgeweitet und ergänzt werden könnten, auf die besondere Bedeutung der Kinder für die mehrgenerationale Familientherapie hinweisen.

Eine eindeutige und häufige *Symptomatik* ist das *Bettnässen*. Sie zeigt aber auch, wie problematisch einseitige Diagnosen sein können.

Bei einem 11jährigen Mädchen, das ein Hausarzt jahrelang mit guten Ratschlägen für die Eltern behandelt hatte und bei dem auch ein Klingelapparat ausprobiert worden war, mußte nach einer gründlichen urologischen Untersuchung wegen einer Niereninsuffizienz eine Transplantation vorgenommen werden. Die Familie mußte sich also nicht auf Bettnässen, sondern auf die schwere Belastung durch eine zusätzliche chronische Krankheit einstellen, denn schon das Leben beider Eltern war durch lange chronische Erkrankungen ihrer jeweiligen Eltern schwer belastet und geprägt gewesen. Als diese gestorben waren, fühlten sie sich von einer ständigen Verpflichtung zur Fürsorge befreit und wollten sich nun lieber mit einem neurotischen Symptom auseinandersetzen, als erneut mit einer chronischen Krankheit konfrontiert zu werden.

Eine größere Familie meldet sich kurz nach Schulantritt der Tochter wegen deren jahrelangen Einnässens zur Therapie an. Die Mutter, die an ihren Kindern gutmachen wollte, was die eigenen Eltern an ihr versäumt hatten, zeigte sich völlig überfordert und den Ansprüchen, die von allen Seiten an sie gestellt wurden, nicht gewachsen. Der Vater hatte sich, um Streit mit den Kindern und seiner Frau zu vermeiden, unterschiedlichsten Vereinstätigkeiten zugewandt, aus denen er für sich Anerkennung und Befriedigung schöpfte.

Hier wurde es notwendig, die Verantwortung für die Kinder partnerschaftlicher zu verteilen und den Vater speziell für die Betreuung seiner Tochter zu gewinnen. Dabei wurde auch den Eltern deutlich, wie das Kind ihnen bisher geholfen hatte, ihren Paarkonflikt nicht bearbeiten zu müssen. Einen ähnlichen Fall, allerdings mit einer paradoxen Verschreibung, beschreibt sehr eindrucksvoll MADANES (1981).

Bei einem 12jährigen Jungen stellte sich erst nach mehreren Sitzungen heraus, daß von ihm das Bettnässen gezielt eingesetzt wurde, um sich die besondere Zuwendung seiner Mutter zu sichern. Denn diese ging, wenn er eingenäßt hatte, am nächsten Morgen mit ihm zusammen unter die Dusche, wo sie mit besonderer Sorgfalt sein Glied einseifte und wusch, um es "von den Verunreinigungen der Nacht" zu befreien. Dabei mußte er sich an der Mutter festhalten, "um nicht auszurutschen".

In dieser Familie mußte besprochen und bewußt gemacht werden, wie weit eine inzestuöse Verführungssituation vorlag, und wie diese abgebaut werden konnte. Einen besonders hartnäckigen Widerstand lieferte dabei der Vater durch Bagatellisieren "was ist denn schon dabei" oder Rationalisieren "wir sind doch alle ganz offen miteinander". Erst in einer komplizierten Mehrgenerationen-Sitzung mit dem Vater, dessen Mutter und seinem Sohn wurde deutlich, daß der Vater sich mit seinem Sohn identifizierte, wenn er die geräuschvolle Badeprozedur bei geöffneter Tür mitverfolgte, und sich eigentlich von seiner Mutter die zärtliche Fürsorge wünschte, die diese ihm aber nie hatte geben können.

GUTHELL und AVERY (1977) weisen in diesem Zusammenhang auf Erfahrungen mit offenem Inzest in Familien zwischen Vätern und Töchtern hin, der von den oral fixierten Müttern mit einer diffusen sexuellen Identität manipuliert wird. Dabei geht es weniger um Sexualität als um die Möglichkeit, sich durch ein offenes Geheimnis gegen Trennung und Verlust zu schützen.

Wie wenig *Alter* eine Rolle spielt, wollen wir daran zeigen, weshalb Kinder ins eheliche Bett geholt werden oder kommen. Da kann sich einer der Ehepartner vor den Ansprüchen und Erwartungen des anderen dadurch schützen, daß er oder sie ein 1- oder auch 11jähriges Kind ins Ehebett legt, wenn er schlafen geht. Da kann die tüchtige und treusorgende Großmutter ihrer Tochter beim Zubettbringen der Kinder helfen und von vornherein den 5jährigen Enkel ins Bett der Eltern legen. Da bleibt einem Vater gar nichts anderes übrig, als ins Kinderbett zu gehen, weil die 12jährige Tochter nachts ständig von der Mutter beruhigt werden muß und diese damit den "Kerl endlich aus dem Schlafzimmer los ist". Da besprechen Mutter und 14jähriger Sohn, bevor sie schlafen gehen, "wie weit der Junge gehen darf", wenn sie gemeinsam im Bett liegen.

Welche Probleme dabei für Jugendliche in der Ablösung entstehen, hat STIERLIN (1975) ausführlich dargestellt. Fast immer dienen die Kinder als Ersatz für nicht mehr vorhandene oder nicht gewollte Partner, als Möglichkeit, den anderen zu provozieren oder eigene Defizite zu kompensieren (vgl. auch RICHTER 1967).

Auch bei Veränderungen sind die Kinder nicht selten wieder die Verlierer, weil ihnen eine wichtige Rolle genommen wird und eine gut gemeinte Entlastung von überfordernden Aufgaben sie allein läßt. Hier hilft häufig nur, daß die Paarbeziehung der Eltern in die Bearbeitung kommt und stabilisiert wird, damit tagsüber auch für die Kinder mehr Valenzen frei werden.

Gerade in diesen, nur angerissenen Beispielen hat sich gezeigt, in welch hohem Maße die Eltern nicht abgelöste Kinder ihrer eigenen Eltern sind und wie durchgängig ein starkes Sexualtabu zu beobachten war, das durch Wiederholungszwang weitergegeben wird (am wenigsten versteckt in dem oben erwähnten Beispiel mit der Großmutter).

Hier soll uns ein weiteres, noch viele Untersuchungen erforderndes Phänomen beschäftigen. Die Tatsache, daß Kinder - manchmal bis zur Selbstaufgabe - ihren Eltern dabei helfen wollen, ihre zentralen Konflikte nicht wahrnehmen zu müssen. Dies kann im täglichen Leben durchaus so geschehen, daß die Eltern durch vielerlei Unfug in Atem gehalten werden. Auch in der therapeutischen Situation lassen sich solche gezielten Ablenkungsmanöver beobachten, mit denen zu direktes Nachfragen der Therapeuten am zentralen Konflikt gestört oder unmöglich gemacht werden soll.

Schon bald, nachdem eine Familie mit einem 14jährigen Jungen, der Lernschwierigkeiten hatte, zu uns gekommen war, stellte sich heraus, daß eine akute Gefährdung des Sohnes von dessen unzähligen Verletzungen ausging (unter anderem 20 schwere bis schwerste Kopfverletzungen). Diese wurden aber von der Familie ironisiert und bagatellisiert, obwohl auch die anderen Geschwister durch Verkehrsunfälle und Brändelegen die Familie in ständiger Aufregung hielten. Die ganze Familie, einschließlich der Mutter der Mutter, weigerten sich, darin ein Problem zu sehen, sondern verwiesen immer wieder auf die doch erheblich ernster zu nehmenden Schulschwierigkeiten des Sohnes. Bei mehreren Hausbesuchen wurde auf die dort herrschende karge, sterile, geradezu tote Atmosphäre hingewiesen. Als sich daraufhin die Unfälle der Kinder häuften, wurden diese in einer Symptom-Verschreibung aufgefordert, sich einmal pro Woche zusammenzusetzen, um zu besprechen, wer als nächster einen Unfall haben sollte und wie schwer dieser sein müßte, um die Eltern zu schützen. Erst daraufhin wurde der Mutter ihre Kargheit und Depressivität bewußt, die dann in die Bearbeitung kommen konnte.

Wenn bei diesen, häufig eine Gratwanderung darstellenden Verletzungen tatsächlich ein Kind tödlich verunglückt, dann scheint eine Aufarbeitung wegen der damit verbundenen Schuldgefühle unmöglich. Wir konnten bei den uns vorliegenden Fällen beobachten, daß die Schuldgefühle auf die verbliebenen Kinder projiziert werden, so daß diese sich Vorwürfe machen, daß sie überlebt haben, während ein Geschwister verunglücken mußte. Oder aber nachfolgende Kinder werden als Ersatz für das tote eingesetzt, bis hin zu gleicher Namensgebung. Darauf, daß sich bei jedem Tod eines Kindes die Eltern unerträglich schuldig fühlen, weisen KREHL und RABKEN (1979) hin.

Wie die Hilfe eines Kindes in der Therapie aussieht, soll folgendes Beispiel erläutern, bei dem Hilfe bereits vor der Sitzung eingeleitet und in der Sitzung dann wirksam wurde.

Ein Vater wurde mit seinem Vater einbestellt. Er brachte aber, obwohl anders besprochen, auch seinen Sohn mit. Er begründete das mit einer durchgängig bei ihm zu findenden und gezielt eingesetzten Naivität, mit der er mangelnde Eindeutigkeit der Therapeuten häufig unterlief: "Sie haben doch gesagt, daß in dieser Stunde die Männer sich auseinandersetzen sollten".

Dieser kleine Mann (3 Jahre) übernahm sofort die Führungsrolle, indem er mit Bauklötzen um sich warf oder laut singend und kreischend durch den Raum lief. Als einer der Therapeuten ihn als das Kind ansprach, das es war, und mit ihm spielte, wollte er schließlich allein ein Bild für die zu Hause gebliebene Mutter malen. In dem Gespräch sollte geklärt werden, ob die Tatsache, daß der Vater vorehelich gezeugt worden war, ein Grund für die sein Leben lang gespürte Ablehnung durch den eigenen Vater war.

Als der Großvater dies erklären wollte, störte der Enkel. Er wurde daraufhin vom Vater ermahnt, "sei doch endlich mal ruhig", und suchte sich in der Spielecke dann auch ein neues Spielzeug. Als der Großvater nun ausführt, daß nicht er der Vater sei, sondern die Frau geheiratet habe, obwohl sie schwanger war, nachdem der leibliche Vater gefallen war, fällt der Junge von einem Hocker und schlägt sich die Lippe auf. In dem nun folgenden Durcheinander und der Fürsorge für das Kind geht diese Information völlig unter.

Das Für-die-Eltern-in-die-Bresche-Springen hat wohl auch die Funktion, diejenigen, von denen man abhängig ist, so zu stabilisieren, daß sie ihrer Aufgabe als Ernährer und Beschützer nachkommen können. Jedoch meinen wir nicht, daß dieses Verhalten gewissermaßen instinkthaft vorgegeben ist. In Therapiesitzungen mit Kleinstkindern, also Säuglingen im Alter bis zu 8 Monaten, konnten wir beobachten, daß diese von ihren Eltern noch aufgefordert werden mußten, sie vor Anforderungen, sich mit ihren Konflikten auseinanderzusetzen, zu schützen.

So holte eine Mutter, als die äußerst problematische Paarbeziehung angesprochen werden sollte, ihr fest schlafendes, 10 Wochen altes Kind aus dem Kinderwagen und rüttelte es wach, um ihm die Flasche zu geben. Das Kind spuckte den Sauger immer wieder aus und wehrte sich schließlich mit lautem Schreien gegen ständig wiederholte Versuche, es zum Trinken zu bringen.
Als sich nun die Therapeuten von der zu beschäftigten Frau ab- und mit der gleichen Fragestellung dem Manne zuwandten, reichte die Frau diesem nach kurzer Zeit das schreiende Kind hinüber. Beide entschuldigten sich dann bei den Therapeuten für das laute Schreien des Kindes und versprachen, zur nächsten Therapiesitzung einen Babysitter zu besorgen, um dann einmal ungestört reden zu können. Als ihnen die Therapeuten die gerade geschilderte Sequenz noch einmal vom Videoband vorspielten, waren die Eltern zunächst verblüfft und erschrocken und erinnerten sich dann spontan an andere Situationen, wo sie das Kind als Puffer eingesetzt hatten. So sollte durch diese Erzählungen, wenn auch jetzt auf einer anderen Ebene, weiter über das Kind und nicht über die Beziehung gesprochen werden.

Diese Beispiele dienen der Verdeutlichung unserer Hypothese, daß Kinder, ohne daß sich die Eltern darüber im klaren sind, schon sehr früh dafür eingesetzt werden, den Eltern zu helfen. Während sie am Anfang dazu noch aufgefordert werden müssen, haben sie sehr bald ihre Lektion gelernt und agieren von sich aus, auch ohne daß sie sich darüber im klaren sind.

Unser Ziel in den Therapien ist es, dieses Dasein der Kinder für die Eltern aufzuheben zugunsten eines Daseins der Eltern für die Kinder. Damit das gelingen kann, müssen aber erst die Eltern von ihrer eigenen Elternschaft für ihre Eltern befreit werden.

7. Kapitel

Anorexie

oder: Warum muß ein Familienmitglied verhungern?

Nicht zufällig nehmen mehrere familientherapeutische Ansätze ihren Ausgang bei der Pubertätsmagersucht. Es handelt sich hierbei um eine existenzbedrohende Neurose mit psychosomatischen Folgeerscheinungen, nicht selten lebensgefährdender Art, also um einen Grenzfall zwischen Neurose und psychosomatischer Erkrankung. Weil aber diese Neurose in bestimmten Schichten bewußtseinsnäher ist als andere psychosomatische Erkrankungen, möchten wir sie vorab gesondert abhandeln. Der Unterschied zu sonstigen Psychosomatosen liegt darin, daß dem Akt der Gewichtabnahme durch Nahrungsverweigerung häufig eine bewußte Entscheidung zugrunde liegt. Die psychosomatischen Folgen, Kachexie und Sistieren der Menses, geschehen nicht einfach im Dunkel psychovegetativer Reflexe, sondern sind Teil eines bewußtseinsfähigen Programms, dessen "dialogische Funktion" bereits RICHTER 1965 herausgestellt hat. Es geht dabei um den Dialog mit der Mutter, die als brüchige Identifikationsfigur der abgelehnten weiblichen Rolle (LEIBBRAND 1939) dem magersuchtkranken Mädchen nicht anders erreichbar erscheint.

Wir erwähnten eingangs, daß unsere familientherapeutische Orientierung bei Beobachtungen mit der Anorexia mentalis ihren Ausgang nahm. Wir nennen diese Krankheit Anorexia mentalis, weil wir die zugrundeliegende Einstellungsstörung gegenüber den Sozialaufgaben eines Erwachsenen als zentralen Faktor ansehen, wogegen der häufiger gebrauchte Begriff der "Anorexia nervosa" im Grunde keine Aussagekraft besitzt, es sei denn in Abgrenzung zu früheren Auffassungen dieser Störung als somatogen. Unsere Beschäftigung mit diesem Krankheitsbild nahm im Jahre 1959 ihren Ausgang durch den tragischen Todesfall eines 22jährigen Mädchens, über den wir erst Jahre später (SPERLING 1964) berichteten.

Diese Patientin, die bei einer Größe von 170 cm nur noch 34,6 kg wog, war nach mehrmonatigen Aufenthalten in verschiedenen Kliniken in der Psychiatrischen Klinik der Universität Göttingen aufgenommen und geriet im ersten exploratorischen Gespräch in einen schweren Stupor, an dem sie Stunden später verstarb. Die Patientin äußerte den Wunsch, bei diesem Gespräch liegen zu dürfen. Es verlief zunächst lebhaft, jedoch wurde die Patientin zunehmend abweisender, als die Sprache auf ihr Verhältnis zur Mutter kam. Sie schwieg längere Zeit, als von seiten des Untersuchers die Möglichkeit erwogen wurde, daß vielleicht ihre Krankheit mit dem Wunsche, die Mutter zurückzuerobern zu tun haben könnte. Die Patientin wich von der Mutter auf ihren Verlobten aus, sprach von Heiratsplänen, die jedoch auf unbestimmte Zeit verschoben werden müßten, weil sie das zur Beschaffung eigener Möbel notwendige Geld erst verdienen müßte, wozu sie zur Zeit infolge ihrer Erkrankung nicht in der Lage sei. Auf die konfrontierende Frage, daß man den Eindruck habe, daß in ihr vielleicht etwas gar nicht groß werden und heiraten wolle, schloß die Patientin die Augen, machte ein abweisendes Gesicht und sagte "Ja, wenn das so ist", faltete die Hände und blieb unansprechbar. Stunden später verstarb sie. Es stellte sich uns die Frage, ob wir sie nicht zu früh mit ihrem eigentlichen Problem konfrontiert haben. Nach ihrem Tode aufgefundene Briefe an eine Tante hatten zum Inhalt, daß sie nur einen Wunsch hegte, "ein kleines Vögelchen zu sein, das in der hohlen Hand eines lebenden Menschen gewärmt" werde.

Die Patientin verstarb unter dem Bilde eines schweren, durch keine internistische Hilfe aufzuhebenden Kreislaufkollaps, der Ähnlichkeit mit dem bei Naturvölkern sogenannten Voodoo-Death hatte. Auch in späteren Fällen haben wir bedrohliche Kreislaufkollapszustände im Zusammenhang mit übermächtigen Emotionen erlebt, konnten sie jedoch aufgrund der Vorerfahrung rechtzeitig abfangen. Wesentlich für unsere spätere familientherapeutische Orientierung waren bereits einige Daten dieser Vorgeschichte.

Ihren Vater hat sie praktisch nicht gekannt; er fiel, als sie 6 Jahre alt war. Die Mutter nahm Zuflucht bei ihren Eltern, den Großeltern der Patientin, heiratete jedoch später wieder einen Witwer mit zwei Kindern, ein Ereignis, das die Patientin als ausgesprochen "schockierend" empfand. Das labile Gleichgewicht ihrer Beziehung zur Mutter wurde erheblich gestört, als diese in ihrer neuen Ehe nochmal ein Kind gebar. Obwohl die Mutter mit der Tochter ihre neue Schwangerschaft gründlich durchgesprochen hatte, verzieh diese ihr innerlich nie ihre Triebhaftigkeit. Bei ihren eigenen Kontaktaufnahmen mit dem späteren Verlobten erwies sie sich als völlig frigide und hungerte sich in einen bedrohlichen Zustand hinein. Der Untersucher traf die Mutter der Patientin auffällig kühl und gelassen nach dem plötzlichen Tode, den ihr mitzuteilen er sich gescheut hatte. Sie reagierte nur: "Na, hat sie es geschafft."

In späteren Beobachtungen (SPERLING 1965) verfestigte sich bei uns die Vorstellung, daß es sich bei der Anorexia mentalis um eine Erkrankung der Gesamtfamilie handele, weshalb wir erstmalig den Begriff der "Magersuchtfamilie" einführten. Das besonders Auffällige im klinischen Umgang mit diesen schwerstkranken Mädchen war, daß die Mütter ihre schwer kachektischen Töchter nicht stationär aufnehmen lassen wollten. Sie beharrten darauf, daß ihre Töchter nur durch sie überhaupt gesund werden könnten. In einem Extremfall des Kampfes um die stationäre Aufnahme sagte E. SPERLING zu einer Mutter: "Man könnte fast an Leibeigenschaft denken." Darauf antwortete die Mutter in verzweifelter Abwehr: "Wieso denn nicht, ich war es auch, und sie ist das einzige, was ich habe." Dieses Beispiel legte das Fundament für unsere spätere Mehrgenerationenbetrachtung dieser Krankheit. Die Rolle der Mütter wurde geprägt durch deren Angst vor ihrer Mutter, der Großmutter, deren Einfluß um so gefährlicher erschien, je mehr sie eine asketische Ideologie institutionalisierte, die "weiter besteht, auch wenn die Urheber dieser Neurose verblichen sind" (LAFORGUE 1956). Die ersten Beobachtungen an 16 Fällen ergaben nämlich, daß die eigentlich dominante Person in der Familie die Großmutter war, die zu Lebzeiten nie ihren Dominanzanspruch aufgegeben hat. Die Rolle der Väter war dagegen schwach, entweder waren sie durch äußere Umstände überhaupt nicht vorhanden, oder sie übten wenig Einfluß aus. Lediglich wenn ihre Frauen Druck ausübten, unterstützen sie sie, um die schwerkranken Töchter aus der Klinik herauszuquerulieren.

Die wesentliche Grundeinstellung der Großmütter in "Magersuchtfamilien" ist, daß die Tochter oder Schwiegertochter nichts richtig könne, vor allem könne sie nicht richtig kochen. Außerdem bestehen alle Varianten der Bildungsemanzipation und des Bildungsdünkels, vor allem aber teilen die "Magersucht-Eltern" mit der entschiedenen Ablehnung der Sexualität die asketische Grundeinstellung dieser Großmütter. Dagegen wird jede Art von

Leistung, vor allem schulische, gelobt, auch Saubermachen hat einen hohen Stellenwert. Die Mütter magersüchtiger Mädchen erschienen uns in unserem ersten vorläufigen Bericht (1965) überzufällig häufig berufstätig, was möglich war, weil die häufig noch mit im Hause lebenden Großmütter zusammen mit der magersüchtigen Patientin den Haushalt versorgten. Die Ehemänner waren für die Berufstätigkeit, denn wenn ihre Frauen ihnen schon sonst nichts gaben, sollten sie ihnen wenigstens Geld bringen.

Bevor wir Wege einer gemeinsamen Behandlung im Familienverband fanden, plädierten wir, zumindest bei älteren Mädchen und verhärteten Familienkonstellationen, zunächst streng für eine räumliche Trennung von der Familie, weil wir nach der Klinikentlassung bei Rückkehr in den bisherigen Familienverband zu schnell schwere Rezidive beobachten konnten.

Zusätzliche Erfahrungen gewannen wir durch gemeinsame Reisen oder längeres Zusammenleben in unseren Familien mit magersüchtigen Mädchen, die zunehmend mehr über die bedrückenden Idealbildungen in den Herkunftsfamilien erzählten.

Weil der Hinweis auf die besondere Bedeutung der Großeltern in der Entstehungsgeschichte einer Anorexia mentalis auf besondere Kritik stieß, entschlossen wir uns zu einer statistischen Überprüfung des familiären Hintergrundes der Magersuchtneurose, die 1969 von A. MASSING veröffentlicht wurde. Hierzu wurden 100 unausgelesene Fälle mit Magersucht aus den Jahren 1955 bis 1966 aufgrund ihrer Krankenunterlagen untersucht. Dieser Bearbeitungsgang wurde durch eine weitere intensive Befragung von 15 akut magersüchtigen Mädchen mit spezieller Zentrierung auf den familiären Hintergrund und einer parallelisierten gesunden Kontrollgruppe ergänzt. Die Untersuchung ergab, daß die Mütter in diesen Familien sich in zwei Typen unterteilen ließen: (1) Wenn die Großmutter noch mit im Hause lebte, fand sich regelhaft eine unselbständige und hilflose Mutter, die ständig von ihrer eigenen Mutter herumkommandiert wurde. (2) Der andere Typ der Mütter, regelhaft nach dem frühen Tod der Großmütter oder - seltener - nach unvermeidlicher Trennung von ihr aus äußeren Gründen zu finden, erschien kühl, hyperaktiv, "tüchtig". Außerdem fand sich regelhaft in den "Magersuchtfamilien" ein kranker oder bereits verstorbener Vater, dessen Andenken extrem idealisiert wurde. Bezüglich der dominanten Großmutterrolle war auffällig, daß in seltenen Fällen eine andere Person die Rolle des dominanten, pathogenen

Ideologieträgers in der Familie übernommen hatte, manchmal eine alte Tante, ganz selten sogar ein Großvater, so daß gesagt werden konnte, daß soziale Rollen nicht unbedingt mit dem biologischen Geschlecht verknüpft sein müssen.

Bezüglich der spezifischen Einstellungen in den untersuchten Familien ergaben sich drei typisch gekoppelte Charakteristika, die wir im Sinne einer Basisideologie (SPERLING u. MASSING 1970) zusammenfaßten: (1) Der Leistungsaspekt, genauer der benotbare Schul-Leistungsaspekt, der allein Anerkennung und Lob findet. (2) Alle Familienangehörigen sind sich in der totalen Ablehnung der Sexualität einig. (3) Die Grundstimmung in der Magersuchtfamilie hat depressiv zu sein.

Aus diesen Erfahrungen ergab sich uns zwingend die Notwendigkeit der Behandlung dieser schweren Erkrankung unter Einsatz der Familientherapie. Wir gingen (SPERLING u. MASSING 1972) davon aus, daß in schweren Fällen eine rezidivfreie Dauerheilung durch Einzeltherapie nur vorstellbar wäre, wenn sich die Patientin aus dem Familienverband löst. In solchen Fällen kommt es unvermeidlich jedoch zur Symptomverschiebung innerhalb der Familiengruppe in dem Sinne, daß ein oder mehrere andere Mitglieder krank werden. Wir kombinierten einleitend Familiensitzungen mit einer regelmäßigen Einzelbehandlung der Indexpatientin, die vorwiegend der Ichstärkung diente. Die Familiensitzungen konzentrierten sich hauptsächlich auf die latenten Schuldzuschiebungen, anfänglich auf die Patientin wegen der Nahrungsverweigerung, später auf das Problem der Untreue an der gemeinsam geteilten asketischen Ideologie. Im Verlauf der Familienbehandlungen trat die Indexpatientin als Hilfstherapeutin auf, indem sie ihren Eltern auch mehr "Freiraum" gönnte. Die hervorragende Angst vor der Verachtung durch den Ideologieträger in der Familie, meist die Großmutter mütterlicherseits, fand in der gemeinsam geteilten Äußerung der Kernfamilie "wenn wir könnten, wie wir wollten, wären wir anders" ihren deutlichsten Ausdruck. Daraus ergab sich zwangsläufig, die gefürchtete Großmutter mit in die Familientherapie einzubeziehen. Ein Haupthindernis stellte die Tendenz zur Bagatellisierung der Schwere der Krankheit dar, weil offenbar die Angst vor der Konfrontation mit dem Träger der übermächtigen Ideologie größer war als die Angst vor einem möglichen Tod.

Die weiteren, in breiter Linie gesammelten familientherapeutischen Erfahrungen ergaben, daß weniger der methodologische

Streit zwischen kommunikationstheoretischen oder konfliktverarbeitenden Zugangswegen von Bedeutung ist, wenn es nur gelingt, den stark abwehrenden Familienmitgliedern das Problem *deutlich* zu machen. An der Deutlichkeit arbeiten dann auch die verschiedenen therapeutischen Ansätze. So beschreibt MARA SELVINI-PALAZZOLI 1970 ihren eigenen Werdegang von der Einzeltherapeutin magersuchtkranker Mädchen über eine psychoanalytisch orientierte Familientherapie bis hin zur paradoxen Intervention.

Besonders hat sich auch MINUCHIN (1975) für eine gemeinsame Familientherapie der "Magersuchtfamilien" eingesetzt, wobei er es als besonders erfolgreich erachtete, gemeinsam mit der Familie zu essen. Auch in unseren Therapieplan haben wir derartige "Lunch-Sessions" mit eingebaut und erlebt, daß sie zum Ausgangspunkt echter Veränderungen werden können. Dabei wird durch eine Koalition des Therapeuten mit dem Vater in dieser mutterorientierten Konfliktwelt dessen Autorität gestützt und die Verantwortung für das Überleben der Indexpatientin der *ganzen* Familie übertragen. MINUCHIN hält Einzelbehandlung bei Anorexia mentalis für kontraindiziert und belegt, daß gezielte Familientherapie nur weniger Sitzungen bedarf. Wir können dies insofern bestätigen, als auch wir rasche Symptomheilungen beobachten konnten, während die Bearbeitung des eigentlichen Konflikts eines größeren Aufwandes bedarf.

Aus eigenen Erfahrungen stellt sich eine besondere Schwierigkeit in den Loyalitätsbeziehungen der weiblichen Linie dar. Aus Loyalität überließ die Mutter nur zu oft ihre Tochter zur Erziehung der Großmutter, die ihr dieselben Werte vermittelte wie ihr selbst. Inhalt und Weise der innigen, aber durchaus ambivalenten Verbundenheit zwischen Mutter und Großmutter, die als Wertevermittlerin einen uneingeschränkten Familienmittelpunkt darstellt, gleichgültig, ob sie noch lebt oder nicht, illustriert der Bericht einer Mutter einer magersüchtigen Patientin, die als "schönste Zeit ihres Lebens" die Woche nach dem Tode ihrer Mutter bezeichnete, die sie eingeschlossen mit dem Leichnam verbrachte. Hierbei meditierte sie noch einmal die ihr von ihrer Mutter vermittelte tiefe Einsicht in das Edle, Schöne und Gute, das von da an unvergessen in ihr verankert blieb.

Wie sich in diesem und anderen Beispielen zeigt, handelt es sich bei diesem Vermächtnis um die Idee außerirdischer Reinheit, die nur durch Verweigerung der Nahrung und damit der

Abtötung der libidinösen - oralen wie sexuellen - Impulse erreicht werden kann. Dies war in der Muttergeneration, die immerhin noch geboren hatte, nicht gelungen.

Als in einem anderen Fall eine magersüchtige Indexpatientin im Heilungsverlauf erstmalig sexuelle Kontakte aufnahm, schilderte sie diese mit den Worten "gestern abend habe ich zugeschlagen". Sie meinte wörtlich, daß sie mit dem "Hineinlassen eines Mannes in ihren bisher unbefleckten Leib" nun endgültig ihre Großmutter erschlagen habe. Es handelte sich um eine Familie, die nach schwerem Flüchtlingsschicksal nur durch den sehr engen Zusammenhalt der drei Generationen überlebt hatte. Die Enkelgeneration jedoch war schwer krank, der Enkelsohn mit Magengeschwüren und Tablettenabusus, die Enkeltochter mit Anorexia mentalis. In einer gemeinsamen Essenssitzung wurde deutlich, auf welche Weise die Verachtung des Leiblichen bereits durch Essenstradition vermittelt wurde. Eigentlich sollte die Indexpatientin das Essen zubereiten. Tatsächlich aber waren Mutter und Großmutter so widersprüchlich am Werk, daß das Ergebnis eine lieb- und phantasielos zusammengestellte Mahlzeit war, bei der auch die teilnehmenden Therapeuten keinen "vorbildlichen" Appetit entwickeln konnten. Selbst hier in der Ausnahmesituation im Beisein der Therapeuten vor der Videokamera wurde noch beim Essen über das Essen gestritten.

Der eigentliche Konflikt, die sündige Liebe, ausgedrückt durch die Möglichkeit einer sexuellen Begierde, kommt auch in familientherapeutischen Sitzungen nur selten zur Sprache. In einem unlängst beobachteten Fall wurden zwei Abtreibungen von der Familie klaglos registriert, aber eine dritte, im Verlauf der Behandlung zustandegekommene Schwangerschaft förderte alle depressiven Aspekte des familiären Lebens an die Oberfläche. Hierbei wird deutlich, daß es bei der Anorexia mentalis tatsächlich um einen Kampf um Leben und Tod geht, wobei die einzige akzeptierte Lebensbedingung in der Abtötung der Begierden des Leibes als Träger des Lebens verstanden werden kann. Wir sahen zwei Schwestern, von denen eine junge Frau allabendlich durch Einnahme von 70 bis 80 Dragees des Abführmittels Dulcolax ihre gelegentlichen sexuellen "Sünden" zu sühnen versuchte, wogegen die andere das Hungern so weit trieb, daß nur noch eine klinische Notaufnahme ihr Leben retten konnte. Ihre Mutter verteidigte sich böse gegen alle Angriffe wegen ihrer Überfütterung der Töchter. Sie lebte ganz im Banne ihrer über 80 Jahre alten Eltern, die nicht oder "nur über ihre Leiche" zu den gemeinsamen Sitzungen kommen durften. Neben ihr saß ihr kranker, seit langem invalidisierter Mann.

Gelingt es, die Großmütter oder deren "Äquivalente" in die Behandlung einzubeziehen, so zeigt sich, daß ihre besondere Ausgangssituation eine mangelhaft verarbeitete, religiös getönte Angst vor Unglück darstellt. Psychisch schwere, die Großmütter traumatisierende Ereignisse lagen in der Regel in deren jungen Jahren und führten zu einer magischen Bannung des gefürchteten endgültigen Unglücks durch Eß-Rituale und durch einen ideologisierten Verzicht. In aller Regel geht es hierbei um die Verarbeitung von Schuldgefühlen, nicht selten aus einer unaufgelösten tiefen Geschwisterrivalität.

Eine der von uns in die Behandlung einbezogenen Großmütter erbte beispielsweise den Bauernhof ihrer Eltern, weil ein vierzehn Jahre nach ihr geborener Bruder im ersten Lebensjahr an einer Durchfallerkrankung(!) verstorben war. Bereits vor der Geburt des Nachkömmlings war sie als Erbin im Gespräch gewesen. Hätte der Bruder überlebt, hätte sie zurückstehen müssen. Durch seinen Tod hatte sie etwas bekommen. Dies wurde unbewußt umgedreht: Nur wenn ich verzichte, kann es anderen gutgehen. Diese Großmutter achtete strikt darauf, daß ihre Enkelinnen und Enkel, für die sie kochte, vollständig aufaßen.

Die eben skizzierte Thematik finden wir in Variationen in vielen anderen Familien mit anorektischen Patientinnen (und Patienten): "Wenn ich nicht auf das Verfolgen meiner Interessen verzichte, schade ich anderen. Ich habe es nicht verdient zu genießen." So kommt es zum Verzicht auf äußere Trennung. Die Familie bleibt "in Liebe entzweit" (WEBER u. STIERLIN 1989). Als "Ausweg" erscheint einzig und allein die "Symmetrie durch Opfer-Eskalation" (SELVINI 1984): Ansprüche sind im Einklang mit dem Über-Ich nur durch Leiden, also indirekt durchzusetzen. Wird dies bewußt, entstehen neue Schuldgefühle. Zur Bearbeitung dieser Dynamik ist die Einbeziehung der Großeltern-Generation, insbesondere der Großmütter, in die Behandlung äußerst hilfreich. Hier zeigt sich, daß sie jetzt etwas heraushebt, was ihre Kinder und Kindeskinder nicht haben, nämlich ein langes Leben. Sie können unter dieser Perspektive ohne allzu große Schwierigkeiten ihre rigide Ideologie relativieren, wenn man ihnen genügend Zeit läßt, sie noch einmal zu wiederholen und individuell zu begründen. Hierbei tut es gut, allen Familienmitgliedern einmal erzählen zu dürfen, wie schwer man es früher gehabt hat.

Insgesamt hat sich in der Behandlung der Eß-Störungen die Kombination psychoanalytischer mit systemischen Vorgehensweisen bewährt (vgl. SCHÖLL u. REICH 1989).

Die Familien männlicher Magersüchtiger weisen nach unseren Beobachtungen eine ähnliche Dynamik auf wie die oben skizzierte. Für die Entstehung dieser traditionell "weiblichen" Erkrankung bei jungen Männern erscheint uns in der Familiendynamik zudem wichtig, daß bei diesen traditionell "männliche" Eigenschaften und Verhaltensweisen, zum Beispiel Herumtoben, Fußballspielen, Anschluß an Jungengruppen, Cliquen oder Banden eher unerwünscht erschienen, und zwar von beiden Elternteilen aus. Die Mütter fürchten die Trennung und auch die erwachende Sexualität, die Väter die Konkurrenz. So findet sich hier eine "Haßliebe" zwischen Mutter und Sohn ("Wir kommen voneinander nicht los") und eine ständige Provokation beziehungsweise ein ständiges Sich-provoziert-Fühlen des Vaters, der alle Ansätze von Selbstbehauptung von seiten des Indexpatienten im Keim erstickt ("Du kannst nichts" "Du bist eine Memme, ein Weib"). Beide Eltern überschreiten wie bei magersüchtigen Patientinnen ständig die Grenze der Privatsphäre des Kindes. Durch die skizzierten Faktoren entstehen bei diesem tiefe Gefühle der Demütigung und Scham und ein entsprechendes Ressentiment gegenüber beiden Eltern und eventuell konkurrierenden Geschwistern, das nicht offen, sondern über die Anklage der Krankheit agiert wird. Die ebenfalls einflußreichen Großmütter bevorzugen den "kleinen Jungen". Die späteren Patienten finden unter Gleichaltrigen wenig Anklang, beschränken sich auf das von der Familie geförderte Leistungsstreben. Auslösend sind auch hier wie bei der weiblichen Magersucht Trennungssituationen, wobei der "Objektverlust" eine Versuchung zu einer nunmehr ohne äußere Kontrolle möglichen Triebbefriedigung und damit eine Bedrohung der Über-Ich-Forderung darstellt.

8. KAPITEL

Bulimie

oder: Konflikte um Identität und Intimität

Bulimische Erkrankungen scheinen, zumindest im klinischen Kontext, ihrer älteren Schwester, der Anorexie, allmählich den Rang abzulaufen. Auch wenn eine generelle Häufigkeitszunahme statistisch schwer nachgewiesen werden kann - Inzidenz- und Prävalenzraten können ja immer nur von bereits bekannten Krankheitsbildern erhoben werden - und das Anwachsen dieser Erkrankung in den letzten Jahren drastisch überschätzt wurde (BERGER 1989), so können wir doch andererseits nicht davon ausgehen, daß es bulimische Erkrankungen schon immer in der jetzigen Häufigkeit gab, diese nur nicht auffielen. Im Gegensatz zu der öffentlichen Aufmerksamkeit, die diese Erkrankung fand, blieb es von seiten der Psychoanalytiker und Familientherapeuten lange Zeit still um die Bulimie - im Kontrast zur Anorexie, auf deren Erforschung und Behandlung sich ganze familientherapeutische Schulen gründeten, nicht zuletzt auch unser Mehrgenerationen-Ansatz. Dies ist sicher erklärungsbedürftig. Zum Teil hat es vermutlich mit der Komplexität dieser Erkrankung zu tun, zum Teil auch damit, daß die Symptomatik von den Betroffenen eine ganze Weile sorgfältig verborgen wird, ihr Offenlegen in hohem Maße schambesetzt ist, ganz im Gegensatz zur offenen Demonstration der Anorexie.

Eine ganze Reihe *sozialer Faktoren* werden für die Bulimie verantwortlich gemacht, zum Beispiel das weibliche Schönheitsideal, Rollenkonflikte von Frauen mit gehobenem Bildungsniveau im städtischen Umfeld industrialisierter Gesellschaften, der hier herrschende Überfluß an Nahrung (s. hierzu HABERMAS). Für uns scheint zusätzlich der veränderte Umgang mit Intimität und Scham (vgl. WURMSER 1990) entscheidend, und hier findet sich auch eine enge Verbindung zur Dynamik in den Herkunftsfamilien und Partnerbeziehungen der Patientinnen (vgl. REICH 1992). Dennoch reichen soziologische Muster, von denen viele

Frauen betroffen sind, nicht aus, um das Auftreten einer so schweren Krankheit bei einzelnen zu erklären. Und hier sind wir als Psychoanalytiker und Familientherapeuten schon gefragt, welche familiären und intrapsychischen Konflikte und Verarbeitungen zur Bulimie beitragen.

Mit HABERMAS (1990) ist die bulimische Symptomatik als "elaborierte habitualisierte *Impulshandlung*" zu verstehen, der eine "*Zweischichtung der Identität*" in einen nach außen hin gezeigten und einen verborgenen, dissoziierten Teil zugrundeliegt. Entsprechend ist die Impulshandlung, in der der normalerweise verborgene Teil der Identität an das Tageslicht tritt, teilweise ich-synton und teilweise ich-dyston. Der hier zum Ausdruck kommende Identitätskonflikt ist das Resultat eines komplexen inter- und intrapsychischen Prozesses, der neben der Mutter immer auch den Vater als notwendige Bedingung einschließt[1] und immer präödipale, ödipale *und* adoleszente Konflikte in ihrem Zusammenwirken umfaßt. Neben einer Kombination spezifischer Familienkonflikte scheinen hier besondere Formen der Affektabwehr, insbesondere Schamkonflikte und Schamabwehr eine ganz bedeutende Rolle zu spielen (vgl. WURMSER 1990).

Aus dem im folgenden geschilderten Muster kann unseres Erachtens kein einzelner Faktor als erklärender herausgenommen werden. Die Erkrankung ist nur in deren Zusammenwirken zu verstehen.

In den Familien finden sich zunächst, und im Gegensatz zu der Pseudo-Harmonie der Familien vieler Anorektikerinnen, eine Vielzahl *offen ausgetragener heftiger Konflikte* zwischen den und innerhalb der Generationen, zwischen Eltern und Großeltern, zwischen den Ehepartnern, sowie zwischen Eltern und Kindern. Es kommt hier zu Zerwürfnissen, Kontaktabbrüchen, Trennungen und Scheidungen.

Zudem finden wir in diesen Familien eine starke Neigung zu *Impulshandlungen* bei mehreren Mitgliedern, zu körperlicher Gewalt,[2] Durchbrüchen von Jähzorn, zu sexuellem Mißbrauch und zur Sucht, insbesondere zu Alkohol- und Tablettenabusus. Zur

---

1 Vgl. hierzu auch WILLENBERG (1990).
2 WURMSER (1987) beschreibt den engen Zusammenhang zwischen Mißhandlungserfahrungen und Sucht sehr detailliert und überzeugend. Für ebenso einleuchtend halten wir sein Plädoyer, daß sich das Suchtproblem nur lösen lassen wird, wenn das Problem der Mißhandlungen gelöst wird.

Verdeutlichung dieser beiden zunächst genannten Faktoren eine Skizze aus einer Behandlung.

In einer unserer Familien war die selbst sehr strenge, auf Disziplin und Ordnung bedachte Mutter der Index-Patientin mit ihrer eigenen Mutter, der Großmutter der Patientin, heillos zerstritten. Diese Großmutter beherrschte, so wurde berichtet, ihren Mann, ihren Sohn und die Mutter der Patientin diktatorisch. Bei Widerworten gab es Prügel, oder die Kinder wurden im Keller oder im Stall eingesperrt. In der Familie ging es stets laut und heftig zu. Die Großmutter verhinderte, daß ihr Sohn, also der Onkel der Patientin, eine Lehre begann. Sie wollte, daß er den Bauernhof, den sie selbst weitgehend führte, übernahm. Er brachte sich mit 22 Jahren um.

Die Mutter der Patientin setzte nach heftigen Kämpfen die räumliche Trennung von ihrer Herkunftsfamilie durch. Ihr Mann, ein recht glückloser Spirituosenverkäufer, war der Großmutter immer ein Dorn im Auge. Nach der Heirat gegen deren Willen wurde die Mutter beim Tod des Großvaters zunächst von der Großmutter enterbt. Sie mußte ihren Pflichtteil herausklagen.

Der Vater der Patientin hatte den Kontakt zu seinen Geschwistern nahezu abgebrochen. Die Indexpatientin kannte diese kaum, wußte weder deren ungefähres Alter noch deren Wohnort anzugeben. Die Eltern der Patientin verstanden sich nie. Von Anfang an gab es Streit um die Erziehung der beiden Kinder. Der sehr unzuverlässige Vater verlor mehrfach seinen Arbeitsplatz. Er trank und brachte sein Geld in Spielhallen durch, so daß die Mutter für das Einkommen der Familie sorgen mußte. Konflikte um außereheliche Beziehungen des Vaters schließlich führten auch zu handgreiflichen Auseinandersetzungen und einem Auszugsversuch von Mutter und Kindern, der nach mehreren Monaten mit deren Wiedereinzug endete. Der beginnende Alkoholabusus der damals vierzehnjährigen Indexpatientin blieb ebenso unbemerkt wie ein mit den Schlaftabletten der Mutter durchgeführter Suizidversuch. Erst als sich ihre schulischen Leistungen drastisch verschlechterten, wurden die Eltern hellhörig. Mutter und Kinder zogen bald darauf ein zweites Mal aus - dieses Mal endgültig. Zu einer Scheidung allerdings kam es nicht. Der Vater verkehrte immer noch in der Familie. "Sie kommen nicht zusammen und nicht auseinander." Die Indexpatientin, die ein sehr inniges Verhältnis zum Vater hatte, das kaum erwidert wurde, konnte sich nie richtig von ihm verabschieden.

Die offenen Impulshandlungen werden aufgrund eines strengen Über-Ich aus Schuldgefühlen, insbesondere aber aus

Schamgefühlen innerhalb der Familie und vor der Außenwelt *verleugnet*. Es gibt zwei nebeneinanderstehende Realitäten, die voneinander isoliert zu sein scheinen. Diese Ausblendung eines ganzen Segmentes des familiären Lebens und die Abwehr der dazu gehörenden heftigen Affekte ist *eine* der Ursachen des späteren Identitätskonfliktes der Patientinnen. Die Gewalt der Eltern, insbesondere des Vaters, ihnen gegenüber erleben sie als äußerst demütigend. Sie schämen sich ihrer Machtlosigkeit und Schwäche, deren Repräsentant der unterlegene Körper wird. Identifikation mit dem Aggressor in Verbindung mit der Wendung gegen das Selbst führen zur Selbstverachtung. Sie führt auch zur Bildung eines *Ich-Ideals der Stärke*, das durch die Wendung vom Passiven ins Aktive realisiert werden soll.

Für ihre *Bedürfnisse nach liebevoller Zuwendung, Vertrauen und Anerkennung* finden die Kinder in diesen Familien *keine Resonanz*. Diese werden oft völlig mißachtet.

"Bei uns wurde immer gespart. Es war ständig kalt, bis auf in der Küche, wo meine Mutter arbeitete und mein Vater (er war Tbc-krank) ihr half. Sie waren immer zusammen tätig. Ich lief nebenher mit. Kinder durfte ich nicht mitbringen. Das war meinen Eltern zu anstrengend. Es störte sie. Ich beschäftigte mich meistens allein. Lob kannte ich nicht. Es war alles selbstverständlich. An Gemeinsamkeiten wie bei anderen, zum Beispiel gemeinsame Ausflüge, kann ich mich nicht erinnern", so schilderte eine Patientin das Klima in ihrer Ursprungsfamilie. In einem Mehrgenerationen-Gespräch wurde zudem deutlich, daß die Mutter sie mit einem dreiviertel Jahr zu ihrer eigenen Mutter, also der Großmutter in Pflege in der ehemaligen DDR gegeben hatte. Sie ging zu dem Vater der Patientin in den Westen und holte diese gegen Ende des zweiten Lebensjahres nach. Sie haben sich beide danach nie aufeinander einstimmen können.

Die Erfahrungen der Mißachtung und des Stehen-gelassen-Werdens mit basalen Anlehnungs- und Anerkennungsbedürfnissen führen zu einem tiefen Gefühl der Scham für diese zentralen Aspekte der eigenen Person. Die Patientinnen erleben sich als *im Kern nicht liebens- und achtenswert*.

In den meisten Familien wird großer Wert auf *Selbstkontrolle* gelegt. Dabei sind Gefühlsäußerungen der "Stärke", Wut, Zorn, Jähzorn, Arroganz und abweisendes Verhalten positiv sanktioniert, während offene, spontane Gefühlsäußerungen, die auf "Schwäche" hindeuten, anaklitische Wünsche, Traurigkeit, Verzweiflung und Angst unbeachtet bleiben oder sogar der Lächerlichkeit preisgegeben werden.

Eine Patientin zum Beispiel wurde schon mit vier Jahren allein zum Arzt geschickt, um sich dort Spritzen geben zu lassen. Den Grund hierfür hatte sie vergessen. Sie erinnerte sich allerdings deutlich, nie Angst gespürt zu haben; sie sei stolz darauf gewesen.

Eine andere Patientin wurde von ihren Eltern ab dem dritten Lebensjahr regelmäßig nachts allein zuhause gelassen, da diese ein Restaurant betrieben. Wurde dies zunächst ohne jegliche affektive Beteiligung berichtet, so tauchten bei der Patientin allmählich Erinnerungen an nächtliches Unbehagen, schließlich tiefsitzende Angstvorstellungen von in die Wohnung eindringenden Hexen und unheimlichen Wesen auf. Das zunehmende Entsetzen war von einer Flut von Tränen begleitet, worüber sich die Patientin vor den Therapeuten und den Eltern, denen sie in einem Familiengespräch erstmals davon berichtete, zutiefst schämte. Die Eltern selbst waren zwar von Nachbarn auf das Schreien der Tochter aufmerksam gemacht worden, fanden diese auch nachts bisweilen völlig verweint vor. Sie zogen aber keine Konsequenzen. Die Mutter fürchtete, die Kritik ihrer Mutter, der Großmutter, an ihren mütterlichen Fähigkeiten zu bestätigen, wenn sie nachgab. Der Vater war in seiner Familie zur Härte gegen sich erzogen worden. Dies setzte sich in seiner Lehrlingszeit fort, als er von seinem Meister wegen Geringfügigkeiten eingesperrt wurde. Spätere Erfahrungen auf See in ähnlicher Richtung deutete er nur an. Seiner Tochter erschien er als "absolut kontrolliert". Dies wurde nur durchbrochen, wenn er sie in Jähzornsanfällen prügelte. Sie selbst wurde zunehmend stolz auf ihre undurchdringliche Selbstbeherrschung. Beide Eltern berichteten übereinstimmend, daß in der oben geschilderten Zeit eine gravierende Veränderung an ihrer Tochter vor sich gegangen war.

Die Mißachtung der Bedürfnisse nach Anlehnung und Beachtung sowie die Betonung von Kontrolle und willkürlicher Stärke führen zu einer massiven Abwehr eines breiten Bereiches von Gefühlen und Bedürfnissen durch globale Verleugnung, Affektblockierung und Identifikation mit dem Aggressor in Zusammenwirken mit der Wendung gegen das Selbst - mit der Folge einer tiefen Verachtung aller bedürftigen Teile der eigenen Person - und der Wendung vom Passiven ins Aktive - mit der Folge, daß man sich nunmehr selbst kontrolliert und stark zeigt und in altruistischer Abtretung für andere Sorge trägt. Dies führt zu der vielfach beschriebenen früh einsetzenden Selbständigkeitsentwicklung (zum Beispiel HABERMAS 1990; JOHNSON u. CONNORS 1987) und ist ein weiterer Faktor, der zur geschilderten "Zweischichtung" der Identität beiträgt.

Weiterhin beobachten wir in diesen Familien eine Tendenz zur *Mißachtung und Überschreitung der Intimschranken*, zu einem herabsetzenden und respektlosen Eindringen in die Privatsphäre und die Gefühlswelt des Kindes.

So gab in einer Familie die Mutter vor ihrer Geburtstagsgesellschaft sowie der selbst anwesenden Patientin zum Besten, wie diese über das zerrissene Kleid ihrer Lieblingspuppe geweint hatte. "Ich hätte mich am liebsten verkrochen, ich wußte nicht, wohin. Schon dies wäre ein Grund, sie ein Leben lang zu hassen", schilderte die Patientin. Später berichtete die Mutter dann bei ähnlicher Gelegenheit, wie ihre nunmehr schon in der Pubertät befindliche Tochter ihren sich entwickelnden Busen im Spiegel betrachtet hatte. Die Mutter hatte ihr heimlich zugesehen.

Nicht selten werden vertrauensvolle Beziehungen in der Familie durch offen inzestuöses Agieren ersetzt.

Zum Beispiel verbot ein Vater seiner dreizehnjährigen Tochter strengstens jeglichen Kontakt mit Jungen, schlug und beschimpfte sie als Hure, als er sie auf dem Heimweg von der Schule in einer Gruppe anderer Mädchen und Jungen gehen sah. Diese moralische Unerbittlichkeit hielt ihn allerdings nicht davon ab, sie bis zum 16. Lebensjahr noch regelmäßig zu sich ins Bett zu holen, sie an der Brust zu streicheln, wobei sie seinen erigierten Penis spürte. Dies war nahezu die einzige Form von Liebe und Zuwendung, die sie von ihm erhielt.

Als *zentrale Angst* erleben diese Patientinnen, daß *jede Form der Intimität nur in hohnvoller Bloßstellung enden kann,* lächerlich gemacht wird. So gibt es zum Beispiel zwar sexuelle Handlungen, aber keine emotionale Intimität. Das wirklich Intime, die Anlehnungs- und Hingabewünsche, das "unkontrollierte" Erleben von Freude, Begeisterung, Angst oder Traurigkeit muß verborgen werden. Schamgefühle fehlen nicht, sondern sind durch Verschiebung und Verkehrung ins Gegenteil abgewehrt. Dabei reflektiert das Empfinden und Verhalten der Patientinnen wie ihrer Angehörigen eine allgemeine soziale Entwicklung hin zu verfeinerten Techniken der Affektkontrolle, in der "die äußere, anderen präsentierte soziale Schicht des Körpers bis auf die Haut zurückgenommen ist" (HABERMAS 1990, S. 175) und das Zeigen des Körpers wie auch sexueller und aggressiver Handlungen zunehmend in Hinblick auf ihre Wirkung geplant werden. In der "Tyrannei der Intimität" (SENNETT 1977) zeigt man sich, um sich zu verhüllen. Hinter schriller Offenheit und vordergründiger Distanzlosigkeit wird der Zugang zu den eigenen Affekten und inneren Konflikten immer tiefer verborgen. Zugleich erscheint der vielfach zu beobachtende "Exhibitionismus" dieser Patientinnen als der verzweifelte Versuch, die stets vermißte Resonanz doch noch zu finden, was immer wieder fehlschlagen muß.

Die Mütter werden von den Patientinnen in der Regel tief und nachhaltig abgelehnt. Sie enttäuschen nicht nur die Anlehnungswünsche, sondern sind auch weniger kontrolliert als die Väter. Ihre Impulshandlungen, insbesondere Alkohol- und Tablettenabusus oder übermäßiges Essen, sind kein Zeichen von Willkür und Stärke, sondern von Schwäche.

"Wenn ich nur daran denke, wie ich jedes Mal merkte, daß meine Mutter wieder betrunken war, kommt schon Ekel in mir hoch. Ihre Stimme war manchmal leicht verwaschen, oder sie torkelte durch die Wohnung. Sie konnte sich nicht zusammenreißen. Manchmal wurde sie dann rührselig, wollte mich in den Arm nehmen, was sie sonst nie machte. Das fand ich besonders abstoßend." Ihr Vater dagegen hatte sich "völlig im Griff".

Suchtansätze scheinen sich regelmäßig auch bei "gut" funktionierenden, vordergründig gut angepaßten Müttern zu finden.

Die oftmals fast unverhohlene Ablehnung, ja Verachtung der Mütter führt dazu, daß die *Identifizierung* mit dieser als dem Prototyp der Frau *unter allen Umständen abgewehrt* werden muß. Hierzu dient die Identifikation mit der "Stärke" und Willkür des Vaters, die weiter zu der unerbittlichen Ich-Ideal- und Über-Ich-Bildung der Patientin beiträgt. Die Väter geben ihren Töchtern häufig Bestätigung, zumindest für jungenhaftes Verhalten. Ödipale Wünsche werden von ihnen durch einen stark erotisierten Umgang mit den Töchtern angeheizt. Wie erwähnt, sind offen inzestuöse Handlungen keine Seltenheit. Auch die Gewalttätigkeit ist oft sexualisiert und wird masochistisch verarbeitet.

Die weibliche *Geschlechtsidentität* bleibt bei starker äußerer Normorientierung durch die skizzierte Entwicklung oberflächlich und *prekär*. Weiblichkeit wird als Identifikation mit der

Mutter, die sie auch immer ist, als eklig und beschämend empfunden und daher in weiten Segmenten abgelehnt. Die Patientinnen bemühen sich in der Regel sehr stark um ein androgynes Aussehen oder um einen burschikos-maskulinen Habitus, orientieren sich weit über die Adoleszenz hinaus an den propagierten Leitbildern von Weiblichkeit, sie haben sexuelle Kontakte wie alle andern auch und so weiter, so daß äußerlich alles "normal" erscheint, nur das Erleben unbefriedigend und inkohärent bleibt.

Bedürfnisse nach *Intimität* jedweder Art werden *auf das Essen verschoben*. Hier können sie manipuliert und kontrolliert werden. Dies erscheint als der sicherste Weg, innere Spannungszustände zu regulieren, da die Einbeziehung von Personen immer mit der Angst vor und dem Erleben von Eindringen, Grenzverletzung, Entblößung und Überwältigung, also mit tiefer Beschämung und Demütigung verbunden ist.

Essen eignet sich ein Leben lang, nicht nur in der "oralen Phase", als *Verschiebungsersatz zur Affektregulierung*. In den Familien bulimischer Patientinnen scheint es in der Regel keine Oase lustvoller Regression und Entspannung zu sein, was die Fixierung entsprechend fördert. In mehreren Familien wurde zum Beispiel nach unserer Beobachtung sehr unregelmäßig gegessen, jeder kam, wann er wollte, löffelte sich das immer wieder Aufgewärmte aus dem Topf, oder aber es wurde bei Tisch kräftig gestritten, weil hier einmal alle zusammenkamen.

Eine Patientin litt sehr darunter, daß in ihrem Elternhaus nie "richtig", das heißt regelmäßig zu den Mahlzeiten das auch bei anderen Kindern Übliche gegessen wurde. Deswegen schämte sie sich schon im Vorschulalter vor den Nachbarskindern. Allerdings aßen ihre Geschwister und sie manchmal bei der Großmutter mütterlicherseits, die sie in den Ferien auch oft und gern trotz deren Strenge besuchten. Sie genossen es, hier regelmäßig und "wie bei den anderen üblich" zu essen, wo sie sich sonst doch den anderen Kindern gegenüber so unterlegen fühlten.

Hiermit ist die Rolle der *Großmütter* angesprochen, die - insbesondere die Großmütter mütterlicherseits - im ganzen familiären Prozeß eine bedeutsame Rolle zu spielen scheinen, allerdings bislang sehr viel weniger Beachtung fanden als die Großmütter bei anorektischen Patientinnen. Sie scheinen hier wie dort harte, unerbittliche Gesetzgeberinnen und Herrscherinnen über

Großväter, Mütter und deren Geschwister zu sein. Allerdings ist in den Familien mit bulimischen Patientinnen die Unterordnung unter sie nicht sehr stark ausgeprägt. Es kommt im Gegenteil zu heftigen Konflikten zwischen den Müttern oder den Eltern der Patientinnen und ihnen. Die Patientinnen haben in der Regel ein gutes Verhältnis zu ihnen, werden freundlich und fürsorglich behandelt und finden in den Großmüttern eine "Insel der Konstanz", die auch durch das Essen repräsentiert wurde und wird. Das gute Verhältnis zu den Großmüttern bringt sie in Loyalitätskonflikte mit ihren Müttern.

Auslösend für die Erkrankung sind die Trennung vom Elternhaus und Trennungserfahrungen in Partnerbeziehungen (vgl. auch HABERMAS 1990). Mit der Trennung vom Elternhaus müssen die unerfüllten Wünsche nach Geborgenheit und Anerkennung endgültig aufgegeben werden. Hier werden Trauer, Enttäuschung und das demütigende Gefühl der Abhängigkeit wachgerufen. Abgewehrte Abhängigkeits- und Intimitätswünsche werden auch in Partnerbeziehungen mobilisiert. Dieses und das Sich-Zeigen in unkontrollierten Emotionen erzeugen erneut Gefühle der Schwäche und des Ausgeliefert-Seins. Die Beendigung dieser Beziehungen ist entweder eine Flucht nach vorn oder aber, wenn sie erlitten wird, zutiefst bloßstellend und beschämend. In beiden Situationen wird zudem, und mit der skizzierten Problematik untrennbar verbunden, der ungelöste ödipale Konflikt erneut mobilisiert.

Die bulimische *Impulshandlung* als Lösungsversuch verschärft die beschriebenen Identitätskonflikte, da die Patientinnen sich hier ihrem Körper und ihren Affekten eine Zeitlang unkontrolliert überlassen. Diese zu tiefen Schuld- und Schamgefühlen führende "Schwäche" muß (zum Beispiel durch Erbrechen, Laxantienabusus oder sportliche Selbstkasteiungen) ungeschehen gemacht werden (vgl. HABERMAS 1990, REICH 1992).

9. KAPITEL

Schule

oder: Wie Familien sich mit Leistungsanforderungen auseinandersetzen

Wir halten die Bearbeitung von Schulängsten, Lern- und Arbeitsstörungen im mehrgenerationalen Kontext für eine der dringendsten, aber auch schwierigsten Aufgaben, die die Familientherapie zu leisten hat. BOSZORMENYI-NAGY (1980) rechnet sie zu den schweren Störungen, die in einer Linie mit den Psychosen und schweren Neurosen, wie etwa der Magersucht, zu nennen sind. Es handelt sich dabei um Behinderungen, die die Lebenschancen eines Heranwachsenden zutiefst beeinträchtigen. Lernstörungen können zu irgendeinem späteren Zeitpunkt zu unausweichlichen Lebenskrisen führen, weil ein gewünschtes Ziel nicht erreicht wurde und damit der individuelle und familiär vermittelte Lebensplan aufgegeben werden muß (SPERLING 1971).

Lernstörungen beruhen auf familientraditionellen Mustern: Sie folgen in familientherapeutischer Sichtweise einem geheimen, unbewußten Grundkonsens der Primärgruppe, der, stark verkürzt, unter dem Motto steht: "Wir haben es nicht nötig, uns zu unterwerfen, weil wir intelligent sind!"

Die Zumutung der kleinen Schritte des Bemühens, des Aufeinanderzugehens und gegebenenfalls Verzichtens auf die Illusion eigener Großartigkeit kann zur tödlichen Kränkung und bei einem Aufeinandertreffen weiterer unglücklicher Umstände zur Ursache von Selbstmorden werden.

Jedoch sollte man immer, "bevor man sich mit den Einzelproblemen einer neurotischen Leistungsstörung auseinandersetzt, die schulische Situation genau durchforschen" (DÜHRSSEN 1973, S. 311). Die schulische Konstellation wird bestimmt durch Größe und Art der Schule, die Lehrer und durch eine weitere wichtige Gruppe, die Mitschüler. Wir gehen davon aus, daß erst durch das kumulative Zusammentreffen dieser voneinander abgrenzbaren Systeme: Familie, Schule als öffentliche Anstalt, die Lebenschancen verteilt, sowie bei einzelnen Lehrern und auch Schülern in Problemfällen manifestes Leistungsversagen und Ängste auftreten (vgl. auch SCHWARZER 1980, S. 32ff.). Notwendig wäre eine verstärkte Kooperation dieser Systeme, die bislang nur in wenigen Einzelbeispielen verwirklicht ist (GERLICHER 1982). KLUGE (1971) betont, daß Lernschwierigkeiten schon bei Kleinkindern in Erscheinung treten können. Es handelt sich dabei um Sprach- und Spielstörungen sowie Einordnungsprobleme mannigfacher Art. Aber erst mit dem Schulbeginn gewinnen diese Behinderungen sozial relevante Bedeutung. So können Kinder beispielsweise aus Angst die Schule nicht besuchen, weil sie mit ihren Müttern in einer bestimmten Art von Symbiose gelebt haben. Nach Einschätzung einiger Kliniker ist der Begriff der Schulphobie "in Wirklichkeit eine Fehlbezeichnung, weil die wahre Furcht des Kindes darin besteht, sich von der Mutter zu trennen" (BLACKHAM 1979).

Aber auch Isolation im Sinne von unzureichender Befriedigung von Kontaktbedürfnissen unter Gleichaltrigen kann Hintergrund von Schulangst sein (SPEICHERT 1981). Schließlich ist die Tatsache des Entzugs elterlicher Zuneigung wegen mangelnder Schulleistungen des Kindes nach JAKOBS und STRITTMATTER (1979) eine entscheidende Variable für den Ausprägungsgrad von Schulangst. Kinder mit schlechten Leistungen werden von Lehrern, Mitschülern und Eltern häufig für dieses Versagen allein verantwortlich gemacht. "Offenbar gilt: Wer in unserer Gesellschaft im Leistungsbereich versagt hat, glaubt auch grundsätzlich versagt zu haben, wohl auch zu Recht; denn ist er nicht an einer Grundüberzeugung unserer Gesellschaft gescheitert: dem Leistungsprinzip?" (JAKOBS u. STRITTMATTER 1979, S. 53).

Das subjektive Erleben des Schülers, vor den Lehrern, den Mitschülern und den Eltern versagt zu haben, kann dazu führen, daß er sich dem zu entziehen versucht. Dies geschieht entweder durch "psychische Flucht" in Form von Resignation und ohnmächtiger Hinnahme einer nicht mehr beeinflußbaren Realität oder aber durch "physische Flucht", also Weglaufen, Schule schwänzen, Drogenkonsum oder in letzter Konsequenz Suizid.

Dem Schülerselbstmord kommt in dieser Aufzählung wegen seines Appellcharakters und seiner Endgültigkeit eine besondere Bedeutung zu. Schon unsere Großeltern waren damit konfrontiert. In einer Statistik von 1904 wurde die häufige Veränderung im Schulsystem als Hauptursache für Selbstmorde bei Kindern bezeichnet. Eine Statistik von 1920/21 weist "Furcht vor Strafe wegen mangelnder Schulleistungen, Nichtversetzung und nicht bestandenes Examen" als Motive für Selbstmorde aus. Vorliegende Zahlen zeigen, daß von 1950 bis 1984 die Zahl der Selbstmorde in der Gruppe der 10- bis 14jährigen deutlich zugenommen hat (SCHMIDTKE u. HÄFNER 1986).

BIERMANN (1977) nennt als äußere Anlässe für Selbstmord enttäuschten Ehrgeiz, gestörtes Verhältnis zum Lehrer, gestörte Beziehung zu Mitschülern und Konflikte mit den Eltern. Ähnlich äußert sich auch CLYNE (1969).

Diese Konflikte resultieren häufig aus einer erheblichen Diskrepanz zwischen elterlichen Wunschvorstellungen und deren eigenen Vorerfahrungen, die sich am besten dadurch in die Diskussion bringen lassen, daß man die Eltern ihre eigenen, tatsächlichen Schulzeugnisse zeigen läßt. Hierbei wird sehr oft deutlich, daß die Kinder etwas erfüllen sollen, wozu die Eltern selbst nicht in der Lage waren (vgl. dazu PETRI 1979).

Diese und andere Details aus dem familiären Kontext sind in der Literatur bisher nur unzureichend untersucht worden, wenn auch immer wieder auf ihre Bedeutung hingewiesen wurde (zum Beispiel bei MASTEN 1979).

Der Familientherapeut hat es bei der Bearbeitung von Schulschwierigkeiten mit einem jeweils spezifisch pathogenen Idealbild von Familie und Gesellschaft zu tun, wobei der zeitliche Verzug das Hauptproblem darstellt: Während die familiären Bedingungen in der Regel mehrere Generationen alt sind, ändern sich die Berufsaussichten des heutigen Schülers zwischen Schulanfang und einem möglichen Ausbildungsabschluß oft so grundlegend, daß die adaptive Funktion der Psyche in extremer Weise gefordert ist. Familie und Schule befinden sich "in einem Zustand relativer Verspätung gegenüber der Dynamik in Politik, Wirtschaft und Wissenschaft". Dies "führt mit Sicherheit bei vielen Kindern zu einem Erziehungs- und Sozialisationsprozeß der Diskontinuität und Unvollständigkeit" (LÜDTKE 1979, S. 139).

Bei den Leistungserwartungen spielt die Mehrgenerationenperspektive in zweierlei Weise eine besondere Rolle: Einmal soll die Familie als besonders potent und erfolgreich dargestellt werden, zum anderen wird der Erfolg geneidet und gefürchtet, weil er die soziale Distanz vergrößert.

Ein Großvater hat seinen Sohn so erfolgreich leistungsbezogen sozialisiert, daß dieser einen erheblichen sozialen Aufstieg geschafft hat. Der Großvater beklagt sich bei seinem Sohn, daß dieser nicht mehr mit ihm "spreche". Während der Vater seinen eigenen Sohn in derselben Weise zu weiterem Sozialprestige zu ermuntern versucht, wie er es in seinem Elternhaus erfahren hat, bremst der Großvater, zu dem eine gute Beziehung besteht, unbewußt die schulischen Bemühungen seines Enkels. Das "Du sollst es einmal leichter haben als wir" ist für ihn bereits zu weit vollzogen.

Wir stellen intergenerationale Einflüsse deshalb in den Vordergrund der Betrachtung, weil biographisch frühe Bindungen bedeutungsvoller sind als spätere pathogene Einflüsse, die mit zunehmender sozialer Distanz abnehmen. So sind familiäre Anforderungen oft gravierender als die später gesetzten Normen von Lehrern oder der Gruppe Gleichaltriger.

Diese frühen familiären Prägungen bestehen bei Problemfällen in gemeinsamen Erfolgs- oder Größenphantasien, an denen alle Familienmitglieder beteiligt sind. Es geht um eine schwer beschreibbare Form von Stolz, die nach den Erfahrungen von TIETJEN (1981) von Müttern vermittelt wird, die selbst unter ihrem geistigen Niveau leben. Das Besondere dieses Stolzes liegt darin, daß im Erleben so getan wird, als sei das gewünschte Ergebnis eines angesehenen sozialen Status bereits erreicht, während in Wirklichkeit das mit solcher Mitgift belastete Kind bereits auf dem Wege dorthin scheitert. Während das Scheitern gemeinsam verleugnet wird, verstärken die Familienmitglieder den Stolz. Rivalitäten werden durch irrationale Vorwegnahmen verhindert. Gleichzeitig wird dabei verleugnet, daß die Familie sich in einem Aufstiegsbestreben verschlissen hat oder daß sie sich vor der Trauer über einen Abstieg fürchtet. Ebenso wird der Versuch unternommen, die belastenden Auswirkungen schwerer elterlicher Disharmonien oder Trennungen auf Kinder zu verleugnen. Auch die Problematik der Tatsache, daß zunehmend beide Elternteile berufstätig sind, wird dem Bewußtsein ferngehalten. Bisweilen machen Lehrer die Erfahrung, daß Großeltern an Stelle der berufstätigen Eltern als Vermittler zwischen Schulkind und Schule in Funktion treten. Tatsächlich können Großeltern als nicht unmittelbar mit der Sozialisationsaufgabe betraut, diese quasi nur verwaltend, gerade bei Schulproblemen ihrer Enkel manchmal gelassener auftreten als die Eltern selbst, jedoch besteht da zweifellos eine Abhängigkeit von der Sozialschicht. Finden die von der Familie zu bewältigenden Probleme auf bekanntem Sozialschichtniveau statt, können die Großeltern sicher und vermittelnd auftreten. Bestehen dagegen große Diskrepanzen, sind die Großeltern überfordert. Vergegenwärtigt man sich die zeitgeschichtlichen Veränderungen, so haben die Großeltern in ihrer eigenen Kindheit gelernt, daß bei kindlichem Schulversagen immer die Kinder schuld sind. Die Elterngeneration ist dagegen ambivalent und steht den Lehrern häufig kritisch gegenüber. Hinzu kommt, daß Eltern oft von der Schule in die Rolle eines Hauslehrers gedrängt werden, der zunehmend unentbehrlicher wird (JOPT 1981).

Die Lehrer selbst erleben sich eingepreßt zwischen ihrer eigenen Lebensgeschichte und sich teilweise ausschließenden unterschiedlichen Rollenerwartungen, die von ihrer Institution, den Eltern und Schülern an sie herangetragen werden. BRÜCK (1979) beschreibt unter dem Titel "Die Angst des Lehrers vor seinem Schüler" sehr eindrucksvoll die aus den unbewußten und bewußten Erwartungen entstehende Rollenunsicherheit.

Wie die Institution Schule und damit verknüpfte Werte einem ständigen Wandel unterworfen sind, zeigt die Tatsache, daß bis zum Ende des 17. Jahrhunderts als gebildet galt, wer möglichst oft verschiedene Schulklassen wiederholt hatte. In unseren - durch direkte Erfahrungen noch überschaubaren - letzten 80 Jahren ist es ein selbstverständlicher Wert, in der Schule nicht sitzenzubleiben, besonders Intelligente können eine Klasse überspringen. Heute ist - jedenfalls in den höheren Klassen - der Klassenverband in den weiterführenden Schulen derart aufgelöst, daß keine Bindungen mehr stabilisiert werden können und der tatsächliche Leistungsstand des Schülers durch An- und Abwahl von Fächern weitgehend verschleiert werden kann. Bezüglich Schulstruktur und Anforderungen können sich Großeltern und Enkel kaum mehr verständigen. An den Universitäten setzt sich die Anonymisierung des Ausbildungsbetriebes mit immer unsichereren Berufsmöglichkeiten fort.

Die Familien stehen nicht selten ratlos vor allen diesen außengesteuerten Unübersichtlichkeiten. Hinzu kommt, daß bisher die soziale Herkunft eines Schülers als von erheblicher Bedeutung für dessen Schullaufbahn galt. Sicher spielen die Vorbildfunktion der Eltern, gezielte Lernhilfen und Ermutigungen noch immer eine wesentliche Rolle für den Schulerfolg, aber im Hinblick auf die frühe Notwendigkeit, Leistungen für den eigenen Status in der Gemeinschaft zu erbringen, fangen alle Schüler heute auf gleicher Ebene an (KREUTZ 1974).

Die bei Schulversagen häufigen Rationalisierungen, daß Lehrerverhalten die entscheidende Rolle gespielt habe, finden sich ubiquitär. Tatsächlich gibt es für Schüler günstige und ungünstige Lehrer, aber das Verharren bei dieser Thematik ohne Bearbeitung der familiären Hintergrundsituation löst das Problem nicht.

Gerade das Schulschicksal zeigt, in welch oft unheimlich anmutender Weise Loyalitäten stärker wirksam sein können als reale Fakten.

In einer Familie mit 3 Kindern galt die jüngste Tochter von 11 Jahren in der 4. Klasse als ausreichend gut und intelligent. Sie selbst schätzte sich ebenso ein und wollte später studieren. Für die Eltern war das beruhigend, weil aus Vaters Linie eine große Angst vor Schädigung des "Erbgutes" bestand (wegen einer unklaren Schädigung des Großvaters, der im 3. Reich davon betroffen war).

Ein bei der Tochter vorhandener, schon bei der Geburt diagnostizierter Hirnschaden war von den Eltern nicht akzeptiert, sondern erfolgreich verdrängt worden. Die Mutter wurde zum erstenmal beunruhigt, als bei einem Lehrerwechsel in der 4. Klasse die Tochter als "zu still" bezeichnet wurde. Als dann die Tochter auch nicht mehr zur Schule ging, sondern sich auf einem Friedhof hinter Grabsteinen versteckte, suchte die Familie therapeutische Hilfe.

Erst bei einem daraufhin erfolgenden Schulbesuch schilderte die neue Lehrerin dem Psychologen, daß sie der Mutter den wahren Leistungsstand der Tochter nicht zu sagen wage, weil er höchstens den Anforderungen der 1. Klasse entspreche. Schon ihre Vorgängerin sei von der Mutter geradezu angefleht worden, doch zu bestätigen, daß die Tochter nicht schlecht in der Schule sei. So habe auch sie es nicht übers Herz gebracht, der Mutter den wahren Sachverhalt zu erklären.

Auf diese Weise sei das Kind "mit geschönten Zeugnissen durchgezogen worden", was der Schule um so leichter fiel, als das schüchterne Mädchen nicht störte. Es kostete erhebliche therapeutische Anstrengungen, die von Elternhaus *und* Schule gemeinsam verleugnete Realität für die Familie ins Blickfeld zu rücken, um dem Mädchen eine seinen Möglichkeiten entsprechende Zukunft zu öffnen.

In besonders eindrucksvollen Fällen laden wir die Lehrer mit zu den Familiensitzungen ein. Hierbei zeigt sich häufig, daß bei problematischem Lehrerverhalten die Lehrer denselben Loyalitätsforderungen erliegen wie die Familie des Schülers.

Manchmal bringt eine einmalige Teilnahme im Rahmen der Familientherapie bereits eine Sensibilisierung für das als Problem herausgestellte Kind. Daß bei vielen Lehrern eine hohe Bereitschaft dafür besteht, zeigen die zahlreichen gerade von Lehrern besuchten Selbsterfahrungsgruppen.

Auch Probleme mit der peer-group können ihre Wurzeln im familiären Stolz haben. Hier werden die Mitschüler gewissermaßen zum Katalysator eines der Familie selbst nicht bewußten Problems.

Der Vater eines Indexpatienten, der seinerzeit von Klassenkameraden wegen seiner altersunangepaßten Kleidung "Emma" genannt und eine Zeitlang regelmäßig auf dem Schulweg verprügelt wurde, ging schließlich nicht mehr in die Schule. Die Kleidung hatte die Mutter ausgesucht, um sich, wie die Familientherapie ergab, zwei unbewußte Wünsche zu erfüllen: Zum einen zum Ausdruck zu bringen, daß ihr Sohn aus einer "besseren Familie" stammt, zum anderen, daß der Junge "noch ein bißchen bei ihr blieb." Damals wurden Beruhigungsmittel gegeben, und Eltern und Lehrer organisierten zusammen eine Art "Geleitschutz".

Heute kommt die Familie in Behandlung, weil der 16jährige Sohn dieses Mannes sich jeden Morgen vor der Schule erbrechen muß. Er leidet unter dem ständigen Druck der Benotung und fühlt sich von Lehrern, besonders aber von Mitschülern, verachtet. Wieder schlägt die Stolzproblematik der Großeltern durch, die damals zum Ausdruck bringen wollten, daß ihr Sohn etwas Besseres sei. Der Enkel hat diesen Anspruch voll verinnerlicht und drückt seinen Konflikt psychosomatisch aus.

Was kann nun die Mehrgenerationen-Familientherapie tun? Sie kann im gemeinsamen Dialog zwischen den Generationen eine Bedeutungsabklärung der heute wirksamen Realität versuchen. Hierbei ist allerdings Mut nötig, um allen Beteiligten zum Ausdruck ihrer Gefühle zu verhelfen und nicht nur in vorschnellen Verurteilungen zu verharren. Es muß ernst genommen werden, daß Arbeitsbehinderungen soziale Zugänge versperren, daß das Alter des heterosexuellen Geschlechtsverkehrs deutlich vorverlegt ist, daß es Drogenprobleme unter Jugendlichen gibt.

Im übrigen muß die Familientherapie die *unlösbare Delegation* auf das Kind, nämlich *Erfolg haben zu müssen bei gleichzeitigem Bemühungsverbot*, aufzuschlüsseln und abzunehmen versuchen. Hierbei ist eine Reihe transgenerational vermittelter Vorstellungen, die wie Selbstverständlichkeiten erlebt werden, in Frage zu stellen, insbesondere aber die unbewußte Formel "unser Kind ist so intelligent, daß es sich nicht besonders anzustrengen braucht" als Problem zu definieren. Es muß das gemeinsam getragene Sollensmuster deutlich werden, das weitergegeben wird, ähnlich einem Gesetz, dessen Ausführungsbestimmungen fehlen. Dieses Muster enthält gleichzeitig die Ambivalenz der Überträger; jedes Elternteil hat auch in seiner eigenen Entwicklung einmal unter der Schule gelitten und wünscht einem Kind unbewußt zweierlei: (1) "Du sollst nicht so leiden müssen wie ich", sowie gleichzeitig (2) "Du sollst es auch nicht besser haben als ich". Daneben übernimmt ein Kind mit der Annahme von Leistungsanforderungen auch den Stolz und die Resignation einer Familie.

Auch hier sind es wiederum Doppelbotschaften, die vermittelt werden: "Du sollst es einmal weiterbringen als ich" und "Du sollst mich nicht übertreffen".

Diese ambivalenten Übermittlungen haben in der Familiengeschichte ganz unterschiedlich bewußte Bevorzugungen.

Auf Umwegen kommt eine Familie mit einem 11jährigen Mädchen, das unter Schulangst leidet, in Behandlung. Seine Angst bezieht sich sowohl auf die Leistungsanforderungen als auch auf die Mitschüler. Die Familiengeschichte ergab, daß schon ein Urahn - hier gehen gesicherte Daten über drei Generationen hinaus - wegen gravierender psychischer Störungen bei einem Analytiker der Freudgeneration Therapie gesucht hatte. Denn alle männlichen Familienmitglieder standen unter dem Druck des Stolzes der Familie, sich unbedingt "einen Namen zu machen".

Es läßt sich zurückverfolgen, daß die Partnerwahlen jeweils so erfolgten, daß ein nach außen sichtbares Leistungsprestige mit Wahrscheinlichkeit zu erwarten stand. Dies galt als erreicht, wenn der Mann angesehen war.

Bisher war dieser soziale Erfolgszwang nur den männlichen Familienmitgliedern übermittelt worden, während die Frauen den Männern bei der erfolgreichen Verwirklichung des Familienideals - berühmte Männer zu produzieren - dienend zur Seite zu stehen hatten.

Während die Familie in den Seitenketten noch einige berühmte Namen aufzuweisen hat, ist bereits in der Großelternfamilie mütterlicherseits etwas dazwischengekommen: die Berufskarriere des Großvaters erhielt durch die Einwirkungen des 2. Weltkrieges einen Knick, den er durch verstärkte Übermittlung eines elitären Kulturbewußtseins an seine Kinder zu kompensieren versuchte.

Die Leistung war wiederum Sache der Söhne. Die Mutter unserer Indexpatientin mußte sich eine bereits dem Zeitgeist entsprechende bessere Ausbildung für Mädchen erst mühsam erkämpfen.

Die ganze Last des Familienstolzes geht jedoch in dem Moment auf sie über, wo sich ihre beiden Brüder dem Leistungsdruck durch Selbstmord entziehen. Die Mutter unserer Indexpatientin versucht durch die Wahl eines erfolgversprechenden Ehemannes ihrer Delegationslast zu entgehen.

Zu ihrem Unglück sind ihre beiden Kinder Mädchen. Um sich deren Erziehung ganz widmen zu können, gibt sie ihren eigenen erfolgversprechenden Beruf auf. Die Kinder - durch den Zeitgeist ihrer familienspezifischen Geschlechtsrolle bereits entkleidet - sollen auf schulischem und kulturellem Gebiet sehr viel leisten. Sie haben einen Tagesplan wie ein mittlerer Manager, wenig Zeit für andere Kinder, geben sich deshalb auch anders und werden verständlicherweise von Mitschülern gehänselt.

Während die Jüngere sich trickreich den Nachstellungen der Mitschüler und Eltern entzieht, hat die Ältere Angst, in die Schule zu gehen, gleichzeitig aber auch Angst, von der Schule nach Hause zu kommen, denn dort hat sie nicht die von der Mutter erwarteten Leistungen erbracht.

Der Vater hat keine Zeit, sich um die Kinder zu kümmern, weil er mit seinem eigenen Leistungsauftrag und dem seiner Frau täglich, das heißt auch an den Wochenenden, voll beschäftigt ist.

In der familientherapeutischen Arbeit mit der Kernfamilie gelingt es erst nach Hinzuziehen der Großelterngeneration, die als selbstverständlich internalisierten Prestigeanforderungen zu realisieren.

Es wird erkannt, daß der Großvater ein "gebrochener Mann" ist und die noch lebenden "berühmten männlichen Verwandten" schwere Gesundheitsschäden haben.

Im Behandlungsverlauf werden ein Teil des "Kulturprogrammes" für die 11jährige gestrichen und stattdessen kindgerechte Aktivitäten eingeführt, zu denen sich der Vater Zeit nimmt.

Im Verlauf eines komplizierten Vermittlungsprozesses wird eingesehen, daß die Familie bereits seit Generationen einem sich immer mehr übersteigernden Irrtum unterliegt, der bereits vor zwei Generationen Behandlung notwendig machte. Offenbar aber hatte diese Behandlung nicht auf das familiäre Umfeld eingewirkt.

Die Aufgabe der hohen Anforderung an sich selbst, unter allen Umständen "einen Namen zu haben", bedeutete für die Familienmitglieder ein schweres Opfer.

An die Stelle von dauernden Verzweiflungen über alltägliche Mißglückungen mußte "Versöhnung" (STIERLIN) - das heißt das Akzeptieren einer im Ganzen gelungenen Wirklichkeit - treten.

Die Forderung von BOSZORMENYI-NAGY an das "Opfer", den "Opfermacher" zu trösten, wurde in der Familientherapie breit ausphantasiert.

Praktisch bedeutet dieses Vorgehen, das schon prima vista eine Umkehr üblicherweise erwarteten Verhaltens enthält, eine Strukturveränderung erheblichen Ausmaßes, die eine tatsächliche Anpassung an die realen familialen Machtverhältnisse bedeutet.

Die Indexpatientin sollte ihre Mutter trösten, daß es dieser nicht gelungen war, eine so gute Mutter zu sein, ihr die Schulangst zu mindern.

Die Mutter wiederum sollte ihre Eltern wegen deren gescheiterten Lebens trösten, wobei sich herausstellte, daß der Tod der beiden Söhne, obwohl Jahre zurückliegend, noch gar nicht wirklich betrauert worden war.

Dieses Beispiel möge paradigmatisch für die vielen Facetten der familialen Mitbedingtheit von Schulängsten und konsekutiven Lern- und Arbeitsstörungen in den verschiedenen Lebensaltern stehen.

Immer ist dort ein gemeinsam geteilter verborgener Stolz aufzufinden. Dieser Stolz verhindert reales Bemühen, weil die Betroffenen es nicht nötig haben, sich anzustrengen. In Extremfällen *dürfen* sie sich nicht einmal bemühen, weil das zum Ausdruck brächte, daß sie *doch nicht so intelligent* sind wie erwartet.

Es wird stattdessen in Phantasien von Größe und Bedeutung gelebt, die sich verschwommen auf ein Familienmitglied der Vorgeneration beziehen, das es tatsächlich einmal "zu etwas gebracht" hatte.

10. Kapitel

Zwang

oder: Wie Familien über Streit, Stolz, Scham und Ekel Konfliktlösungen umgehen

Die familiendynamische Literatur sagt noch immer wenig über die Dynamik und die Behandlung von zwangsstrukturierten Familien und Familien mit zwangsstrukturierten Mitgliedern aus.

Ähnlich wie WILLI (1975) konnten auch wir beobachten, daß zwangsneurotische Kollusionen häufig hinter Ehekonflikten verborgen sind. Als wir in einem Projekt Scheidungsfamilien untersuchten, fiel uns auf, daß sich unter den Ehepaaren, die sich in der Ambivalenzphase (also in der Phase, in der eine Scheidung erwogen wird) anmelden, gehäuft Paare mit einer zwangsneurotischen Konfliktstruktur finden. Auch die in der Literatur (WILLI 1975) berichtete schwere Behandelbarkeit dieser Beziehungskonstellationen kann wegen der hier stattfindenden "symmetrischen Eskalation" (WATZLAWICK 1971) bestätigt werden.

Die Therapie im Paar- und Familiensetting ist ähnlich schwierig wie die Einzelbehandlung, da der therapeutische Aufwand dem großen Aufwand an Abwehrmechanismen entsprechen muß (BENEDETTI 1978, S. 96). Bei Übernahme eines zwangsstrukturierten Patienten in die Einzelbehandlung sollte der Therapeut dem Ehepaar mitteilen, daß die Behandlung bei einem Erfolg auf die Alternative 'Ehe oder Abbau des Zwangs' hinauslaufen kann. Denn nach erfolgreicher Behandlung ist der Zwanghafte nicht mehr der Brave, Zurückhaltende und Gefügige, als der er einst bei der Partnerwahl so geschätzt war, so daß die Folge die Scheidung des Paares sein kann. Das Beziehungsumfeld des Zwangsstrukturierten wurde so zum Beispiel von SCHWIDDER schon früh berücksichtigt.

In Familien mit zwangsneurotischen Mitgliedern wurde eine Tradierung von Zwangssymptomen beobachtet (MÜLLER nach SCHWIDDER 1972). Die Beobachtung STEKELs (1930), daß hysterische Mütter oft zwangskranke Kinder haben und daß die neue Generation nicht die Krankheit der vorhergehenden erbt, können wir in dieser Form nicht bestätigen.

SCHWIDDER spricht von einer "Doppelmoral" in den Familien zwangsneurotischer Indexpatienten, in denen elterliche Härte und moralische Strenge bei gleichzeitiger Willkür und Verwahrlosung herrschen.

BENEDETTI (1978) betont eine Zweigleisigkeit in der familiären Kommunikation, ähnlich den Beziehungsfallen in schizophrenen Familien. Der Gegensatz besteht zwischen formalen sprachlichen Mitteilungen, die Liebe und Fürsorge zum Ausdruck bringen und den verdeckten Affekten. Im Sinne der "Realität der stärkeren Persönlichkeit" (STIERLIN 1975) rationalisieren die Eltern ihre Bedürfnisse als "objektiv richtig", die Selbstbehauptungswünsche des Kindes als falsch, so daß die Kinder es vermeiden, für sich Schlußfolgerungen zu ziehen. In den Familien wird das Kind infantil gehalten, während für den Raum außerhalb der Familie höchste Ansprüche gestellt werden. Die Kinder sollen in Schule, Arbeit oder Sport große Leistungen erbringen.

In einer Untersuchung in unserer Abteilung über die verbale und nonverbale Interaktion in diesen Familien wurde beobachtet, daß die isolierten Affekte eines sich verbal äußernden Familienmitgliedes durch die anderen Familienmitglieder nonverbal agiert werden.

Zum Beispiel erzählt ein Junge ohne affektive Beteiligung, wie er von seinen Klassenkameraden gehänselt und gemieden wird. Währenddessen wischt sein Vater sich am Auge, als ob er eine Träne wegwischen wollte. Sein Bruder stampft die ganze Zeit mit dem Fuß auf und boxt der Mutter auf den Oberarm.

Bei erfolgreichem Therapieverlauf wurden verbale und nonverbale Mitteilungen bei jedem einzelnen Sprecher konkordanter.

In einem empirischen Vergleich der Interaktion von zwangsstrukturierten Familien mit einer hysterischen Familie anhand der 'Family Interaction Scales' von RISKIN und FAUNCE ergaben sich folgende Befunde: "In 'zwanghaft strukturierten Familien' wird die Aggressivität latent und indirekt geäußert. Affekte werden interpersonell isoliert und verschoben. Die Eltern interagieren häufiger miteinander als mit den Kindern, noch stärker aber mit dem Therapeuten, den sie als Bündnispartner, Richter oder Schlichter einsetzen wollen. Demgegenüber suchen die Ehepartner in der 'hysterischen Familie' eher in den Kindern Verbündete. In diesen Familien werden die Affekte insgesamt deutlicher, die Interaktionsmuster sind weniger starr, die Aggressivität erscheint als geringer, die Beziehungen positiver." (REICH et al. 1988, S. 17).

In der Mehrgenerationen-Behandlung fanden wir in Familien mit zwangsneurotischen Indexpatienten oder zwangsstrukturierten Elternpaaren stets wieder auftretende Konfliktthemen und Konfliktbereiche, insbesondere sexuellen Ekel und Berührungsangst, vielfältige Sadismen und einen mit Größenideen verbundenen Familienstolz. Die Bedeutung dieser Themen für die Dynamik der Familien wird bei Betrachtung der Kernfamilie (Eltern und Kindergeneration) nur unvollständig gesehen und demzufolge häufig erst in Mehrgenerationen-Sitzungen sichtbar. Wenn solche Themen von der Kernfamilie genannt werden, dann nicht in der Weise, daß sie als störend oder gar veränderungswürdig empfunden werden.

In der Mehrgenerationen-Perspektive liefern die zwangsneurotischen Streitrituale den Partnern nicht nur das von WILLI (1975) beschriebene lustvolle Erleben des Wechsels von Symbiose und Abgrenzung, sondern dienen auch dazu, die wichtigen Familienthemen nicht in die Bearbeitung zu lassen.

Der familial tradierte sexuelle Ekel kommt häufig nicht in die Behandlung, da die Ehepartner gerade in den Anfangsgesprächen ihre Sexualität als "normal" schildern; manchmal sogar, den heute gängigen Sozialschablonen entsprechend, "als eines der schönsten Dinge, die es gibt". Bei genauem Nachfragen, auch in der Großeltern-Generation, kommen schweres Leid und absurd anmutende Rituale zum Vorschein.

Eine 35jährige Frau befriedigte sich unter schweren Schuldgefühlen selbst, indem sie ihre Beine rhythmisch umeinanderschlang und so ihre Schamlippen und die Klitoris reizte. Sie traute sich nicht, diese mit der Hand zu berühren, da alles so schleimig und eklig sei.

Ihr Mann zog sich bei der Selbstbefriedigung die Vorhaut so über die Eichel, daß kein Sperma entweichen konnte. Danach begann eine gründliche Reinigung von Eichel und Vorhaut im Bad.

Ihre Mutter verlangte von ihrem Mann, vor seinem Orgasmus aus dem Ehebett zu springen und in eine Emailleschüssel zu ejakulieren, die danach sofort im Klo ausgeleert und mit einem scharfen Reinigungsmittel gesäubert wurde.

Neben dem tradierten sexuellen Ekel, der manchmal auch durch erlebte Sadismen unter den Eltern oder mit anderen Kindern verstärkt wird, spielen offene und versteckte Grausamkeiten in diesen Familien eine große Rolle.

In einer Familie, in der nicht geschlagen wurde und die beiden Geschwister sich untereinander auch nicht schlagen durften, erzählte der Vater den Kindern beim Abendbrot häufig davon, wie ein Nachbarkind in seiner Jugend geprügelt wurde, "so richtig mit der Reitgerte - pitsch".

Der Sohn: Wenn Du das so sagst, spüre ich das richtig körperlich, als ob ich selbst geschlagen würde. Du lächelst immer so dabei.

Vater: Du nimmst das alles viel zu ernst. Du malst Dir in Deiner Phantasie alles viel schlimmer aus, als es wirklich war.

Sohn: Ich habe immer Angst gehabt, das ist meine Haupterinnerung. Ich habe in der Ecke gesessen ...

Jetzt bestätigte die auch anwesende Großmutter die Erinnerung des Sohnes und schilderte, wie dieser oft in der Küchenecke "wie ein Heimkind" schaukelte.

Gerade diese in verschiedener Form vorhandenen Grausamkeiten machen eine konfliktverarbeitende Behandlung der Familien auch für den Therapeuten nur schwer erträglich, so daß eine starke Neigung besteht, aus der Gegenübertragung heraus die Abwehr der Beteiligten mitzuagieren, da die eigene Angst und die Ekelgefühle nur schwer zu ertragen sind.

Ein weiteres therapeutisches Problem in der Behandlung von zwanghaften Familien ist der Familienstolz, der häufig mit Größenvorstellungen und Verachtung anderer Familien verbunden ist.

Ein 32jähriger Mann klagte über Kontaktprobleme mit Frauen. Die Frauen, die er bisher kennengelernt hatte, erschienen ihm als zu "ungebildet".

Im Gespräch stellte sich heraus, daß er bereits seit 1 1/2 Jahren arbeitslos war. Das Studium (Französisch und Geschichte) hatte er abgebrochen. Er bezeichnete sich im Gespräch als "frankophil", trug fast nur französische Kleidung, las französische Zeitungen und übersetzte abends französische Romane. Zum Abbruch des Studiums führte, daß er eine Klausur in französischer Grammatik nicht mitschrieb, weil ihm diese zu "primitiv" erschien. Außerdem konnte er nicht zu "ungeraden" Zeiten aufstehen, sondern mußte warten, bis die Uhr die volle oder halbe Stunde anzeigte, was er häufig bis in den Nachmittag hinein immer wieder verschlief. Nach Abbruch des Französisch-Studiums schrieb er sich in Indologie ein, besuchte hier allerdings kein Seminar mehr.

Seine Eltern wähnten ihn immer noch im Studium. In der Sitzung mit diesen stellte sich dann heraus, daß der Indexpatient als 5jähriger seine Mutter begleiten mußte, wenn diese den betrunkenen Vater aus dem Geschäft holte. "Er war damals mein kleiner Mann". Als der Vater von seinen beruflichen Problemen erzählte, lächelten sich Sohn und Mutter abfällig an; wenn der Sohn mit dem Vater in Rechthabereien verwickelt war, lehnte die Mutter sich behaglich zurück. Der Vater wollte, daß sein Sohn Beamter würde. Es selber wäre gerne zur Post oder zum Zoll gegangen, der Großvater des Indexpatienten hatte ihn allerdings ins Geschäft gezwungen. Die Mutter beschreibt den Indexpatienten "wie mein Vater, der war auch so ein feiner Mensch und gebildet". Der Großvater mütterlicherseits hatte bereits eine Vorliebe für romanische Sprachen gehabt, hatte es bei der Bahn aber lediglich zu einem mittleren Beamtenposten gebracht. Er äußerte sich stets abfällig über den Vater des Indexpatienten (seinen Schwiegersohn) und dessen Familie, weil sie "nur" eine Kohlenhandlung besaßen und kulturell nicht gebildet waren, vor allem keine Fremdsprachen beherrschten.

Er verstarb genau am Tage der Geburt des Indexpatienten. Der Bruder des Großvaters vermachte dem Indexpatienten nach und nach ab dem 10. Lebensjahr dessen Bibliothek, während die Geschwister des Patienten zum Geburtstag oder zu Weihnachten Spielzeug oder Schokolade bekamen.

Der Stolz in diesen Familien gründet sich auch häufig darauf, daß die eigene Familie "ordentlicher" als andere sei (besonders im Vergleich zu der Familien des verachteten Partners) oder daß man auf einen Erbanspruch verzichtet hat, während die anderen Geschwister in der Vorgeneration "zugelangt" hätten.

Die hier als familiäre Reaktionsbildung formulierten Mythen und Ideologien sind therapeutisch nur schwer einer Revision zuzuführen. Der Zwang wird vom System so hartnäckig verteidigt, daß der Therapieerfolg unter allen Umständen boykottiert wird. Die Entbindung von Verpflichtungen der Eltern gegenüber der Großelterngeneration wirkt oft äußerst ängstigend.

Zu den Sitzungen erscheinen die Familien meist regelmäßig und pünktlich. Auch die Großelterngeneration kommt bereitwillig, gibt gerne Auskunft über diesen und jenen Vorfall, bleibt aber in der Reservatio mentalis. Unterschwellig ist in den Sitzungen meist eine Verachtung zwischen den Generationen oder der Großeltern untereinander spürbar.

Auch im familientherapeutischen Setting hat sich, ähnlich wie in der Einzeltherapie, die Arbeit an der, nun interpersonellen, *Konfliktverschiebung* und *Isolierung* als das therapeutische Hauptproblem erwiesen. Dabei erweist sich die kollektive, interaktionell organisierte Abwehr oft als noch hartnäckiger als die individuelle. Das Angstniveau ist höher, denn offenes Äußern von Empfindungen hat hier direkte Konsequenzen. Auf der anderen Seite kann nicht in dem Maße vermieden werden, wie es in Einzelbehandlungen oft in Abwesenheit der relevanten Beziehungspersonen geschieht, *über* die dann Stunde um Stunde gesprochen wird, statt *mit* ihnen. Dies macht Einzelbehandlungen oft unnötig langwierig, da die Übertragung der Abwehr (FENICHEL 1941, WURMSER 1988) gelingt. Insbesondere von der mittleren Generation werden Beziehungsabbruch, Verdammung und die kalte Verachtung durch die Großelterngeneration gefürchtet.

Kinder sprechen hier über familiäre Konflikte oft unbefangener als ihre Eltern, da sie auch in diesen Familien mit den Großeltern positivere Erfahrungen verbinden als die Eltern. Ein hartnäckiges, geduldiges thematisches Fokussieren bei gleichzeitigem Ansprechen der Angst und dem daraus resultierenden Verschieben, Vermeiden und Isolieren, ein immer erneutes Aufzeigen der sich abspielenden Interaktionssequenzen bringen hier allmähliche Fortschritte.

Um die Abwehr ich-dyston zu machen, führten wir im Familiensetting einige technische Neuerungen in die Behandlung dieser Familien ein beziehungsweise verwendeten auch sonst übliche technische Variationen hier konzentrierter: das aufgabenzentrierte Betrachten von Video-Aufzeichnungen der Therapie-Sitzungen durch einzelne Familienmitglieder ("Bitte notieren Sie, wie häufig Sie in der ersten halben Stunde unseres Gesprächs das Wort 'Aber' verwendeten", "... an welchen Stellen des Gesprächs Sie unwillkürlich lächelten" etc.). Aufgaben können Streitrituale unterbrechen ("An den geraden Tagen bestimmen Sie, was gekocht wird, an den ungeraden Sie"). So kann bereits bei "Kleinigkeiten" die in der Regel tiefsitzende Angst vor Ohnmacht und Ausgeliefertsein spürbar werden, ohne daß die "Toleranzgrenze" überschritten werden muß.

Das Auswechseln von Therapeuten, sobald diese sich in das

Streitmuster einer Familie verstrickt hatten, erschien dieser und unseren Kollegen zunächst als zweifelhafter Scherz, machte aber bald über unsere demonstrierte Ohnmacht auch der Familie schmerzlich deutlich, in welcher Weise sich deren Mitglieder selbst durch ihre Rituale blockierten. Die Folge war eine zeitweise Trennung des Elternpaares, das seine heranwachsenden Kinder bereits durch Einbeziehung in seine endlos-quälenden Auseinandersetzungen zermürbt hatte. Diese wollten nicht mehr auf dem "Altar der Prinzipien" geopfert werden, wie es ihre Eltern mit sich taten, ohne es zu bemerken. Die Distanzierung führte tatsächlich zu einer partiellen Umorientierung, die die Beziehung dann mit minimierten Kosten und höherem Nutzen für beide lebbar machte.

Auch der dosierte Einsatz von Humor und Ironie haben sich in diesen Familien, wie in Einzelbehandlungen, bewährt. Insgesamt ist gerade bei diesen Familien ein hohes Maß an Empathie Grundvoraussetzung einer Behandlung, da sonst die Therapeuten nur allzu rasch und in kränkender Weise zu sadistisch-fordernden Über-Ich-Figuren werden (vgl. hierzu besonders REICH et al. 1988).

Daß Mehrgenerationen-Familientherapie ganz wesentlich Über-Ich-Therapie ist, zeigt sich insbesondere in diesen Familien, in denen das Erarbeiten der Begründungszusammenhänge der überaus quälenden Gewissens- und Idealbildungen gemeinsam mit den Großeltern der relevante Schritt zur Veränderung des "Zwangssystems" ist. Hierdurch werden in aller Regel spürbare Relativierungen der Normen und somit Entlastungen erreicht.

So war es nach etwa 1 1/2 Jahren Familientherapie einer bislang extrem pedantischen und arbeitssüchtigen Frau möglich, während einer leichten Erkältung auf dem Sofa liegend Romane zu lesen und die Haushaltsführung dem vorher als "schlampiges Dreckschwein" beschimpften Ehemann zu überlassen.

Dies gelang nach mehreren Mehrgenerationengesprächen mit ihrer Mutter, in denen die Ordnungs- und Prügelrituale in der Familie sowie der an die Tochter vermittelte sexuelle Abscheu unter heftigsten emotionalen Reaktionen und Tränen detailliert besprochen wurden.

Der Therapeut muß allerdings damit rechnen, daß auch augenfällige Veränderungen im Leben der Familie geleugnet oder aber nicht auf die Behandlung, sondern auf ohne und gegen die

Therapie erbrachte Eigenleistungen zurückgeführt werden. Dies spricht für eine stabile Elternübertragung - meist des Ehepaares - auf den Therapeuten und sollte als Positivum aufgenommen werden.

Bei diesen Familien ist kreativ eine ganz neue Form des *distanzierten Zusammenlebens* zu entwickeln, ähnlich wie bei Nachscheidungstherapien, damit die Partner weiter im Kontakt bleiben und Schädigungen der Kinder durch Beziehungsabbrüche zu den Eltern vermieden werden können.

Eine besondere Form der oben skizzierten Familienmuster fand REICH (1987) in Familien mit *stotternden Kindern*, wobei die intrapsychischen Konflikte des Symptomträgers als Verdichtung eines realen familiären Konfliktes in diesem Kind erschienen. Dieser Konflikt umfaßte mehrere Momente: eine *tyrannische Person* in der Großelterngeneration, die ihre Willkürimpulse auslebt, *Strafangst, Aggressionsabwehr* und *Bedrohungsgefühle* in der Kernfamilie des Stotterers, die vor allem durch eine masochistische Unterwürfigkeit der Eltern unter den tyrannischen Großelternteil bedingt wird, eine *kollektive Sprachstörung* in der Kern-Familie, in der Sprechen als aggressiver Akt magisch besetzt wird, das heißt: ein "falsches" Wort ist in der Regel ein "offenes" Wort, durch das eine Explosion archaischer Aggressivität in der dauernd aufs äußerste angespannten Gruppe ausgelöst werden kann, Familiengeheimnisse (zum Beispiel die Willkürakte des Impulsträgers, die grenzenlose Wut der Eltern auf diesen) und eine *besondere Betonung* der Sprache (vgl. REICH 1987, S. 16). Das besondere Beachten des Sprechens und der Sprachentwicklung des später stotternden Kindes ist als Reaktionsbildung, Verdichtung und Verschiebung des familiären Konfliktes um das "offene Wort" anzusehen. Das stotternde Kind steht in einem spezifischen Delegationskonflikt: es ist zugleich Träger der Willkürimpulse wie der Abwehr der Familie. Oft ist er dem willkürlichen Großelternteil besonders eng verbunden oder wird von den Eltern diesem unbewußt gleichgesetzt. Die auslösende Situation für das Symptom ist ein Realtrauma, durch das sich der bisher latente familiäre Aggressionskonflikt bedrohlich zuspitzt. Dies kann zum Beispiel der Tod des verhaßten Großelternteils sein, der insbesondere von den Eltern als Erleichterung begrüßt wird, was wiederum schwere Schuldgefühle und Strafangst bei diesen hervorruft.

11. KAPITEL

Scheidung

*oder: Paare können auseinandergehen,
aber Eltern bleiben immer Eltern*

Die Scheidungszahlen sind in den letzten 20 Jahren kontinuierlich gestiegen. Ehescheidungen hat es schon immer gegeben und wird es wohl auch immer geben. Derzeit allerdings erleben wir aber einen regelrechten Scheidungsboom. Auf zehn geschlossene Ehen kamen 1989 drei geschiedene, in der früheren DDR sogar 3,5. Der Scheidungsgipfel liegt jetzt zwischen dem 4. und 5. Ehejahr, früher im 7. Die "Haltbarkeitsdauer" vieler Ehen hat sich also halbiert. 1989 gab es in der früheren BRD 570000 alleinerziehende geschiedene oder getrennt lebende Eltern mit Kindern unter 13 Jahren, in der überwiegenden Mehrzahl Frauen. Nur 72000 davon waren Väter.

Immerhin waren von Scheidungen 1989 51413 minderjährige Kinder in der früheren Bundesrepublik betroffen, in der früheren DDR 34070. Bei Ein-Kind-Familien ist die Scheidungsrate doppelt so hoch wie bei Zwei-Kind-Familien, so daß diesen Kindern oft die Unterstützung fehlt, die Geschwister ja bieten können.

Nahezu zwei Drittel der Scheidungen werden von Frauen eingereicht. Das heißt nicht, daß die Trennung in jedem Falle von ihnen ausgeht. Wie hoch die Zahl derer ist, die juristisch lediglich das nachvollziehen, was der Mann faktisch schon getan hat, ist unbekannt. Nicht erfaßt sind in den genannten Zahlen die getrennt Lebenden, die vorher unverheiratet zusammenlebten und die faktisch getrennt lebenden Paare, die sich eine Scheidung nicht leisten können oder wollen. Sicher ist, daß sich Frauen mit höherer Bildung auch eher scheiden lassen. Dies ist Folge der größeren materiellen Unabhängigkeit, die sie hierdurch erreichen. So werden heute zunehmend die "dysfunktionalen" Männer aus den noch jungen Familien "weggeschieden" (DESSAI 1979), während sich vor 25 Jahren überwiegend die Männer im mittleren Alter von ihren alternden Frauen trennten, nachdem die Kinder aufgezogen waren. Ein Unabhängigkeitseffekt zumindest gegenüber dem ersten Mann ist allerdings auch durch eine neue Partnerschaft der Frau gegeben, die das Ingangsetzen der juristischen Schritte zur Trennung erleichtern kann.

Scheidung ist nur in dem Kontext der sozialen Funktionsveränderungen von Ehe und Familie in den letzten 40 Jahren verstehbar. Die Familiendynamik ist hier nur ein Faktor unter vielen - allerdings einer, der durch eben diese Veränderungen an Bedeutung und Gewicht sogar zugenommen hat, da sich die Befriedigungs- und Glückserwartungen der Ehepartner aneinander im Wandel der Intimitätsvorstellungen immer stärker auf den "Beziehungs"bereich konzentrieren (vgl. BUCHHOLZ 1989 und TROJE 1988). Von daher findet Scheidung heute in der Regel keine offenkundige Analogie in der Großelterngeneration, kann aber dennoch auch als Reflex vergangenen allgemeinen Ehe-(Un-)Glücks gesehen werden, das heißt als eine partielle Wiederholung von Beziehungskonflikten, denen nun ein neuer Lösungsweg offensteht. Dabei stellt sich natürlich in der Praxis wie so häufig die Frage, ob für die Betroffenen eine Neuerung auch in jedem Falle ein Fortschritt ist. Als freie Wahlmöglichkeit ist sie es sicherlich; andererseits gewinnen wir in der Arbeit mit Paaren und Familien immer wieder den Eindruck, daß Trennung auch ein Zeichen der Hilflosigkeit sein kann, da die Beteiligten keine andere Lösung ihrer Konflikte wissen, ja die Konflikte oft auch kaum verstehen und formulieren können. Sicher wäre vielfach das für das Scheidungsverfahren ausgegebene Geld in eine Beratung besser investiert gewesen - selbst dann, wenn auch diese schließlich in den Trennungsentschluß mündet.

In der Untersuchung von Ehekonflikten beobachten wir regelmäßig, daß die Partner immer auch die Beziehungskonflikte ihrer eigenen Eltern reinszenieren. Diese ließen sich damals nicht scheiden, die Schwelle hierzu lag sehr viel höher. Die Grundmuster des Erlebens jedoch wiederholen sich über die Generationen. In einigen Familien konnten wir auch eine Scheidungs- beziehungsweise Trennungs-"Tradition" beobachten (vgl. hierzu REICH 1987).

Unsere Befunde werden zudem gestützt durch Ergebnisse der Bindungsforschung, die eine Tradierung des Bindungsverhaltens in Familien belegen (RICKS 1985), weiterhin durch eine gerade fertiggestellte Studie über Alleinerziehende, in der CIERPKA et al. (1992) fanden, daß die hier untersuchten Frauen dann eine Beziehung zum Vater ihres Kindes (ihrer Kinder) hatten, wenn ihre eigenen Väter eine Kontinuität des Bindungserlebens ermöglichten. Die untersuchten Alleinerziehenden schätzten die Stabilität ihrer Herkunftsfamilien im Vergleich zu einer nichtklinischen Gruppe als problematisch ein. Ebenso erlebten alleinerziehende Frauen ohne Beziehung zum Kindesvater ihre Herkunftsfamilien als dysfunktionaler, als es die mit Beziehung zum Kindesvater taten. Die erlebte Instabilität in der Partnerschaft der Eltern wiederholte sich in den eigenen Paarbeziehungen.

Scheidung ist nicht nur statistisch gesehen "normal" geworden. Auch ihre "normative Verfügbarkeit" als Mittel zur Lösung ehelicher Konflikte hat sich hiermit erhöht. Dennoch fordert sie auch heute zu Werturteilen heraus. Scheidung ist zum Beispiel immer noch stets mit der Schuldfrage verbunden (vgl. REICH 1986). Dies ist auf der psychischen Ebene kaum zu unterschätzen, selbst wenn ihr Verstand den Beteiligten und ihrem Umfeld eindeutig sagt, daß es eine Alleinschuld am Scheitern einer Ehe ebensowenig geben kann wie die Alleinschuld an einer gelungenen Partnerschaft. Auch juristisch hat die Schuldfrage kaum verdeckt in der Diskussion der Scheidungsfolgenregelung wieder Einzug in das Verfahren gehalten.

Scheidung als *Prozeß* ist dadurch ein so komplizierter Vorgang, daß sich *zwei Bezugssysteme* überlagern: das *juristische* und das *emotional-familiäre*. Genausowenig, wie emotionale Bindungen juristisch Voraussetzung für die Ehe sind, beendet die rechtliche Auflösung der Ehe die emotionalen Probleme der Beteiligten. Dies geschieht erst im Verlauf der "psychischen Scheidung", die in vielen Fällen nie ganz abgeschlossen wird. Auch Jahre nach der Scheidung noch sind viele Partner seelisch mit dem anderen und der gemeinsamen Beziehung beschäftigt. Wenn sie Eltern sind, werden sie es durch das gemeinsame Kind oder die gemeinsamen Kinder immer bleiben. In diesen lebt der andere stets sichtbar fort. Sie haben über das Kind mit ihm zu tun, sind mit ihm auch dann verbunden, wenn sie ihn selbst nie wiedersehen. Paare können sich zwar trennen, aber Eltern bleiben immer Eltern. So stehen sie oft vor der unlösbar erscheinenden Aufgabe, mit dem Partner, von dem sie sich gerade freimachen wollen, als Eltern zu kooperieren.

Auch auf andere Weise stehen die ehemaligen Partner nach der Scheidung oft noch ein Leben lang ganz direkt und unmittelbar miteinander in Verbindung. Zum Beispiel können sie über den Unterhalt und andere materielle Regelungen bis ins Rentenalter, ja bis zum Ableben des anderen in deren beziehungsweise dessen Leben Einblick nehmen. Scheidung ist zumindest in diesem Sinne auch heute noch nur durch den Tod zu haben - im materiellen Sinne oft, im emotionalen fast immer.

Scheidung löst also die Familie nicht auf, *verändert* allerdings drastisch *deren Organisations- und Funktionsweise*, wobei der Prozeß der Scheidung insgesamt *drei Phasen* durchläuft:
- die Ambivalenzphase, in der beide Partner eine Scheidung erwägen, aber noch unentschlossen sind;
- die Scheidungsphase, in der mindestens einer zur Trennung entschlossen ist und juristische Schritte einleitet und
- die Nachscheidungsphase, in der die juristische Scheidung abgeschlossen und die Neuorientierung für alle Familienmitglieder eingeleitet ist.

Dabei ist der Entschluß zur Scheidung auch bei stark zerstrittenen Ehen in der Regel immer ambivalent (ebenso wie der zur Heirat). Von daher ist eine "friedliche" Scheidung auch eine Utopie, denn zur Überwindung der Zweifel müssen Partner immer eine gehörige Portion Aggressivität und in der Zerstörung des Gemeinsamen auch Autoaggressivität aufbringen, um sich trennen zu können. FRAMO (1980) beschreibt den zuletzt genannten Aspekt als "Teilselbstzerstörungen".

Die Kinder in Scheidungsfamilien sind Konflikten ausgesetzt, die sie im Grunde in keiner Altersstufe billigen oder voll integrieren können. Kinder jeden Alters können sich, unabhängig vom realen Erfahrungshintergrund, nur schwer vorstellen, daß ihre Eltern miteinander geschlechtliche Beziehungen haben. Weil diese Basis nicht "begriffen" wird, werden auch die Folgerungen nur unter dem Gesichtswinkel kindlicher Egozentrizität gegenüber den Eltern gesehen.

Was Kindern emotional nicht zugänglich werden kann, ist das intensive Umschlagen von Liebe in Gleichgültigkeit und Haß. Von einem solchen Gefühlswandel könnten sie selbst auch jederzeit betroffen sein, was in Stadien realer Abhängigkeit große Angst macht.

Auch für die Kinder bleiben die Eltern immer Eltern und als solche für ihre Entwicklung bedeutsam, selbst wenn sie es zunächst nicht wahrnehmen oder wahrhaben wollen. Sogar in sehr zerstrittenen Ehen wollen Kinder niemals eindeutig die Trennung ihrer Eltern. Scheidung ist für sie selten Befreiung, was sie für die Partner bedeuten mag, sondern das Zerreißen, der Bruch in einem vertrauten, wenn auch konfliktbeladenen, Lebenszusammenhang. Auch Jahre nach der vollzogenen Scheidung noch bestehen Wünsche nach einer Wiedervereinigung der Eltern fort. Innerlich akzeptiert wird die Trennung fast nie. Selbst dann, wenn die Kinder bereits junge Erwachsene sind, also im Alter zwischen 16 und 20 Jahren, in dem landläufig "Vernunft" und "Einsicht" erwartet werden, wollen sie das Zusammenbleiben der Eltern und ein stabiles Ehepaar, das ihren adoleszenten Attacken standhält, fürchten Verlust und Einsamkeit und sind traurig, enttäuscht und wütend über das Verhalten der Eltern, das sie vielfach als Verrat erleben.

Kinder versuchen, entsprechend ihren altersgemäßen Möglichkeiten, unter allen Umständen ihre Eltern wieder zusammenzubringen, und zwar vor, während und nach der Scheidung. So kommt es zum Beispiel zu Schulversagen, weil die Kinder in Gedanken dauernd bei ihrer unlösbaren Aufgabe für ihre Familie sind. Ein Scheitern dieser Bemühungen ist meist mit schweren Schuld- und Versagensgefühlen verbunden.

Ebenso können sich Kinder oft als Ursache der Ehekonflikte fühlen, zum Beispiel weil sie "Heiratsgrund" waren oder Erziehungsfragen zum Anlaß für Streitereien genommen werden (vgl. REICH, BAUERS, ADAM 1986; REICH, BAUERS 1988).

Kinder entwickeln in Scheidungskrisen vielfältige Symptome. Diese sind zum einen passagerer Natur, resultieren aus der Veränderung der Situation, aus den Unsicherheiten der Umstellung. Sie treten zurück, wenn das Kind Sicherheit gewonnen hat, was unter Umständen auch Jahre in Anspruch nehmen kann, treten wieder auf, wenn es neue Umstellungen gibt, zum Beispiel eine neue Partnerschaft eines oder beider Eltern, deren zweite Heirat, das Zusammenziehen mit dem neuen Partner, die Geburt eines neuen Geschwisters, auch Schulwechsel und ähnliches. Jede Veränderung ruft erneut Trennungsangst hervor und bedroht das bisher gefundene Gleichgewicht.

Zudem ist auch der Wechsel von einem Elternteil zum anderen immer wieder eine kleine Trennung, selbst dann, wenn beide Eltern einigermaßen kooperieren. Symptome von Kindern in diesen Übergangsphasen sind nicht als Anzeichen einer beginnenden Persönlichkeitsstörung zu sehen, sondern zunächst als Versuche, mit einer momentanen Überlastung fertigzuwerden. Wie sich jemand in der Anfangsphase nach der Scheidung gefühlt hat, sagt nichts über die langfristigen Auswirkungen auf seine Person aus. Konflikte zwischen den geschiedenen Eltern werden von Kindern zumeist eher ertragen als der Abbruch der Beziehungen zu einem Elternteil.

Bei Kindern und Jugendlichen, die langanhaltenden ungelösten Scheidungsproblemen ausgesetzt waren, fanden wir insbesondere folgende dauerhafte Symptome:
- dissoziale Verhaltensweisen (ca. 30%)
- schwere Kontaktarmut (ca. 25%)
- Lern- und Leistungsstörungen (ca. 20%)
- Depressive Verstimmungen (ca. 20%)
- Psychosomatische Symptome (ca. 13,5%).

JUDITH WALLERSTEIN und ihre Mitarbeiter fanden in ihrer Langzeitstudie über Scheidungsauswirkungen nach 5, 10 und 15 Jahren neben altersspezifischen Reaktionen (vgl. WALLERSTEIN u. KELLY 1980) als späte Folge bei über 30% der nunmehr jungen erwachsenen Scheidungskinder Ziellosigkeit und unklare Lebensverhältnisse (bei jungen Männern waren dies sogar 40%), bei 20% Alkoholprobleme, bei 10 bis 20% Dissozialität. Viele Kinder aus geschiedenen Ehen erreichen nicht mehr den sozialen Status ihrer Eltern (WALLERSTEIN u. BLAKESLEE 1989).

40% der 19- bis 22jährigen aus geschiedenen Ehen hatten sich wegen Beziehungsschwierigkeiten in psychotherapeutische Behandlung begeben. Dies kommt unseren Beobachtungen in den Familien nahe, in denen wir die Auswirkungen von Scheidungen über längere Zeit, manchmal über mehrere Generationen, verfolgen konnten.

Das Ausmaß der seelischen Verlorenheit von Scheidungskindern übersteigt nach unseren Erfahrungen das bei vorzeitigen Todesfällen in der Familie erheblich. Wird im Todesfall von allen Beteiligten eine mehr oder minder intensive, gemeinsame Trauerarbeit geleistet, an deren Ende die Annahme des Schicksals steht, besteht im Scheidungsfalle zwar Verlust, aber keine adäquate Möglichkeit zur Trauer. Das eigentliche Geschehen, das Umschlagen von Liebe in Haß, das zur Auflösung der Familie geführt hat, ist sowohl für die Eltern als auch noch viel mehr für die betroffenen Kinder im Grunde unverständlich. Im Gegensatz zum ebenfalls emotional unverständlichen Tod sind hier die Personen, um die es geht, noch am Leben, sie stehen nur nicht mehr zur Verfügung, obwohl sie durch ihr "am Leben sein" ständig Revisionsmöglichkeiten suggerieren. Gegen die Gleichsetzung der Verarbeitungsprozesse bei Scheidung und Tod spricht auch, daß sich der "Vaterverlust" durch Scheidung auf die Entwicklung von Kindern nach den bisherigen Beobachtungen schädigender auswirkt als der durch den Tod eingetretene (vgl. FTHENAKIS 1985; s. hierzu auch REICH 1991; REICH u. BAUERS 1988).

Nach unseren bisherigen Erfahrungen sind Eltern im Scheidungsprozeß seelisch selber wieder Kinder geworden, die eine veränderte Repetition ihrer eigenen Eltern-Kind-Beziehungen versuchen. Weil aber die alten Beziehungsmuster mit der Herkunftsfamilie nicht erfolgreich, also nicht übertragbar waren, werden die Kinder projektiv zu Streitobjekten der Eltern gemacht; sie werden als Bündnispartner oder als Boten zwischen den zerstrittenen Partnern eingesetzt (REICH et al. 1986) und damit emotional in ständig wechselnden Loyalitäten aufgerieben. Da bei Scheidungsauseinandersetzungen immer auch Konflikte ausgetragen werden, die bereits in den Herkunftsfamilien der Partner ungelöst blieben, werden die hier bewußt oder unbewußt mit hineingezogenen Kinder mit einer Hypothek belastet, die sie niemals abdecken können. So tradieren sich die Beziehungsmuster zwischen den Generationen.

Wegen Schulschwierigkeiten und Nägelbeißen der 6jährigen Tochter suchten eine 23 Jahre alte Frau und ihr 35jähriger Mann unsere Abteilung auf. Bereits in der 1. Stunde war das Hauptthema der Eltern ihr Ehekonflikt. Die junge Frau war kurz zuvor mit der Tochter aus der gemeinsamen Wohnung in eine Wohngemeinschaft gezogen und formulierte deutlich ihren Wunsch nach Scheidung, während ihr Mann betonte, daß ihm an der Wiedervereinigung der Familie gelegen sei. Sie warf ihm vor, er beschränke ihre Freiheit; er beklagte sich, daß sie sich zuwenig um ihn kümmere. Ihrer Tochter - dem eigentlichen "Anlaß" zu diesem Erstgespräch - schenkten beide keinerlei Beachtung. Als im Verlauf des immer heftiger werdenden Streits zunächst der Vater, dann die Mutter in Tränen ausbrach, kletterte die Tochter von einem zum anderen, strich jedem über den Kopf und versuchte, sie zu trösten und zu beruhigen. Nach weiteren Sitzungen mit den Partnern und deren noch lebenden Eltern - der Vater der Frau war bereits verstorben - wurde deutlich, daß beide an ihrer Tochter die Vernachlässigung und Mißachtung kindlicher Bedürfnisse fortsetzten, die sie selbst als Kinder in ihren Herkunftsfamilien erfahren hatten.

Die Ehe der Eltern des Vaters war geschieden worden, als er 3 Jahre alt war. Er verblieb bei seiner Mutter, die die Scheidung zeitlebens nicht verwand. Als Junge bekam er bereits zu hören, wie sehr er seinem Vater in positiven Eigenschaften ähnele, und fungierte für seine Mutter als Gattenersatz und Tröster. Er selber sehnte sich nach seinem Vater und nach einer Familie. Als er mit 26 Jahren seine damals 14jährige spätere Frau kennenlernte, übertrug er diese Sehnsucht auf deren Familie, in der es Vater, Mutter, Großeltern und Geschwister gab.

Im Gegensatz dazu erbrachte die Sitzung der jungen Frau mit ihrer Mutter, daß sie schon früh von dem Bestreben erfüllt gewesen war, ihr Elternhaus zu verlassen. Zwischen ihren Eltern und zwischen ihrem Vater und der Großmutter mütterlicherseits bestanden Spannungen, in die sie von klein auf jeweils von allen Parteien eingeweiht worden war. Ihre Aufgabe bestand darin, allen geduldig zuzuhören und jedem Recht zu geben. Ihre Eheschließung verband sie mit dem Wunsch, sich endlich aus ihrer Herkunftsfamilie zu lösen.

Tradiert wurde in diesem Falle die Parentifizierung der Kinder als Tröster und Vertraute der Eltern und der damit verbundene Mangel an Fürsorge für die kindlichen Bedürfnisse.

Wenn trotz gerichtlicher Scheidung die Partner sich nicht zureichend psychisch voneinander distanziert haben - was häufig der Fall ist -, werden die Kinder weiterhin schwer geschädigt, weil sie mit dem *Grundmuster* der *Unmöglichkeit der Verarbeitung menschlichen Scheiterns* konfrontiert werden. Die Sorgerechtsfrage und Besuchsregelungen sind häufig Gegenstand jahrelanger gerichtlicher Auseinandersetzungen. Getroffene Vereinbarungen werden oft nicht eingehalten oder hintertrieben, so daß die Kinder ihre Eltern nur als Feinde erleben können.

Auch neue Partnerschaften eines oder beider Elternteile oder die Bildung einer Zweitfamilie ersetzen den leiblichen Elternteil in aller Regel nicht. Dieser behält selbst dann seinen besonderen Platz bei den Kindern, wenn diese sich mit den neuen Partnern der Eltern gut verstehen (vgl. REICH 1990, WALLERSTEIN u. KELLY 1980).

Wenn Scheidungskonflikte ungelöst bleiben, ist dies für die Kinder immer mit Loyalitätskonflikten verbunden, die mit Identitätskonflikten einhergehen. Kinder sind immer Kinder beider Eltern und definieren ihre Identität hierdurch körperlich, seelisch und geistig. Wird nun ein Elternteil vom anderen abgewertet oder gehaßt, so wird immer auch ein Teil der Person des Kindes herabgesetzt. Es kann nicht nur nicht dem anderen Elternteil, sondern auch einem Teil seiner eigenen Person nicht treu sein, wenn es dem gerade Anwesenden treu sein möchte. Loyalitätsbrüche sind immer auch Identitätsbrüche. So sind die oben beschriebenen Symptome auch immer als Versuch zu lesen, Loyalität zu wahren und Identität zu schützen.

Der abwesende Elternteil ist heute in der Regel noch der Vater. Mit ihm fehlt nicht nur eine die Beziehung zur Mutter moderierende Person, sondern der "Dritte", der "Andere". Den Jungen fehlt die gleichgeschlechtliche Hälfte ihrer Identität. Diese und damit das wesentliche Bild vom Mann-Sein erscheinen oft als entwertet. Zudem beobachten wir immer wieder, daß insbesondere Jungen von ihren Müttern die von diesen abgelehnten, negativen Eigenschaften der Väter zugeschrieben bekamen. Auch in diesem Sinne wurden sie zum "Nachfolger" des Vaters, wobei sich eine solche Dynamik über mehrere Generationen entwickeln kann (REICH u. BAUERS 1988). So erscheint für Jungen die Orientierung in Scheidungskonflikten oft schwieriger als für Mädchen. Mit einer ganzen Reihe anderer Autoren fanden auch wir, daß sie in der Regel mehr und stärkere Symptome aufwiesen als Mädchen. Insbesondere die Dosierung und Balancierung traditionell männlicher Eigenschaften (zum Beispiel der Aggressivität) erscheint schwieriger. Entsprechend zeigen Jungen aus geschiedenen Familien einen höheren Grad an sozialer Abweichung und ein geringeres Maß an Selbstkontrolle als Jungen, deren Vater verstorben ist (vgl. FTHENAKIS 1985).

Und auch erfolgreich und unabhängig zu sein, "seinen Mann zu stehen", wie es traditionell heißt, kann dann schwieriger werden. Unabhängig zu sein heißt, wie der Vater zu sein und die Mutter zu verlassen. Dies kann mit heftigen Schuldgefühlen einhergehen.

So konnte unsere Kollegin BÄRBEL BAUERS in ihrer Arbeit an der ärztlich-psychologischen Beratungsstelle für Studierende der Universität zwei späte Verarbeitungsweisen von Scheidungen finden: Studentinnen aus Scheidungsfamilien suchten eher zu Beginn des Studiums, nach dem Verlassen des Elternhauses Beratung, reagierten mit Orientierungslosigkeit in der Lebensplanung und massiver Ausbruchsschuld gegenüber dem Elternteil, mit dem sie zusammengelebt hatten, meist der Mutter. Sie entwickelten häufig die Phantasie, schwanger zu werden, der Mutter ein Kind als Ablösungspfand zu lassen, so die schmerzhafte Trennung und eigene Zukunftsängste zu vermeiden. Die Mutter sollte weiter Mutter bleiben. Bei Studenten aus geschiedenen Familien hingegen äußerten sich am Ende des Studiums Ablösungskonflikte in Arbeitsstörungen, Prüfungsängsten und akutem Versagen in Prüfungen (vgl. REICH 1991, 1988).

Als *die* wesentliche Langzeitfolge ungelöster Scheidungskonflikte der Eltern für die Kinder fanden wir, daß das *Vertrauen in Bindungen und die Lösbarkeit auch tiefgehender Konflikte nachhaltig gestört* war. Mit der Scheidung wurden (und werden) die Eltern als Paar verloren. Engere Beziehungen, insbesondere Bindungen an gegengeschlechtliche Partner, sind immer wieder von untergründiger Trennungsangst begleitet. Dies kann ein verstärktes Anklammern an Partner zur Folge haben, das bei diesen wiederum einen Rückzug auslöst, womit die Befürchtungen dann bestätigt werden. Oder der Angst vor dem Verlassenwerden wurde durch die Wendung vom Passiven ins Aktive begegnet, das heißt durch abrupt durchgeführte Trennungen: "Bevor Du mich verläßt, verlasse ich Dich."

Die *Behandlung von Scheidungs- und Nachscheidungskonflikten* zentriert sich zum einen auf die Bedürfnisse der Kinder, auf die Suche nach für diese erträglichen Arrangements im Beziehungsfeld. Diese strukturieren wir insbesondere im Interesse der Kinder *aktiv* mit. Dies entlastet in aller Regel auch die regredierten Partner, die hier oft nur schwer zu einer Einigung kommen. Im weiteren soll allen Beteiligten geholfen werden, die Übergänge von einer Beziehungsform in die andere mit allen äußeren und inneren Begleitumständen zu bewältigen und sich hier neu definieren zu können. Gerade in der Scheidungs- und Nachscheidungsphase sind viele Vereinbarungen zu treffen und materielle Dinge zu regeln. Auch dies machen wir regelmäßig zum Thema unserer Gespräche (vgl. hierzu BAUERS et al. 1986, REICH 1991, REICH u. BAUERS 1988).

Über dem aktuellen Konflikt kann allerdings leicht vergessen werden, daß im Zentrum der Scheidungskonflikte eine offensichtlich nicht anders zu bewältigende Krise des Paares stand (und steht); und so stellt die Geschichte der Ehe auf dem Hintergrund der Biographie der beiden Partner das eigentliche Zentrum unserer psychotherapeutischen Arbeit dar. Ohne Bearbeitung des unbewältigten Paarkonfliktes bleiben alle anderen therapeutischen Maßnahmen letztlich unzureichend, da die Tendenz zur Wiederholung der aus den Herkunftsfamilien stammenden Erlebens- und Verhaltensmuster der Partner nicht reflektiert, in der Folge häufig weiteragiert und in die Kindergeneration tradiert wird. Tiefgreifende Ehekonflikte erscheinen dabei mehrfach determiniert. Partner wiederholen hier miteinander zum einen die Muster ihrer Beziehungen zu ihren Eltern, die dort ungelösten Konflikte, die sie mit der Partnerschaft eigentlich überwinden wollten. Dabei können sich durchaus die Rollen verkehren in dem Sinne, daß ein Partner mit den Elternfiguren identifiziert ist, von denen er sich gerade lösen wollte, der andere mit der Position des Kindes. Wesentlich ist hier, daß das alte *Muster* reinszeniert wird. Weiterhin wiederholen Partner miteinander wesentliche Aspekte, wesentliche Konflikte der Ehebeziehungen ihrer Eltern. Dies kann auch die Form annehmen, daß sie den Trennungswunsch, den sich die eigenen Eltern nicht zu realisieren trauten, nun selbst umsetzen. Zudem konnten wir beobachten, daß die Beziehungen der Schwiegerfamilien zueinander sowie die Beziehungen der Partner zu den Schwiegerfamilien einen entscheidenden Einfluß auf den Verlauf von Ehebeziehungen hatten. Was zwischen diesen jeweils konflikthaft war, führte auch zu Unvereinbarkeiten zwischen den Partnern. Hierbei ging es vor allem darum, daß die Schwiegerfamilien sich hinsichtlich ihres Lebensstiles, ihrer Wertvorstellungen und Idealbildungen nicht respektierten oder tolerierten, sondern sich, oftmals nur unterschwellig spürbar, verachteten.

Die Fragen: Hätte ihre Mutter seinen Vater heiraten können (und umgekehrt)? In welchen Bereichen hätten sie sich verstanden? In welchen hätte es Konflikte gegeben? führten oftmals rasch zu den wesentlichen Konflikten des Paares (vgl. hierzu REICH 1988). Die skizzierten Konflikte zeigen insbesondere, daß die innere Ablösung von der Herkunftsfamilie in wichtigen Bereichen nicht vollzogen wurde, ein Loyalitätstransfer von dieser auf die neue Familie nicht stattgefunden hatte, diese keine neue, abgegrenzte Einheit bildete. Vielfach wurde auch deutlich, daß in den von uns untersuchten Familien mit Scheidungskonflikten bereits die äußere Ablösung von einer oder beiden Herkunftsfamilien nicht oder kaum stattgefunden hatte. In einer ganzen Reihe von Familien war der äußere Kontakt eng, bis dahin, daß gemeinsam in einem Haus gewohnt wurde. Dies förderte Einmischungen in das Familienleben und die Beziehung des Paares, wobei einer oder beide Partner auch äußerlich mehr mit den Eltern als mit dem anderen verheiratet schienen (vgl. REICH 1988).

Die Bereitschaft zur Auseinandersetzung mit diesen Fragen ist in der Ambivalenzphase in aller Regel am größten, da die Partner noch Möglichkeiten weiteren Zusammenlebens suchen.

Hier münden die therapeutischen Bemühungen dann entweder in eine "Wiederverheiratung" der Eltern, das heißt in ein neues Arrangement der Partner, oder in eine Trennung, die dann in der Regel mit weniger Destruktivität durchgeführt werden kann, da beide ihren eigenen biographisch bedingten Anteil an der Entwicklung der Ehekonflikte sehen können.

In der Scheidungsphase, in der juristische Auseinandersetzungen durch ihre Eigendynamik zu völlig verhärteten Polarisierungen führen können, und insbesondere in der Nachscheidungsphase ist die Bereitschaft hierzu sehr viel geringer, da vor allem nach der Scheidung hauptsächlich wegen persistierender Symptome der Kinder und deren Entwicklungsstörungen Behandlung oder Beratung gesucht wird.

Mit GOLDMAN und COANE (1977) halten wir es in der Nachscheidungsphase für wünschenswert, wenn folgende Schritte zu einer "psychischen Scheidung" gegangen werden können, wobei das hier formulierte Ideal in der Praxis oft nicht ganz realisiert werden kann (vgl. hierzu auch REICH u. BAUERS 1988):

1. Eine Neu-Definition der Familie als ein alle Mitglieder umfassendes System. Diese hat zum Ziel, die negativen Effekte zu verringern, die daraus entstehen, daß der umgangberechtigte Elternteil nicht mehr in der Familie lebt und damit unter Umständen eine Elternrolle nicht besetzt ist;
2. eine Festigung der Grenzen zwischen den Generationen, und damit eine Reduzierung der Rollenanforderungen an die Kinder, die diese zu Tröstern und Ersatzeltern für die Eltern machen (Parentifizierung);
3. der Familie die Möglichkeit zu geben, ihre Geschichte noch einmal nachzuvollziehen. Hierdurch sollen Entwicklungsstörungen berichtigt und Gelegenheit gegeben werden, über den Verlust der intakten Familie zu trauern und
4. eine emotionale Trennung der Eltern mit dem Ziel der individuellen Weiterentwicklung beider zu fördern.

Wenn sich die mit der Entwicklung der Ehekonflikte verbundenen Fragen nicht (mehr) mit den Partnern gemeinsam klären lassen, etwa weil das Aggressionspotential zwischen beiden sehr hoch ist, führen wir durchaus auch Einzelgespräche mit diesen durch. Wo immer es geht, beziehen wir auch hier die Herkunftsfamilien in den Klärungsprozeß mit ein. Hierbei ist es deutlich schwieriger als in sonstigen Störungsfällen, die ältere Generation zur Mitarbeit zu gewinnen. Das ist aber um so notwendiger, weil häufig konflikthafte Partnerbeziehungen die Wiederholung alter elterlicher Konflikte überspitzt darstellen und die beiden Möglichkeiten des Ausganges, nämlich eine echte "Wiederverheiratung" der Eltern oder eine definierte "psychische Scheidung", verhindern. Gerade weil es auch um die alten, verdrängten elterlichen Konflikte geht, ist die Mitarbeitsbereitschaft der Großelterngeneration so gering. Sie haben ihre Probleme im Sinne STIERLINS "delegiert".

Auch die (ehemaligen) Partner sind in allen Phasen der Scheidung weniger als bei anderen, auch schweren Familienkonflikten bereit, sich mit ihrer Genese gemeinsam mit ihren Eltern zu befassen, da auch sie im Sinne der Familienloyalität die Konfliktquelle zunächst eher "draußen", eben beim anderen, sehen. Diese Sicht wird durch das offenkundige Auseinanderbrechen der Familieneinheit noch bestärkt. In den Fällen allerdings, in denen dieser Auseinandersetzungsprozeß eingeleitet wurde, gewannen nicht nur die Partner an Entwicklungsmöglichkeiten dazu. Auch die Kinder profitierten von der Veränderung der Eltern und deren besserem Selbst-Verständnis.

Schließlich benötigen die Kinder eine Antwort auf die Frage, wie es zur Trennung der Eltern kam. Und diese jeweils altersadäquat zu geben, regen wir die Eltern gegen Ende des therapeutischen Prozesses an.

12. KAPITEL

Depressionen

oder: Wie Familien sich mit ihrer Tradition lahmlegen

Die depressiven beziehungsweise manisch-depressiven Erkrankungen haben bislang in der familientherapeutischen Literatur trotz der eindrucksvollen Untersuchungen etwa der Heidelberger Arbeitsgruppe (siehe RETZER et al. 1989, STIERLIN et al. 1986, WEBER et al. 1987) und der Forschung unserer Abteilung (vgl. DEYDA 1987, LOHSE 1981, MASSING 1980, MASSING u. REICH 1980, REICH 1977, REICH u. DEYDA 1991) nicht so viel Beachtung gefunden wie Familien mit anderen Störungen.

Die Abgrenzung von sogenannten endogenen Depressionen zu neurotischen oder reaktiven wird phänomenologisch versucht, führt aber nicht tiefer in die Fragestellung hinein, warum es überhaupt zu depressivem Erleben kommt und welches die Voraussetzung ist, daß ein Individuum auf eine bisher unbekannte Störung depressiv und nicht wahnhaft, zwanghaft oder psychosomatisch reagiert. Der Unterschied zwischen neurotischen und psychotischen Zuständen ist unseres Erachtens nicht ausreichend mit Postulaten von vermuteten konstitutionellen Determinanten, wie es unter anderem auch JACOBSON (1977) tut, zu erfassen. Auch geben die Forschungsergebnisse neurophysiologischer Vorgänge bislang keine ausreichende Ursachenbegründung.

Bei der Einordnung depressiver Zustände ist auffällig, daß eine zweitrangige Frage, nämlich die nach dem Ausprägungsgrad der Störung, an die erste Stelle der Wichtigkeit gerückt wird und somit die Diagnostik genetische Hypothesen festlegt. Anders ausgedrückt, möchten wir das Endogenitätsproblem auf sich beruhen lassen und lediglich nach der depressiven Person in ihrem Familiensystem fragen. FRIEDA FROMM-REICHMANN (1978) hat frühzeitig auf den Familienkontext zentriert und dessen Bedeutung für den später Erkrankenden problematisiert.

Hier findet sich nun eine grundsätzliche Schwierigkeit: Die Familie des Depressiven ist nämlich im Gegensatz zu ihm "normal". Gerade dieses aber ist das Forschungshindernis oder besser, in bezug auf die Familie formuliert "das Widerstandsmuster des Familiensystems". TELLENBACH (1974) spricht geradezu von einer Form "pathologischer Normalität" oder PARSONS (1967) vom "falschen Bewußtsein der Normalität". Eine Patientin drückte diesen Sachverhalt einmal so aus: "Was ist es, was Sie hören wollen?"

Das von MASSING und REICH (1977, 1980) zusammengetragene Schrifttum, zusammen mit ihren eigenen Erfahrungen, unterstreicht diese "Normalität". Es zeigt eindrucksvoll, daß grobe Störungen des Familienlebens, wie etwa Scheidung der Eltern, Trennung von den Eltern im Kindes- oder Jugendalter, Verlust der Eltern im Kindesalter und ähnliches bei Patienten mit depressiven Psychosen seltener vorkommen als bei anderen psychiatrischen Patienten. Auch die Ehen der gegenwärtigen Patienten mit depressiven Störungen werden seltener geschieden als bei anderen Kranken. Psychotisch-Depressive stammen vermehrt aus Familien mit starkem Zusammenhalt, wie etwa an eigenen Besitzstand gebundene Selbständige mit kleinen Familienbetrieben oder auch mit Traditionen verbundene Berufsstände. Dies deckt sich mit epidemiologischen Befunden von HOLLINGSHEAD und REDLICH (1967) sowie DILLING und WEYERER (1978) und POHLMEIER (1973). Letzterer problematisiert besonders auch die uneinheitliche Diagnostik der Depression, die sowohl von der schichtspezifischen Einstellung des Patienten *als auch* der der Ärzte abhängt. Gerade die genannten Berufsstände sind durch sozialen Abstieg, sei es durch Verlust des Betriebes oder durch ein verändertes Berufsbild - man betrachte etwa die Position des Offiziers oder des Professors - besonders gefährdet und betroffen und neigen zu besonderer Kohäsion. Auf einen Zusammenhang zwischen sozialem Abstieg und Krankheit weist CASSEL (1974) hin. Gerade die starke soziale Kohäsion ist es aber, die mit psychotischer Depression korreliert, da in ihr, so POHLMEIER (1973), die einzelnen Mitglieder wenig Entfaltungsmöglichkeiten haben.

Übereinstimmend fanden bisher alle Untersucher, daß Familien, in denen es einen - oder mehrere - depressive Indexpatienten gibt, sehr stark versuchen, die vermuteten Normcodices ihrer unmittelbaren Nachbarschaft zu erfüllen und eine sozial angesehene Position zu erlangen. Sie erfüllen somit das herrschende

Normalitätsmodell und entsprechen den normativen Leitbildern von Klein- und Kernfamilien. Die Autorität in solchen Familien wurde auf die verinnerlichten, scheinbar objektiven Werte verlagert, die zu erfüllen für Kinder, gleich welcher Generation sie angehören, eine unabdingbare Überlebensnotwendigkeit darstellt, so daß schließlich, wie WINNICOTT (1974) meint, das "wahre Selbst" völlig von einem "falschen Selbst" überdeckt wird: Sich-Fügen und Nachahmung sind die Hauptmerkmale solcher Personen. Der Depressive signalisiert jedoch in seiner Depression vorwiegend die Brüchigkeit dieser "Normalität".

Bei näherer Betrachtungsweise dieser auffällig "unauffälligen" Familien stellt man fest, daß in ihnen wenig Raum für zwischenmenschliche Probleme und Interessen bleibt. Der Zusammenhalt ist Ambivalenzspannungen ausgesetzt: "Allein ist man nicht lebensfähig" - ("aber lebendig kann man nur allein sein"), lautet eine Familienregel, eine andere: "Die Kontrolle zu verlieren erlaubt sich kein Gesunder" ("aber wer sie verloren hat, ist krank, kann sich alles erlauben") (WEBER et al. 1987, S. 142). Es existieren unvereinbare Werte nebeneinander, über die sich nicht verhandeln läßt (STIERLIN et al. 1986).

WEBER et al. (1987) beschreiben ein Alles-oder-Nichts- beziehungsweise Entweder-Oder-Muster in den Familien. Es fehlen Wahlmöglichkeiten, unterschiedliche Strebungen in der Zeit in verschiedenen Kontexten flexibel zu leben. Es kommt immer darauf an, Eindeutigkeit herzustellen. Die Beziehungsrealität ist "hart", wobei einander ausschließende Realitätskonstruktionen nebeneinander koexistieren oder aufeinanderprallen können. Die Folgen sind, daß die Kommunikationen innerhalb der Familie uneindeutig sind.

Sowohl WIESSE und MATTEJAT (1982) als auch LOHSE (1981), der in unserer Abteilung in einer Pilot-Studie die Kommunikation in fünf Familien mit manisch-depressiv erkrankten Mitgliedern untersuchte, beschrieben eine nicht eindeutige Kommunikation im Sinne der "Double-Bind-Theorie".

Nach LOHSE (1981) waren die Mitteilungen besonders der Indexpatienten und der Eltern uneindeutig oder auch ironisch. Besonders die Indexpatienten und ihre Mütter wechselten oft das Thema, was innerfamiläre Machtkämpfe und Disharmonie widerspiegelte. Väter und Indexpatienten wurden als "fremdbestimmt" charakterisiert. Das Gefühlsklima bei Müttern und Indexpatienten schwankte sehr stark.

STIERLIN et al. (1986) betonen wiederum Beziehungsdefinitionen, die sich alternierend auf zwei strikte Wahlmöglichkeiten beschränken.

Entsprechend diesem Modus zeichnet sich die Rollenverteilung in diesen gebundenen depressiven Familiensystemen nach WEBER et al. (1987) durch restriktive Komplementarität aus. Die Partnerwahlen verlaufen nahezu stereotyp nach Mustern von Stärke und Schwäche mit gegenseitig das Selbstwertgefühl des anderen untergrabendem Verhalten.

Nicht der Erwachsene mit reifer Sexualität prägt die Partnerwahl, sondern symbiotische und "nützliche" Gesichtspunkte. Jeder Partner gilt dem anderen als Projektionsschirm breitester narzißtischer Bedürfnisse, die in Sozialrollenschablonen gekleidet sind.

Auf die Frage, was die Eltern damals beim Kennenlernen an dem anderen besonders liebenswert fanden, antwortete zum Beispiel ein Ehemann: "Sie war eine Frau, die mir zuhörte und mit der man reden konnte, was ich von früher nicht kannte." Die Ehefrau: "Er war blond und groß und sah in seiner Offiziersuniform gut aus. Übrigens, das war auch der Beruf meines Vaters, der aber gefallen ist, ja, darum ist es schlimm, daß wir nur eine Tochter haben."

Während die Mütter äußerlich als "stark" und "hart" in Erscheinung treten, ist der Vater der "Schwache". Gehäuft finden sich bei ihm psychosomatische Leiden. Gerade diese Leiden beschreibt BECKMANN (1976) als Ausdruck einer tiefen, doppelt verdrängten Selbstzerstörung bei oberflächlich idealisierter Position des Normalen. Auch beobachten wir unter den Vätern den "stillen Trinker", der hierdurch seine "Normalität" zu stabilisieren versucht.

Aufgrund ihrer eigenen Lebensgeschichte und -befindlichkeit können die Eltern nicht das an Wärme und Geborgenheit vermitteln, was für die Vermeidung eines depressiven Grunderlebens notwendig wäre. WINNICOTT (1973) formuliert beeindruckend: "Wenn das Kind aber ins Antlitz der Mutter blickt und ihre Stimmung dort findet - oder noch schlimmer, die Starrheit ihrer eigenen Abwehr ... bleibt das Antlitz der Mutter ohne Antwort. Sie bürdet dem Säugling ihre Introjekte und Erwartungen auf." Diese auf die Mutter bezogene Aussage muß im Sinne "mütterlicher Objekte", der frühen Pflegepersonen aufgefaßt werden, womit ebenfalls der Vater in dieser Lebensphase einzuschließen ist.

Bei der depressiven Familie kommt dem späteren Indexpatienten im Gegensatz zu seinen Geschwistern eine besondere Rolle zu. Er wird in diesen Familien für *zentrale*, jedoch widersprüchlichste Aufgaben "gebraucht": Genügt er dem familiären Über-Ich und den Ich-Idealanforderungen, wird er geliebt. Versagt er, muß er mit familiärer Verbannung rechnen (COHEN et al. 1954, EICKE-SPENGLER 1977, MASSING u. REICH 1980, WEBER et al. 1987). Des weiteren braucht ihn ein Elternteil jeweils als Bündnispartner im Sinne eines starren Entweder-Oders gegen den anderen Elternteil. Verdeckt werden diese Kinder zugleich aufgefordert, gegen die strengen Über-Ich-Anforderungen zu verstoßen, Leben und Freiheit zu genießen, wobei sie nach unseren Beobachtungen inzestuösen Versuchungen seitens eines Elternteils ausgesetzt sind. Die späteren Patienten stehen von Geburt an also in dem Dilemma, Delegationen zu erfüllen, Konflikte auszubalancieren, Bundesgenossen zu sein für Werte und Aufträge, die unvereinbar nebeneinanderstehen.

Die Symptomatik tritt in der Regel bei drohenden oder bereits eingetretenen Trennungserfahrungen auf (WEBER et al. 1987), wobei "Trennung" auch die Erfüllung des oder das Scheitern an dem widersprüchlichen zentralen Auftrag bedeuten kann. Mit beidem entfernt sich der Indexpatient potentiell von der Familie. Depression und Manie reduzieren jeweils die symmetrischen Interaktionen in der Familie, führen die Komplementarität wieder ein. Beide Verhaltensweisen sorgen sowohl für Nähe als auch für Distanz, wobei Depressionen zentrifugalen, Manie zentripetalen Kräften entgegenwirken sollen (WEBER et al. 1987).

Wenden wir uns nun Befunden zu, die aus unserem spezifischen Vorgehen der Mehrgenerationen-Familientherapie stammen, welches soziologische Sichtweisen miteinschließt. Wir gingen der Frage nach, welche Gesichtspunkte sich für die allenthalben beschriebene "Wir-Struktur" dieser Familien finden ließen mit ihrer unabdingbaren Orientierung an den Wert- und Normcodices. Hier fanden wir, daß sich in den Ursprungsfamilien regelhaft Verlusterlebnisse aufzeigen ließen, die sich nicht auf eine Person bezogen, sondern auf eine ganze das Individuum bestimmende Gruppe. Wir postulieren, daß der zentrale Konflikt der depressiven Familie in einer Traditionsproblematik zu suchen ist. MASSING (1981/1982) fand in langjähriger mehrgenerational orientierter Forschungsarbeit, daß die Problematik der depressiven Familien in einem Konflikt liegt, der aus dem lange zurückliegenden Verlust ihres eigenen Besitzes wie etwa eines Hofes, Familienbetriebes oder eines an immaterielle Werte geknüpften Besitzes wie etwa des Offiziers- oder Akademikerstandes resultiert und durch Generationen persistiert. Wir möchten damit nicht das Depressionsproblem auf soziale Umschichtungsprobleme der letzten Jahrhunderte reduzieren, denn Depressionen werden durch die Jahrtausende beschrieben. Aber das Problem, mit dem wir psychotherapeutisch zu tun haben, spielt sich inhaltlich in diesen auf die Gegenwart wirkenden Verschiebungen ab. Denn Psyche ist konservativ und hält emotional an dem, was früher erlebt oder per Atmosphäre vermittelt wurde, fest. Subjektiv wird nicht erlebt, was die Umwelt dem einzelnen oder der Familie angetan hat, sondern wie man selbst zurückgeblieben ist, was TELLENBACH (1961) als "Remanenz" bezeichnet.

Für unser Problem möchten wir auf die letzten 80 Jahre einer beobachtbaren Dreigenerationenfamilie zentrieren, jedoch mit einer familiendynamisch erweiterten Betrachtungsweise über diese noch lebenden Generationen hinaus den Zeitraum von zwei Generationen davor und entsprechende soziohistorische Umstrukturierungen in den letzten 140 Jahren mit einbeziehen, von denen der englische Historiker THOMPSON (1963) schreibt, daß die Phase der Früh- und Hochindustrialisierung im 19. Jahrhundert als die schwerste Krise der Familie überhaupt bezeichnet werden kann. In ihrem Gefolge kam es zum Zerreißen des großfamiliären Zusammenhangs und schließlich zu einer scharfen Differenzierung zwischen Arbeit und Familie.

Auf den Wandel der Stellung der Frau in den letzten Jahrhunderten - sprunghaft seit dem zweiten Weltkrieg - haben wir bereits hingewiesen. Nachdem im 19. Jahrhundert die Frauen in ihren Familienverbänden durchaus eine sozial bedeutsamere Stellung mit ökonomischer Macht hatten, kam es durch die Trennung von Familien- und Erwerbsleben zu einer Abwertung der weiblichen Rolle in eine "depressive", deren Erfüllung jetzt darin bestand, andere "glücklich" zu machen (REICH 1980). Die gleichzeitige Ideologisierung der Ehe als "romantische Liebe" führte im praktischen Hausfrauendasein zu einer tiefgründigen Enttäuschung. Mobilisiert durch sozial und ökonomisch wichtige Aufgaben im zweiten Weltkrieg ließ die Enttäuschung an der nachhinkenden Rollendefinition einen Protest der Frauen gegen diese abwertende Ideologie aufkeimen, den eine 65jährige Frau in einer Therapiesitzung so formulierte: "Es ist auch gut, daß mein

Mann nicht aus dem Krieg zurückkehrte, ich hätte mich ihm nicht mehr unterordnen können". Versiegte auch der offene Protest äußerlich schnell, so wird von Frauen in jüngster Zeit durch Übernahme zusätzlicher Verpflichtungen dieser alten Enttäuschung kontraphobisch zu begegnen versucht.

Wir stellen fest, daß die Mobilität bei Frauen heute größer ist als bei Männern. Die Überbürdung und soziale Abwertung der Frau steht somit im Mittelpunkt der Betrachtung der Depressionsforschung aus familiendynamischer Sicht, denn die Frauen tradieren einerseits ein Potential an Enttäuschung und Wut, das ihnen den Blick für heute mögliche emanzipatorische Schritte verstellt. Andererseits installiert sich in den Frauen eine Art "Familiengewissen", eine Instanz, die darum besorgt ist, daß die Kohärenz mit der Herkunftsgruppe nicht gestört ist. Gewissen in diesem Sinne beinhaltet die tradierten sozialen und ethischen Regeln der eigenen Herkunftsfamilien, die nur gebrochen allgemeingültige Werte aufgenommen haben, da sie in ihrem Traditionsbewußtsein und der Verpflichtung gegenüber althergebrachten Werten grundsätzlich hinter aktuellen Trends "hinterherhinken".

Das Aufgeben des Besitztumes bedeutet hier nicht nur ein materielles Aufgeben, sondern im Selbstverständnis traditioneller Strukturen Ausschluß aus der Gruppe, was psychischem Tode gleichkäme. Da die Frauen ständig innerlich mit der Restitution ihrer Tradition beschäftigt sind, kann keine Trauerarbeit über den realen Verlust geleistet werden. Dies ist die Nahtstelle zwischen den sozioökonomischen, zeitgeschichtlichen Umstrukturierungen gerade der beschriebenen traditionellen Familienstrukturen und dem "Krankwerden" nur ganz bestimmter Familien. Das Auffällige in den schwierigen Familientherapien war, daß sich diese Familien den Verlust ihres Besitzes nicht mit dem Schicksal dieser Epoche erklärten, nämlich: "das ist die Zeit" oder "das ist die Industrie" oder "Maschine", sondern sie fühlen sich noch heute ihres Besitzes *beraubt* und delegieren die Schuld auf Verwandte oder Nachbarn, die damals tatsächlich durch eine bessere ökonomische Machtposition ihren Familienbesitz an sich gebracht haben, so daß zu dem unpersönlichen - "das ist die Zeit" - in diesen Familien auch der gesellschaftliche Konflikt personifiziert wird und persistiert.

Es ist ein eigentümliches Phänomen, das uns in der schwierigen Zusammenarbeit mit psychotisch depressiven Familien begegnet: "In der heutigen depressiven Familie wird um Wiederherstellung des uralten Zustandes gekämpft. Die Zeit scheint bei den depressiven Familien erstarrt und geronnen, sie ist nach rückwärts gewandt. Die Familie lebt mit ihrer Geschichte und ihren Toten. Da sie an ihre Vergangenheit treu gebunden ist, gibt es keine flexible Zukunftsperspektiven" (MASSING 1980).

Wie schon erwähnt, ist die Partnerwahl entsprechend programmiert nach der Nützlichkeit und gleichzeitig den Schwächen des Partners. Für den einen Partner geht es darum, koste es was es wolle, wieder jemand zu werden und sogar langfristig die Position des Partners an sich zu bringen. Dem anderen, "schwachen" Partner geht es darum, einen mütterlichen Partner zu finden, der ihm quasi als Hilfs-Ich dient und den er dringend zum Erhalt seiner eigenen sozial geschwächten Rolle und Position braucht, wie etwa in folgenden Beispielen.

Eine Frau hatte schließlich erreicht, daß der Ehemann, nachdem dessen Mutter gestorben war, ihr sein elterliches Geschäft überschrieb, während er in dieser Zeit Trinker wurde. Als er sich jedoch wieder stabilisierte, sich sogar außerhalb einen Beruf suchte und damit nach außen alles wieder in Ordnung schien, wurde der Sohn, als Ausdruck des fortgesetzten mörderischen Machtkampfes der Ehepartner, von denen aber jetzt nicht mehr ein Partner scheiterte, psychotisch.

Eine Frau, deren Vater als hochangesehener Mediziner in ihrem 7. Lebensjahr verstorben war, hatte erreicht, daß sie "Frau Professor" wurde und in eine entsprechend vornehme Wohngegend zog. Ihr Mann mußte sich vorzeitig wegen Herzinfarkten pensionieren lassen, konnte nach Genesung jedoch sich endlich seinem zweiten Studium als Liebhaberei widmen. Hier wurde schließlich die Tochter manisch.

Da in den depressiven Kollusionen die Wiederherstellungsverpflichtung und Rachevermächtnisse des einen, aber auch Erhaltungsverpflichtungen gegenüber der geschwächten Tradition des anderen Partners interparental aufeinandertreffen und ein immanenter Kampf zwischen Zerstörung und Aneignung abläuft, wird dieser an die Kinder delegiert, die die Eltern vor gegenseitiger Zerstörung, vor ihrer Hoffnungslosigkeit und Ohnmacht (NERAAL/ BREUER 1991) schützen sollen. Das formbarste Kind, der später designierte Patient, muß diesen Prozeß intrapsychisch austragen. Hierzu eine depressive Medizinstudentin: "Es hat mich schon immer interessiert, wie in der kleinsten Zelle gekämpft wird, wie man durch Zusatz einer Chemikalie alles zerstören kann."

Es würde an dieser Stelle zu weit führen, auf die komplizierten psychodynamischen Prozesse einzugehen, die zwischen den Eltern und Kindern ablaufen, jedoch befand sich nach unseren Beobachtungen die Ehe der Eltern oder die Partnerschaft des noch nicht verheirateten Paares in schweren destruktiven Machtkämpfen, selbst, wenn bei oberflächlicher Betrachtungsweise "alles normal" erscheinen mag. In dieser Phase der Feindseligkeit mit der Gefahr des Auseinanderbrechens der elterlichen Beziehungen wurden die später designierten Patienten geboren, nicht als individuelle, eigenständige Wesen, sondern von Geburt an mit Aufträgen überladen. Diese später als krank Eingestuften werden von klein auf mit Eigenschaften von Toten identifiziert.

Hier fanden sich graduelle Zuschreibungen von mehr oder weniger gravierenden Eigenschaften - zum Beispiel wurden einer 17jährigen 12 "böse" Eigenschaften aus der väterlichen Seite zugeschrieben: "Die Schlampigkeit hast Du von der Großmutter geerbt, das Giftige von Tante B. Du bist schon so zänkisch wie der Großvater" und so weiter. Gerade diese für die Zuschreibungen herangezogenen Toten aber spielen in dem Zeitraum des Besitz- und Statusverlustes der Familie die entscheidenden Rollen. Ganz problematisch sind Zuschreibungen, die nicht nur Eigenschaften meinen, sondern sagen: "Du bist der Tote", also eine Mutter von ihrer Tochter sagt: "Das *ist* Tante A. - die war damals auch schon unbeliebt".

Da dem Indexpatienten von vornherein sein Sein durch die Eltern abgesprochen wurde, ist er natürlich am empfänglichsten für Zuschreibungen, die ihm quasi als Hilfs-Ich dienen. Nur kurz angemerkt sei hier, daß wir beobachteten, daß Psychotische mit ausschließlich depressiven Phasen mehr negative Zuschreibungen von Toten erhielten, während solche mit manischen Phasen eher positive Zuschreibungen von Toten bekamen. Vergleichsweise weniger Zuschreibungen fanden sich in "neurotisch" oder "reaktiv" depressiven Familien. Auch handelte es sich bei diesen Zuschreibungen mehr um solche von Lebenden. Aufregend und dramatisch jedoch ist, daß die Toten, mit denen die Indexpatienten identifiziert werden, diejenigen sind, die vor etlichen Generationen die Besitztümer der Familien an sich gebracht haben. Diese Zuschreibungen wiederum verleihen dem Indexpatienten jedoch, auch als gebundenem Delegierten, große Macht, der er sich nicht gewachsen fühlt. Der Indexpatient sieht sich unter einer besonderen Verpflichtungslast, die er nicht erfüllen kann, weshalb er häufig das Bedürfnis empfindet, sich das Leben zu nehmen.

Wir möchten jetzt anhand einer Familie exemplarisch die wichtigsten Behandlungsabschnitte aus einer Familientherapie aufzeigen, die über 4 Jahre lief, aber nicht mehr als 60 Sitzungen erforderte. Bei ihr gelang es, das Problem der Indexpatientin auf ihre Familie zurückzudelegieren und in Ansätzen zu lösen. Wir meinen, daß gerade bei den Familien mit depressiven Erkrankungen der Satz von BOSZORMENYI-NAGY (1973) zutreffend ist, daß es gelingen müßte, daß *alle* Beteiligten überleben können.

Als wir Helge 1972 kennenlernten, war sie 27 Jahre alt, sie hatte schon zwei psychotische Phasen hinter sich, als sie kurz nach bestandener Inspektorenprüfung in eine dritte geriet. In stabilen Phasen galt sie als freundliche, nette und fleißige Frau. Von ihrer Mutter wurde sie im Krankenhaus regelmäßig besucht und mit Geschenken bedacht.

Vernünftige Gespräche waren möglich, bei denen die Tochter jedoch wenig sagte. Die folgenden analytisch orientierten Einzel- und Stationsgruppengespräche schienen sie zunehmend zu faszinieren. Ihre Mutter, vorher eine umgängliche und besorgte Frau, reagierte ablehnend auf diese neue Methode - bei der die Tochter als "Versuchskaninchen" ihrer Meinung nach mißbraucht wurde.

Sie schaffte es durch scheinbar harmlose Sätze immer wieder, ihre Tochter "auf den Teppich zurückzuholen", etwa: "Das ist doch nicht deine Art, meinst du nicht, daß du dir das nur einredest oder da etwas abguckst, das hast du als kleines Mädchen auch schon gemacht." Nach solch einem Gespräch war die Tochter wieder depressiv und weigerte sich, an den Stationsgruppen teilzunehmen. Als sich mehrfach solche Situationen wiederholt hatten, und die Tochter die Mutter in einem gemeinsamen Gespräch fragte, warum sie denn einen Jungennamen - nämlich Helge, den Vornamen ihres Vaters - hätte, antwortete die Mutter lediglich, das sei doch normal, schließlich sei ihr Vater ja zwei Monate vor ihrer Geburt gefallen. Aber das hätte doch überhaupt nichts mit ihrer Krankheit zu tun. Nach diesem Gespräch wurde die Patientin präpsychotisch.

Es wurde deutlich: (1) In den Gesprächen, die mit der Patientin einzeln geführt wurden, entwickelte Helge eine enorme Sensibilität dafür, was der Therapeut hören wollte. Sie übernahm seine Kritik und seine Fragen. (2) War die Mutter jedoch da, war jedesmal diese die stärkere Realität, Loyalitätsvergehen wurden sanktioniert und führten zu Schuld. (3) Es wurde deutlich, daß wir zwei Personen vor uns hatten, die sich unterschiedlich "normal" verhielten. Nämlich einmal im Sinne der Etikette: man ist im Krankenhaus freundlich. Zum anderen war es in dieser Familie normal, als Mädchen den Vornamen des eigenen Vaters zu haben, wenn dieser gefallen war. (4) Indem die Mutter so häufig Besuche machte, aber bei kleinsten Kritiken heftig reagierte, war anzunehmen, daß sie sich ihrerseits unter Schulddruck fühlte. Aber auch das war recht zwiespältig. Als der Therapeut der Mutter etwa einmal sagte, daß er sich vorstellen könne, daß die Mutter durch die schwere Krankheit der Tochter auch sehr belastet sei, sagte sie: "Ja, aber daß Helge vorher auch jedes Mal so unvernünftige Sachen machen will". "Jedes Mal" hieß, es waren Trennungsabsichten vom elterlichen Haus geäußert worden. Was die Mutter als Belastung empfand, war anscheinend weniger die Psychose, wie wir vermutet hatten, als vielmehr Wünsche der Tochter nach Eigenständigkeit.

Bei Entlassung der Tochter machten die Therapeuten der Mutter, ihrer Tochter, dem Bruder des gefallenen Vaters und dessen Mutter, also der 86jährigen Großmutter der Indexpatientin, weil alle in einem Haus lebten, das Angebot für weitere gemeinsame Gespräche. Das machte sie mißtrauisch, aber auch neugierig, weil wir erklärt hatten, daß es in diesem Gespräch darum ginge, daß es hinterher jedem etwas besser gehen müßte.

Wir begannen zwei Monate später mit der Familientherapie, die sich viel um Besitz drehte; vor allem aber um den Konflikt, daß die Indexpatientin zwar den Vornamen geerbt hatte, aber nicht den realen Besitz.

Es zeigte sich folgendes:
(1) Die größten therapeutischen Schwierigkeiten machten sich wie stets an unseren unterschiedlichen Normalitätsvorstellungen fest. Hier bot sich als unabdingbare Technik eine ganz genaue Detailschilderung an. Es löst zum Beispiel immer wieder Verwunderung aus, wenn der Therapeut sagt: "Es gibt ja so verschiedene Formen von normal, der eine findet dies normal, der andere etwas anderes - wie war das denn bei Ihnen?" Solch eine Intervention zielt auf zweierlei. Zum einen eröffnet sich Verwunderung, da das bislang wirklich nicht bekannt war, zum anderen aber erfahren wir Therapeuten hierdurch die herrschende Normalität dieser Familie, und es wird weniger unsere eigene widergespiegelt. Erst wenn im therapeutischen Prozeß deutlich

wird, daß gerade Erfüllung von Normalität zu den unabdingbaren Liebesbedingungen in diesen Familien gehört, Liebe anders unvorstellbar ist, kann an die Bearbeitung von Gefühlen herangegangen werden. Und dabei stellt sich heraus, daß die dicht unter der Oberfläche liegenden Gefühle, die verständlicherweise nur schwer zugelassen werden, Haßgefühle sind.

(2) Die Familienmitglieder reagieren sehr sensibel auf einseitige Parteilichkeiten, die uns Therapeuten häufig in dieser Bedeutsamkeit für den einzelnen gar nicht recht bewußt werden. Darum halten wir in der Psychosen-Therapie eine Co-Therapie für unabdingbar.

(3) Wirklich allparteilich sein zu können heißt vor allem auch, wie oben beschrieben, wirklich zu wissen, was in den *jeweiligen* Zeithintergründen der Generation "normal" war.

(4) Für therapeutisch notwendig halten wir gerade in diesen Familien, so oft wie möglich Familiensitzungen bei ihnen zu Hause zu machen. Die Familie, die sich in ihrem "Zuhause" sicher fühlt, wagt es viel schneller, "normal" im Sinne ihrer selbst zu sein und nicht den vermeintlichen Erwartungen des Arztes oder der Institution zu entsprechen. Geheimnisse werden schneller deutlich, wie auch Dinge, auf die man stolz ist. Bilder von Toten, bis hin zu alten Urkunden, Siegeln und Wappen, die an alte Besitztümer erinnern, die real nicht mehr vorhanden, sondern durch Zeitumstände verlorengegangen oder durch soziokulturelle Umwertungen abgewertet sind, schmücken die Wohnung oder sind noch in Symbolen vorhanden.

(5) Als Einstieg erweist es sich als fruchtbar, sehr schnell auf die Psychogenese der einzelnen Familienmitglieder zu zentrieren. Einmal deshalb, weil jeder einzelne fühlt, daß man sich speziell für seine Geschichte interessiert. Andererseits löst sich die "Normalität" recht schnell dahingehend auf, daß es in diesen Familien normal ist, ein schweres Schicksal zu haben. Es kann über diesen Weg leichter angenommen werden, daß es nicht nur einen Kranken gibt, sondern mehrere.

Nun zurück zu unserer Familie.

Die erste gemeinsame Sitzung nach dem Klinikaufenthalt fand im Hause der Patientin statt. Die Familie: das war die 86jährige Großmutter väterlicherseits, der 55jährige unverheiratete Bruder des gefallenen Vaters, der den kleinen, ökonomisch gefährdeten Familienbetrieb führte, die 45jährige Mutter und die Indexpatientin.

Die Großmutter eröffnete das Gespräch und sagte: "Hier hat alles seinen Platz, auch am Tisch". Sie stand dann noch einmal auf und holte ein Bild, zeigte es und sagte: "Mein Sohn, dem ist Helge wie aus dem Gesicht geschnitten." Hierauf eröffnete sich eine Diskussion darüber, was Helge nun von ihrem Vater und von ihrer Mutter geerbt hätte. Auf unsere vorsichtige Intervention, was denn Helge an eigenem habe, unterbrach die Großmutter und beschloß das Gespräch nach einiger Zeit: "Sie ist ganz der Vater, ehrgeizig, rücksichtslos und fleißig." Themen dieser Art, die der Patientin ihre Identität absprachen, wiederholten sich immer wieder. Zu einem späteren Zeitpunkt berichtete die Großmutter noch ein Familiengeheimnis. Sie zeigte uns in ihrem Schlafzimmer eine kleine Steintafel, in die der Name Helge M. eingraviert war mit einem Geburtsdatum. Dieses stammte von dem Ur-Großvater der Indexpatientin, der auf einer Indienreise seit 1889 vermißt ist. Helge wurde also nicht nur mit einem, sondern gleich mit zwei Toten identifiziert. Durch Statements, wie: "Du bist so" oder "Du bist auch schon so" oder "man hat nicht das Recht", "das haben wir aber noch nie so gemacht" und so weiter wurden ihr ständig eigene Gefühle abgesprochen.

Einen anderen Komplex leitete die Frage nach dem Kennenlernen der Eltern ein. Mutter: "Ich war 18 Jahre alt, mußte im Arbeitsdienst die Soldaten auf den Bauernhöfen versorgen, ich habe nichts gelernt, da es zu Hause wenig Geld gab, für das mein Vater schwer in der Fabrik arbeitete. Da traf ich Helge, der auf der Rückfahrt nach Rußland war. Es ging alles sehr schnell, wir haben in drei Tagen geheiratet. Was ich an ihm besonders mochte? Ich weiß noch, wie er sagte: 'Mädchen, dann bist Du versorgt'. Ja, und als er fiel, wurde zwei Monate später Helge geboren. Ich wohne seit der Zeit hier. Helge wird das ja auch mal alles erben."

In diesem Kennenlernen wurden weniger Individuen wahrgenommen als vielmehr Schablonen, die Platz für Phantasie lassen, etwa bei der Mutter: "Ich bin 18 Jahre, mittellos und habe die Chance, jemanden mit einem Betrieb zu heiraten, damit bin ich wieder jemand". Vaters Phantasie mag gewesen sein: "Ich muß nach Rußland, werde sicher wie meine Kameraden fallen, aber ich brauche einen Erbfolger".

Da die Mutter aber von nun an Angst hat, daß sie nicht in der Familie geduldet wird, geht sie mit dem Bruder des gefallenen Ehemannes eine "Onkelehe" ein. So schlägt sie auch ihrer Tochter, die sich gar nicht mit Männern abgeben mag, vor, sie solle sich doch nicht so anstellen, bei dem bißchen Geschlechtsverkehr fühle man doch gar nichts, aber die Männer hätte man zufriedengestellt.

In dieser Zeit kommt es zu heftigen Auseinandersetzungen mit dem Onkel und der Mutter, die immer in den Vorwurf des Onkels münden: "Du und Helge, Ihr seid schon genauso habgierig wie eure Großmutter". Dies wird von der Mutter für ihre Person energisch zurückgewiesen. Das träfe aber auf Helge und einen Vetter zu, der genauso war wie Helge. Dieser Vorwurf zielt auch auf die Nichteinwilligung der Großmutter in eine Ehe zwischen den beiden, während sie die sexuellen Beziehungen toleriert, aber überwacht; denn alle müssen auf ihren Wunsch in dem Haus die Türen offen lassen.

Hiermit wird die Betrachtung von Mutters Herkunftsfamilie erforderlich. Während ihr Vater, ein Fabrikarbeiter, schon frühzeitig an einem Karzinom gestorben ist, reist ihre 75jährige Mutter aus der DDR an. An der nächsten Sitzung nehmen diese, Helge und ihre Mutter, also die Mitglieder dieser Herkunftsfamilie teil. Die Verbitterung der Großmutter wird schnell deutlich. Sie sei nun schon zum zweiten Mal um ihr Hab und Gut betrogen. Und zwar hätten ihre Großeltern noch einen wohlhabenden Gerbereibetrieb gehabt.

In ihrem Heimatort im Erzgebirge sei an dem alten Haus noch ihr Name eingekachelt und die Zahl 1844. Sie hat auch Bilder mitgebracht und zeigt dann auf einen Mann, den Vetter des Großvaters, der den Betrieb skrupellos an sich gebracht hatte. Der Großvater mußte dann in einer Weberei arbeiten, und die Großmutter hatte anfangs noch in der Gerberei geputzt. Die Großmutter sagt: "Ich höre meine Großmutter noch sagen: Eines Tages - und wenn es im Jüngsten Gericht ist - wird uns Gerechtigkeit widerfahren." Dann wendet sie sich zum Therapeuten und sagt: "Sehen Sie, die Söhne dieses Großvetters sind im 1. Weltkrieg gefallen, aber die Martha - und hier zeigt sie auf ihre Tochter - hat den Betrieb wieder."

An dieser Stelle wird Helge unruhig, fängt an zu weinen und sagt, sie müsse immerzu an ihren Vater denken.

Dieses leitet den wichtigsten Teil der Auseinandersetzung ein: nämlich das Sichtbarwerden der bisher unsichtbaren Loyalitäten und Delegationen mit ihrer zeitgeschichtlichen Verquickung.

Die Aufträge aus den verschiedenen Herkunftsfamilien, die in Helge kumulieren, sind aus der väterlichen Linie: dem vermißten toten Großvater und dem toten Vater das Erbe zu erhalten. Aus der mütterlichen Linie: das verlorene Familienerbe wiederzugewinnen und Rache zu nehmen an dem personifizierten Zerstörer, dem Vetter des Großvaters, der sie auch ist. Deshalb die Geschlechtsnivellierung von der mütterlichen Seite her.

Die Delegation der beiden elterlichen Herkunftsfamilien, nämlich Gruppenidentität der einen wiederzugewinnen und Hilfs-Ich-Funktionen für die brüchige Gruppenidentität der anderen zu übernehmen, gilt es nun zurückzuverteilen und in entsprechend langen familientherapeutischen Prozessen möglichst in den Ursprungsbeziehungen zu bearbeiten. Entsprechend kam nun die Enttäuschung in die Bearbeitung; und zwar auf der mütterlichen Seite Wut und Trauer über den realen Verlust, auf der väterlichen Seite Angst und gespürte Aussichtslosigkeit vor der starken Konkurrenz eines Großbetriebes. Erstmals wurden nun Gemeinsamkeiten deutlich, die mit Scheitern und existentieller Bedrohung zusammenhingen, von den einen erlitten waren und den anderen drohten. Gemeinsam konnten nun aber auch realistische, vom Mythos der Größe befreite Sanierungspläne gefaßt werden.

Wir haben bewußt darauf verzichtet, das Problem der Manie, der Phasenhaftigkeit der Verläufe, der Inhaltswandlungen sowie der Effektivität der Psychopharmaka hier abzuhandeln. Auch über die Vererbungsfrage haben wir nicht diskutiert. Unser Anliegen war vielmehr, das depressive Erleben unter mehrgenerationalen familiendynamischen Gesichtspunkten überhaupt zu problematisieren, was bisher im Schrifttum zu wenig geschehen ist, und wohl mit der scheinbaren "Normalität", die der flüchtige Eindruck solcher Familien vermittelt, zusammenhängt. Daß gerade Normalität ein Problem sein kann, wird erst deutlich, wenn auch ins Bewußtsein treten darf, daß die jeweiligen Veränderungen, die in der Umwelt stattfinden, selbst ein Problem sind, und sich nicht immer alles für alle zum Besten entwickelt.

13. Kapitel

Das Dritte Reich und die nachfolgenden Generationen

oder: Das Fortwirken nationalsozialistischer Werthaltungen

Wenn wir in unserem familientherapeutischen Ansatz sowohl der Einführung einer überschaubaren, real erlebten geschichtlichen Dimension als auch des Faktischen besondere Bedeutung für das Verstehen und Bearbeiten individueller Symptome und familiärer Konflikte beimessen, werden wir unumgänglich mit der Wirkungsgeschichte des Nationalsozialismus in Form seiner Verarbeitung als auch des Weiterwirkens von faschistischen Werten und Ideologien konfrontiert. Dieses bekommt insbesondere durch die *konkrete* Einbeziehung der Großeltern als Zeitzeugen in den therapeutischen Prozeß ein erhebliches Gewicht. Auch hier gilt, daß die Kinder die Last zu tragen haben, wenn die Eltern und Großeltern ihre Geschichte nicht selbst übernommen und sich nicht selbst damit auseinandergesetzt haben.

Zu Beginn unserer familientherapeutischen Arbeit vor etwa 20 Jahren traten eher spektakuläre Fälle von unmenschlicher Täterschaft und unvorstellbar erduldeten Grausamkeiten für die Opfer des Naziregimes in den Vordergrund. Die schizophrenen Erkrankungen der Kinder und Enkel konnten als unmittelbare Folge des Unfaßbaren angesehen werden, das Ver-rücken der Wirklichkeiten nahezu als "Selbstheilungsversuch" gegenüber den Qualen von Folter und Mord respektiert werden.

Heute haben wir es in unseren Praxen überwiegend mit den Auswirkungen auf die *nachgeborenen* Generationen zu tun. In diesen lassen sich *keine umschriebenen* Nazi- oder Verfolgungssyndrome mehr finden, vielmehr sind die Anmeldungsgründe ubiquitär wie Depressionen, Zwangsphantasien, Ängste, Arbeits- und Beziehungsstörungen, aggressives Verhalten oder psychosomatische Störungen (vgl. MASSING u. BEUSHAUSEN 1986, MASSING 1988, 1991, BUCHHOLZ 1989, 1990). WIELPÜTZ (1988) betont zutreffend, daß es keine Therapie mit den "Nazi-Kindern" gibt, sondern daß *alle* Nachgeborenen die Kinder und Enkel von Nazis, Mitläufern, Nicht-Mitläufern, von Tätern und Opfern sind. So gilt, wie SPEIER (1988) es für die Psychoanalyse formulierte, daß eine Psychoanalyse mit Angehörigen der ersten und zweiten Generation nach Auschwitz auch das berücksichtigen sollte, was Eltern wirklich getan oder nicht getan haben. Das heißt, daß es in der Therapie um politische, militärische und ideologische Inhalte gehen wird, die verschwiegen, nonverbal übermittelt oder mystifiziert worden sind oder als verdrängte Abkömmlinge ihre Wirkung und ihren Einfluß auf das psychische Erleben haben und oftmals tief in die psychischen Strukturen der Enkelgeneration eingedrungen sind.

Die Chancen der therapeutischen Berücksichtigung und Aufarbeitung der nationalsozialistischen motivbildenden Kräfte liegen darin, daß die Familien einen *wirklichen* Bezug zur Vergangenheit ihrer Angehörigen herstellen können. Dadurch entsteht wieder Kontinuität. Verlorengegangene Orientierungen können für jeden auf dem Boden eines eindeutigeren Identitätsgefühls wiedererlangt werden.

Die Auseinandersetzung mit dem Nationalsozialismus braucht also in jeder Familientherapie Raum. In der Praxis stellt sich zunächst erst einmal das für alle Therapien geltende allgemeine Problem: Wie kann man sich von etwas befreien, von dem man die Wurzeln nicht benennen kann oder darf? Bleibt die Thematik um die Vergangenheitsbewältigung aus, sind nach unseren Erfahrungen hierfür auch Gegenübertragungsprobleme der Therapeuten zu vermuten. Diese resultieren daher, daß Therapeutinnen und Therapeuten sich nur unzureichend der geschichtlichen Dimension öffnen, in der sie Psychotherapie durchführen. Bei der Aufarbeitung der nationalsozialistischen Geschichte sind Therapeuten und Patienten *in gleichem Maße* Betroffene. FREUD gab als Grundprinzip zu bedenken, daß jeder Analytiker im therapeutischen Prozeß nur so weit kommt, als seine eigenen Komplexe und Widerstände es zulassen. Beziehen wir dies auf den Nationalsozialismus, so hieße das, daß wir in unseren Therapien die Familien nur so weit ermuntern werden, als uns selber die intensive Beschäftigung und Aufarbeitung unserer Biographien um diese Thematik gelungen ist und wir zusätzlich über fun-

dierte Kenntnisse des "Alltag(s) unterm Hakenkreuz" (FOCKE u. REIMER 1984) verfügen.
Dies hat praktische Relevanz, wie das nachfolgende Beispiel (vgl. MASSING 1988) anhand der "mehrgenerationalen" Therapeutenerfahrung einer Frau verdeutlichen soll.

Eine Familie suchte unsere Abteilung wegen der schweren Krebsphobie der 18jährigen Tochter auf. Der Vater berichtete freimütig über die nationalsozialistische Einstellung seiner Eltern. Die Mutter dagegen beklagte sich über den bereits nahezu 50 Jahre zurückliegenden Suizid ihres Vaters, der großes Unglück über ihre Familie gebracht habe. Wegen der daraus folgenden engen Bindung an ihre Mutter geriet sie bei den ersten Loslösungswünschen in depressive Zustände, derentwegen sie erstmalig 1940 - damals 20jährig - einen Psychotherapeuten aufsuchte. 1949 begann sie eine reguläre Psychoanalyse, "die zwar geholfen hat, aber im Kern dennoch nichts gelöst hat", wie sie meint. Diesen "Kern" beschrieb sie ähnlich wie die Tochter ihre Krebsphobie: "Da ist etwas Bösartiges in mir, zerstört mich. Und wie bei ihr sagen die Ärzte immer, da ist nichts, das ist Einbildung, sie wollen nichts davon hören, beweisen einem durch Laboruntersuchungen, daß sie recht haben - diese Reden kenne ich seit 1940. Immer ist es meine Einbildung, und dabei mußten meine Geschwister damals wirklich mit dem Studium aufhören, weil man *solche* Menschen nicht brauchte!"
Wir Therapeuten - so wurde uns im Nachhinein deutlich - lenkten aus einem eher ungläubig-skeptischen Gefühl heraus das Familiengespräch in andere biographische Bahnen. In der nächsten Stunde eröffnete die Mutter das Familiengespräch und meinte sehr nachdenklich, wir Therapeuten seien vielleicht zu jung, um zu wissen, unter welchem ungeheuerlichen Druck ihre Familie im "Dritten Reich" gestanden habe, "ja, und die anderen Therapeuten, bei denen ich früher war, waren sicherlich zu befangen". Wir wollen hier nicht ihre Biographie weiterverfolgen, sondern auf die Tragik der Frau hinweisen, die nun für uns Therapeuten deutlich wurde, 1940 einen Psychotherapeuten aufgesucht zu haben, der sie bei der Anamnese unterbrechend gebeten habe, bestimmte Themen ihrer Biographie nicht mehr zu erwähnen wegen der bestehenden Erbgesundheitsgesetze, unter die ihre Familie wegen des Suizids des Vaters während seiner depressiven Erkrankung fiel. Besonders infolge ihres Berichts über die Analyseerfahrung aus der Zeit nach 1949 wurde evident, daß der Analytiker der Problematik des Suizids ihres Vaters und der Mutter-Tochter-Symbiose die prägende Bedeutung für die neurotischen Fixierungen der Patientin beimaß und dabei die existentiellen psychischen Auswirkungen für die Frau, Kind einer Familie zu sein, die tatsächlich zur Kategorie des

"unwerten Lebens" zählte, *vernachlässigte*. Wir Therapeuten "glaubten" dieser Frau ihre Erfahrungen mit Therapeuten erst, als wir Ähnliches in der Literatur, zum Beispiel bei LOCKOT (1985) beschrieben fanden.

Die Abwehrmuster der bei diesen Therapien "mehrgenerational" beteiligten Psychotherapeuten verdeutlichen, welche Gefahren darin liegen, die gängigen Verdrängungsmechanismen hinsichtlich des Nationalsozialismus mitzuagieren und *hierdurch* Patienten zusätzlich zu neurotisieren. Auch Therapeuten unterlägen somit der faschistischen Forderung des bedingungslosen Gehorsams, aus dem Tendenzen des *Nichthinsehens* und der *Verleugnung* zu erklären sind. Hierdurch werden spezielle Signale "überhört", die von den Patienten zweifellos ausgesandt werden. Diesen Gesichtspunkt hebt PARIN (1989, S. 111) hervor und überschreibt ihn in seinem Aufsatz "Gesellschaftskritik im Deutungsprozeß" mit dem FREUD-Zitat: "Das habe ich eigentlich immer gewußt, nur nicht daran gedacht."

Aus diesen klinischen Erfahrungen lassen sich für uns wichtige Zugangswege für die familientherapeutische Arbeit im Hinblick auf das Aufspüren und Bearbeiten anhaltender nationalsozialistischer Werthaltungen ableiten. Neben der Reflexion der eigenen Familiengeschichte ist *faktisches* Wissen über den "Alltag unterm Hakenkreuz" unabdingbar, von den Erbgesundheitsgesetzen bis hin zu den Euthanasieprogrammen, dem Sozialdarwinismus, dem Rassismus und der Rassenhygiene, von den Parteiorganisationen bis hin zu den nachfolgenden Entnazifizierungsgesetzen. Unschätzbar ist Quellenstudium, zum Beispiel Schulbücher oder - ganz naheliegend - Stammbücher der Eltern oder Großeltern aus dieser Zeit zu lesen, in denen sich Auszüge der geltenden Erbgesundheitsgesetze finden. Wir ermuntern Familien, diese "Zeitzeugnisse" mit in die Therapie zu bringen, und sind immer wieder verblüfft, über welch umfangreiches Material aus dieser Zeit die Familien noch verfügen, vom Mutterkreuz über Orden, Bücher und Bilder. Wir mußten immer wieder die Erfahrung machen, daß an dieses "Material" bestimmte nazistische Gefühle und Einstellungen verhaftet geblieben waren. So überraschte uns eine Großmutter bei einem Hausbesuch mit Stickvorlagen für Decken, die sie gut bewahrt hatte. Hierauf fanden sich Texte wie: "Blut und Boden, darin wurzelt der Nationalsozialismus" oder das bekannte Motto Hitlers: "Nur in der eigenen Kraft ruht das Schicksal der Nation". Sie fügte bedauernd hinzu, daß sie die bestickten Decken 1945 verbrannt habe. Ein solcher Zugang, der der "Alltagsgeschichte" der damaligen Zeit Rechnung trägt, schafft notwendige Allparteilichkeit, da sich die individuelle Schuld- oder die daraus folgende versteckte Vorwurfsebene rasch erübrigt. Das bedeutet keineswegs das Breitmachen eines wissenschaftlichen Erkenntnisrelativismus, noch enthebt es den Therapeuten der Aufgabe, selbst eine klare, kritische Werthaltung gegenüber dem Nationalsozialismus zu vertreten. Doch wird hier gerade auch den jüngeren Therapeuten das Entsetzen einfühlbar, welch totaler Zugriff einem totalitären System eigen ist.

Hierzu ein Dialog zwischen einem Vater und der Familientherapeutin. Anmeldungsgrund für die Familientherapie waren die mehrfachen Suizidversuche der Tochter.

Vater: "Meine Tochter ist auch so ... wenn meine Angestellte nach Hause geht, frage ich, was sie jetzt macht. Dann sagt sie: Irgendwie Einkaufen. Wenn ich frage: Was?, meint sie: Weiß ich nicht - irgendwas. Ist son weiblicher Schwachsinn, im Sinne von Idiotie. Die Frauen kaufen irgendwelchen Krempel, gehen in Geschäfte - irgendwas wird sich schon finden, zu sonst nichts Lust. Männer haben dazu keine Lust."
Therapeutin: "Was machen die Männer?"
Vater: "Gar nichts, die spielen mit anderen Sachen, mit Atombomben, Autos, Segelbooten."
Therapeutin: "Das meinen Sie ironisch?"
Vater: "Nein, die haben ihr eigenes Spielzeug".
Therapeutin: "Kleiderkaufen ist doch aber harmloser als Atombomben."
Vater: "Ja, aber haben ja nicht alle die Gelegenheit, mit Atombomben zu spielen - oder sonst was ... ja, wie kamen wir denn darauf? Ach ja, dieses Brauchen, was man für die Wohnung braucht ... dieses Fernsehen ... früher hat man alles gelesen, was man kriegen konnte, gab ja im Krieg nicht viel, da dachte man über alles nach, was man gelesen hatte."
Therapeutin: "Was haben Sie denn da so gelesen?"
Vater: "Die Bücher kennen Sie heute nicht mehr, die gibt es nicht mehr, sind wohl alle vergriffen ... heute interessiert nur Fernsehen."

Bei dieser Familie kristallisierte sich ein fortbestehendes nationalsozialistisches Elite- und Rassebewußtsein heraus. Der unerbittliche Leitspruch des Vaters, der sich durch grausame Charakterpanzerung auszeichnete, blieb: "Lieber heldenhaft sterben als ein Feigling sein". Damit war nachvollziehbar, daß die Tochter tatsächlich dann Selbstmordversuche unternommen hatte, wenn sie entsprechend diesem Leitspruch "feige" gewesen war. Die Auflösung wurde für sie erst möglich, als ihr im familientherapeutischen Kontext die Zusammenhänge emotional deutlich wurden und sie schreien konnte: "Ihr seid aber doch beide gescheitert, guckt euch doch an, euer Elitegefasel ... Ich sollte auch so sein, immer Elite, immer stark, immer sauber. Und ihr wollt mir Vorbilder sein - ja, lieber habt ihr mich wohl tot, als daß ich euren Schwindel merke. Was habe *ich* denn mit eurem Hitler zu tun?" Das familientherapeutische Setting gestattete Einblick in die dynamisch anhaltenden Kräfte der NS-Zeit, die in der nächsten Generation in Form der Selbst-*Mord*-Thematik ihre Wirkung entfaltet hatten.

Gerade wenn es um Eltern geht, bei denen wie bei dieser Familie die nationalpolitischen Eliteschulen ihr Erziehungsziel "körperlich hart, charakterlich fest und geistig elastisch" nicht verfehlt haben, tritt hinter einer Charakterpanzerung von emotionslos mechanischen und auffällig identitäts- und rückgratlosen Menschen das nationalsozialistische Elite- und Rassebewußtsein in versteckter Menschenverachtung zutage. Wenn diese Familien auch auf den ersten Blick, wie in dem oben aufgezeichneten Dialog, wie solche mit zwangsneurotisch strukturierten Abwehrmustern erscheinen, stellen sich bei differenzierter Gegenübertragungsdiagnostik doch weniger aggressive Gefühle ein als vielmehr Fassungslosigkeit, Schrecken vor der zutagetretenden Erbarmungslosigkeit, Angst vor dem Unheimlichen. Hier löst sich das "sadistische Über-Ich" tatsächlich in *faktisch* stattgefundenem Terror auf, in Denunziationen, Mord und anderem mehr.

Nach unseren Beobachtungen berichten ältere Menschen heute scheinbar freimütiger über ihre "Nazivergangenheit", wie Zugehörigkeiten zur Partei, Erinnerungen an Greueltaten oder Judendeportationen. Doch in der Familientherapie geht es nicht nur darum, *direkte* Einblicke in die Nazivergangenheit der Älteren zu gewinnen oder darum, wie Menschen die Nazizeit aus der *heutigen* Sicht sehen. Vielmehr geht es um ein viel komplizierteres Problem, wie auch STIERLIN (1988) oder BUCHHOLZ (1990) aufzeigen, nämlich, herauszuarbeiten, wie die "vergangenheitsbezogenen Haltungen (Vernebelung der Erinnerung, Verzerrung der Wahrnehmung, Rückgriff auf ideologische Ausflüchte, Umgehung der Rechenschaftspflicht)" (STIERLIN 1988, S. 204) nach wie vor ihre Wirkungsgeschichte zeigen und die Familien in einem Klima des damaligen Alltags gefangenhalten.

Das folgende Beispiel soll hierüber Aufschluß geben. Es geht darum, wie sich sozialdarwinistische Ideologien des Dritten Reiches in gegenwärtigen Vererbungsannahmen über die Erkrankung des 20jährigen Sohns breitmachen.[1]

Indexpatient ist der 22jährige Sohn Robert, ein Student mit massiven Arbeitsstörungen und aggressiven Durchbrüchen, der von seinem Haß, seiner Enttäuschung, seiner Wut und Rache an seiner Familie so okkupiert war, daß kein Platz für eine selbständige Lebensplanung möglich war, zumal er auch nicht von seinen Wiedergutmachungsforderungen ablassen konnte: "Die Eltern müssen sich zuerst verändern". "Von Geburt an bin ich der Böse, ich kann machen, was ich will - na gut, dann sollen sie es aber auch spüren!" Tatsächlich wurde in den Familiensitzungen deutlich, daß die Eltern fest davon überzeugt waren, daß Robert überwiegend "böse Charaktereigenschaften" geerbt hätte. Beide Eltern litten darunter. Der Vater überspielte und provozierte das "Schicksal" mit Zynismus, während die Mutter den Sohn zu wütender Verzweiflung brachte, wenn sie vertrat, daß man das Böse im Sohn durch viel Liebe zu mildern versuchen könnte. Es fiel auf, daß in dieser Familie mehr als in anderen Familien von "Vererbung", "Erbgut", "Erbfolgen" die Rede war. Die Forstwirtschaft der Eltern gab ihnen unmittelbar die Begrifflichkeit dafür. Sie verfügten über Beobachtungen und biologisches Wissen um Erbgesetze. Darauf gründete sich ihre praktische Handhabung hinsichtlich "Saatgut" oder "Pflanzen-, Baum- und Tierzucht". Im Analogieschluß stand für die Eltern die Anwendung dieser Erbgesetze auf ihre Familiensituation in bezug auf ihren Sohn fest - so der Vater: "Vergleicht man die Stammbäume unserer Hunde, kann man *auch* immer feststellen, daß bösartige Hunde von bösartigen abstammen, während der gutmütige Hund auch schon von friedlichen abstammt. Man kann zwar einen freundlichen Hund durch intensives Malträtieren vielleicht böse machen, aber einen bösartigen Hund wird man *nie* zu einem freundlichen Hund erziehen können."

Obwohl wir Therapeuten sowohl unser eigenes Entsetzen spürten als auch Robert beobachteten, wie er sich immer mehr im wahrsten Sinne des Wortes zusammenkrümmte "wie ein geschlagener Hund", ermunterten wir jedes Familienmitglied, seine Vererbungstheorien breiter zu erläutern. Es war tatsächlich so, daß die Eltern die Beob-

---

[1] Nur angemerkt sei, daß das völkische Gedankengut um Sozialdarwinismus, Rassismus oder der Rassenhygiene seit Ende des 19. Jahrhunderts im gesamten Europa und Nordamerika verbreitet war. Jedoch erst in Deutschland schufen die nationalsozialistischen Gesetzgebungen den juristischen Boden für die "Freigabe der Vernichtung unwerten Lebens" (BINDING u. HOCHE 1920).

achtungen, die sie in der Forstwirtschaft gewonnen hatten, vollständig auf Menschen übertrugen - "nach den Mendelschen Gesetzen", wie der Vater feststellte. Bei Robert hatte man sich auf einen rezessiven Erbgang aus der väterlichen Linie geeinigt.

Wir Therapeuten insistierten auf der Frage: "Woher stammen die jeweiligen Vererbungstheorien, wo und wie sind sie gelernt und gelehrt worden?" In unserer Familie wurde nun in alten Schul- und Lehrbüchern nachgeforscht, und schließlich brachte der Vater den Beweis für die Richtigkeit seiner Vererbungstheorie, indem er ein Lexikon mitbrachte, welches *nach wie vor* im Gebrauch der Familie war. Da heißt es in Meyers Lexikon von 1939 (S. 1246): "Die Mendelschen Gesetze gelten grundsätzlich und allgemein auch für den Menschen, denn alles Lebendige unterliegt gleichen Gesetzen. Die Annahme, daß alle gesunden und kranken, körperlichen und geistigen Eigenschaften sich beim Menschen genau nach denselben Gesetzen übertragen, ist bisher in einer großen Anzahl von Fällen bewiesen worden. Hiernach ist die frühere Vorstellung von der anlagemäßigen Gleichheit der Menschen und die Abhängigkeit seiner Reifung von Umwelteinflüssen falsch. Hierzu ist die Grundlage für das rassenhygienische Handeln des nationalsozialistischen Staates gegeben." (Wir wollen hier nicht verheimlichen, daß sich unseres Erachtens die gleiche Theorie unter dem Kapitel "Der Mensch und die moderne Genetik" von F. VOGEL in Meyers Lexikon von 1974 wiederfindet.)

Erst unsere Akzentuierung und breite Bestätigung, daß diese Lehrmeinung die *Normalität zur Schulzeit der Eltern und deren Eltern darstellte*, konnte einen Dialog zu der Frage: "Woher stammt das Böse?" in Gang setzen und hierdurch auf die innerfamiliären Biographien verweisen. Den Eltern wurde nun die persistierende archaische Angst vor den eigenen Eltern und deren eisernem Gebot bewußt: "Erwachsene haben immer recht, auch wenn sie Unrecht haben". Zum anderen bestand eine untergründige Strafangst, die unmittelbar als Folge nationalsozialistischer Einflußnahme anzusehen war. So hatte der Vater, noch als Hitlerjunge, seinen Vater dazu "erzogen", den seit 1934 obligatorischen Hitlergruß zu befolgen! Den Widerstand des Vaters übertrumpfte der Sohn damit, daß er nicht dem Vater, sondern nur dem Führer gegenüber zum Gehorsam verpflichtet sei. Jetzt, nach dem Krieg, ohne die Ideologisierung von Stärke, befürchtete er mit Recht die Rache des Vaters, der sich in seiner erzieherischen Autorität gedemütigt fühlte. Der Großvater brachte dies auch deutlich in den familientherapeutischen Sitzungen zum Ausdruck.

Zusammenfassend ließ sich feststellen, daß wir uns in der gegenwärtigen Familie sowohl mit innerfamiliären Besonderheiten, vor allem aber mit dem Weiterwirken nationalsozialistischer Rassenideologie zu beschäftigen hatten. Denn nach dem führenden Rassenhygieniker der damaligen Zeit, LENZ heißt es: "Das entscheidende Bestreben praktischer Rassenhygiene muß dahin gehen, daß die Begabten und Tüchtigen sich stärker vermehren als die Untüchtigen und Minderwertigen" (Meyers Lexikon 1939, S. 1246).

Die Therapien mit nationalsozialistischem Konfliktmaterial gestalten sich langwierig. Dieses liegt einesteils an der durch Scham- und Schuldgefühle abgewehrten Thematik. Andererseits ist die abgewehrte Angst nicht zu unterschätzen, die sich aus der Atmosphäre des durch Terror, Gefahr und Bedrohung geprägten Nazi-Alltags speist. In den von uns durchgeführten Therapien, die sich um fortbestehende nazistische Ideale drehten, um Ideologisierung von Trauer um die Gefallenen, Rassenvorurteile hinsichtlich der Juden oder der Zigeuner, um Schicksale der Zivilbevölkerung und hier vor allem auch der Frauen, der Soldaten und Flüchtlinge, um Waisenschicksale oder Folgen, die sich für die Familien aus den Entnazifizierungsprozessen ergaben, kamen wir zu folgendem Ergebnis: *Bevor* wir uns um verfeinerte Techniken bemühen, ist die Aneignung von Sozialgeschichte, historischen Fakten, vor allem aber von damals gültigen Gesetzestexten und deren Umsetzungen, von Traditionen, geographischen und nationalen Gegebenheiten unabdingbar. Die therapeutische Arbeit sollte entweder darin bestehen, die kollektive Schuldfrage in diesen Familien über den Weg des individuell-familiären Betroffenseins für diese einfühlbar zu machen, um die Fragen dann erst wieder zu verallgemeinern, oder aber darin, die zu einem neurotischen Symptom erstarrten nationalsozialistischen Werthaltungen zu lockern, um den Horizont für eine breitere Betroffenheit im Netz politischer und individueller Verwobenheit zu öffnen.

Nach unseren Erfahrungen rückt bei dem Komplex "Nationalsozialismus" die Person des Therapeuten mehr als sonst in den Vordergrund, nämlich zum einen hinsichtlich der Reflexion der eigenen nationalsozialistischen Vergangenheit, zum anderen auch hinsichtlich der unverarbeiteten Vergangenheitsbewältigung des psychotherapeutischen Berufsstandes.

14. KAPITEL

Psychosomatik

oder: Erschöpfung und Leere als familiäres Grundgefühl

Betrachten wir die psychosomatischen Störungen im engeren Sinne, so haben wir den familiären Einfluß einmal in dem, was man bislang im Sinne linear-kausalen Denkens die "Psychogenese" nannte, zu suchen, zum anderen in der Rückwirkung der Erkrankung auf die Angehörigen des Symptomträgers. Letztere ähnelt den durch chronische Erkrankungen in Gang gesetzten familiären Prozessen. Darüber hinaus dient die Erkrankung der Familienhomöostase, denn durch ihr immer wieder neues Auftreten wird der Ausbruch schwerer familiärer Konflikte verhindert.

Psychosomatische Störungsbilder werden traditionell der ersten Entwicklungsphase nach der Geburt zugeordnet. Sie sollen sich auf der Grundlage von Verlusterleben, Trennungsangst und dem Fehlen zureichender symbiotischer Erfahrungen bilden, die zu mangelnder Objektkonstanz mit anhaltender Ambivalenz den Objekten gegenüber sowie einer "verfrühten" Ich- und Über-Ich-Bildung führen und eine "Grundstörung" annehmen lassen. Die Thesen eines grundlegenden "Defektes" in der psychischen Struktur oder einer "Alexithymie" als Grundlage des Krankheitsgeschehens (MARTY u. DE M'UZAN 1963, SIFNEOS 1973, V. RAD 1983, MCDOUGALL 1985) werden heute als Untersuchungsartefakte kritisch diskutiert (zum Beispiel AHRENS 1988, vorher CREMERIUS 1977).

Trotz aller wissenschaftlichen Bemühungen und einzelner beachtlicher Teilerfolge in der Erkenntnis bleibt das Problem der Art der Verbindung zwischen seelischem und leiblichem Geschehen dunkel. Auch ließen sich Hypothesen nicht aufrechterhalten, die von der Annahme *einer* spezifischen familiären Grundstörung ausgingen. Vielmehr werden mindestens drei unterschiedliche Gruppen von "psychosomatischen Familien" beschrieben: "gebundene" und "gespaltene" Familien sowie "Familien in Auflösung" mit einem "Nebeneinander von Bindung und Ausstoßung" (WIRSCHING u. STIERLIN 1982). Auch auf die Diskussion der Zuordnung von Bevorzugungen einzelner Organsysteme und psychoanalytisch definierten Entwicklungsphasen möchten wir verzichten.

Wir wollen hier allerdings auf familiendynamische Besonderheiten eines Typs psychosomatischer Familien eingehen, den wir in unserer Praxis am häufigsten beobachteten, nämlich den, der am ehesten dem von WIRSCHING beschriebenen "gebundenen" Typus entspricht, bei dem wir eine Reihe zentraler Gemeinsamkeiten beobachteten. Die Annäherung an dieses zentrale gemeinsame Grundmuster kann unseres Erachtens zunächst einmal nur phänomenologisch erfolgen (siehe hierzu die ausführliche Literaturübersicht bei REICH u. DEYDA 1991): Betrachten wir die Familien insgesamt, so erscheinen diese nach außen als "normal" bis "überangepaßt" (STEWART 1962). Es besteht das Bedürfnis nach engem Zusammenhalt, etwa nach der Regel: "Mir geht es gut, wenn es auch den anderen gutgeht." (WIRSCHING u. STIERLIN 1982). Eigene Bedürfnisse, Gefühle wie Neid und Rivalität, aggressive, aber auch libidinöse Impulse werden abgewehrt. Es darf keine Unterschiede zwischen den Mitgliedern geben, die sich allein für nicht überlebensfähig halten. Kein Familienmitglied kann antizipieren, daß andere anders erleben und sich anders verhalten als es selbst.

Hieraus, so fassen REICH und DEYDA (1991) zusammen, ergeben sich unklare Beziehungsdefinitionen. Koalitionen sind einerseits verpflichtend; andererseits darf es sie nicht geben, da sie die Einheit bedrohen (STIERLIN et al. 1986).

So werden Konflikte auf allen Ebenen umgangen, deren Existenz verleugnet. Die Familienmitglieder scheinen ständig umeinander besorgt, gehen vorsichtig miteinander um. Das Sich-Kümmern um Dritte und die Kommunikation über diese tritt an die Stelle direkter Auseinandersetzungen. Die Kommunikation erscheint eingeengt, unverbindlich und indirekt. Es entsteht der Eindruck einer "Beziehungsleere". Es wird weniger gesprochen als in Familien mit neurotischen, psychotischen oder delinquenten Mitgliedern (FLECK 1976, HASSAN 1974). Die Grenzen zwischen den Familienmitgliedern, insbesondere zwischen den Generationen, werden nicht gewahrt. Bei maximaler Nähe ist der interpersonelle Austausch gleichzeitig blockiert, die Familie permanent angespannt und eingeengt (JACKSON u. YALOM 1966, MEISSNER 1966, MINUCHIN et al. 1975, STIERLIN 1988, TILCHENER et al. 1967). Im Sinne der rigiden Über-Ich-Bildung werden wichtige Beziehungssituationen und Lebensziele entsprechend einem strikten Entweder-Oder betrachtet und bewertet. Einmal erworbene Interaktionsmuster werden beibehalten, verschiedenartige Situationen in stereotyper Weise gehandhabt: "Was einmal war, soll immer bleiben" (STIERLIN 1988). So erscheint die Familie insgesamt als rigide (JACKSON u. YALOM 1966, MINUCHIN et al. 1975).

Diese Beobachtungen fallen häufig schon bei der Anamneseerhebung auf, gleichgültig, ob diese nun einzeln oder bereits im Familienverband erfolgt. Die Art des Ausdrucks, in der über eine Krankheit berichtet wird, ist anders als bei Patienten mit sonstigen körperlichen oder gar psychischen Störungen. Es wird extrem sachlich über die Krankheit berichtet. Indexpatient wie Angehörige beschreiben Krankheitserscheinungen und Beschwerden nicht wie Betroffene, sondern wie aus dem Zeugenstand heraus. Ihre Sprache wirkt dürr, läßt Nuancierungen vermissen, "man"-Formulierungen herrschen vor. Die Autoren der Pariser Schule sprechen hier treffend von einer "language devitalisé" (MARTY, DE M'UZAN, DAVID 1963). Es wird so wenig wie möglich mitgeteilt, und selbst bei eigenen Erklärungsversuchen fehlt der affektive Bezug.

Versucht man bei Kindern, Eltern und Großeltern in üblicher ärztlicher Weise nach Krankheiten zu fragen, erfährt der Untersucher zunächst wenig. Diese werden nämlich nicht als bemerkenswert wahrgenommen. Krankheit gelangt nicht als Krankheit ins Bewußtsein. Im Gegenteil, Stabilität und Leistungsfähigkeit der anderen Familienmitglieder werden zunächst betont. Bei näherem Hinsehen wird deutlich, daß in diesen Familien in mindestens drei Generationen chronische Krankheiten und organische Störungen vielfältig und massiv vorhanden sind. Krankheit ist hier Normalität, unterhalb der Schwelle der bewußten Wahrnehmung.

Es ist nicht deutlich auszumachen, wer aus der Familie eigentlich spricht. Dies ist in der Tat unwesentlich, denn Indexpatient wie Angehörige beschreiben das Geschehen in ähnlicher Weise.

Die Krankheiten in der Familie, die Unfähigkeit zur Beziehungsaufnahme - diese bringt bei den hier auftretenden Konflikten ständig die Gefahr der Störung der brüchigen Ökonomie und der psychosomatischen Dekompensation mit sich - haben schon seit unbestimmter Zeit zu einer Umgestaltung des Familienlebens, zu einer Existenz auf "Sparflamme" (STEPHANOS 1979) geführt.

Der Freundeskreis der Familie scheint kleiner als bei anderen Familien, die Kinder scheinen oft weniger Beziehungen zu anderen Kindern zu haben. Ebenso wie bei der oft starren und phobisch anmutenden Schonhaltung der Familie ist post hoc nicht mehr auszumachen, was der sich entfaltenden Symptomatik vorausging und was ihre Folge ist. Hier das richtige Maß zwischen förderlicher Aktivität und abträglicher Belastung zu finden, das vermögen oft nicht einmal die Experten, und die erschöpften Eltern sehen sich nicht selten sehr widersprüchlichen Hinweisen und Ratschlägen ausgesetzt. Bei Verschlechterungen haben sie es allemal "falsch" gemacht.

Die Mütter finden wir oft mit der "Dienstleistung nach innen", einer vielfältig variierenden Krankenpflege, befaßt; die Väter mit der "Dienstleistung nach außen", einer beruflichen Tätigkeit, der ohne Befriedigung selbst da, wo sie sie bieten könnte, nur zur Existenzsicherung nachgegangen wird. Es findet sich eine durch das Niveau der Herkunftsfamilie weitgehend vorbestimmte soziale Angepaßtheit. Das Sozialverhalten folgt, aufgrund des übermäßigen Normalitätsdruckes, übernommenen Umgangsschablonen und Stereotypen, wobei ein affektiver Bezug zum Gegenüber zu fehlen scheint. Aufgrund des übermäßigen inneren Druckes und der starken Belastungen durch das Krankheitsgeschehen werden Beziehungen zu anderen Menschen als anstrengend erlebt. Es besteht ein Grundgefühl tiefgreifender seelischer und körperlicher Erschöpfung.

Unter der Last unerfüllbarer Aufträge wird in den tiefen Schichten der Person erlebt, daß in der Welt nichts gut ausgehen kann. Jedoch ist der wesentliche Unterschied zu den bisher beschriebenen Störungsbildern der, daß Konflikte gar nicht oder in ihrer Tragweite und Bedeutung völlig isoliert erlebt werden. Die Affekte werden vornehmlich durch Blockierung abgewehrt. Dabei lassen sich vielfach dramatische Auseinandersetzungen in den Familien beobachten.

Anstelle der vielen theoretischen Einordnungsversuche möchten wir hier nur einige Beobachtungen im Hinblick auf die "Objektbeziehungen" hervorheben, die wir in unseren eigenen Untersuchungen bestätigen konnten.

Beide *Eltern* können sich nicht flexibel dem Kinde zuwenden.

Denn auch sie scheinen keinen Zugang zueinander zu finden und von der Gedanken- und Gefühlswelt des anderen isoliert zu sein. Die Kommunikation zwischen ihnen wirkt vage, unbestimmt und unklar und ist durch mangelhaftes Eingehen aufeinander, Pseudoübereinstimmung und ausgeprägte Konfliktvermeidung gekennzeichnet (vgl. REICH u. DEYDA 1991). Die Beziehungen untereinander erscheinen als unsinnlich; vom Geschlechtsleben wird eher wie von einer schematischen Erledigung berichtet.

Spannungen in der Ehebeziehung werden durch das gemeinsame Bemühen um das erkrankte Kind reduziert (MINUCHIN et al. 1975, OVERBECK u. OVERBECK 1978). Dieses dient als Ersatzperson bei der Bewältigung schwerwiegender Verluste und den Eltern zur Stabilisierung ihres Selbstwertgefühls, indem es deren narzißtische Idealvorstellungen verwirklichen helfen soll (WIRSCHING u. STIERLIN 1982). Hierdurch kommen die Indexpatienten in eine Sonderrolle gegenüber ihren Geschwistern (MOHR et al. 1963).

Die Beziehung zwischen psychosomatisch erkrankten Kindern und ihren *Müttern* wird als überwiegend "symbiotisch" und "verschmolzen" dargestellt, wobei die Mütter auf intensive, mystifizierende Art die Gedanken- und Gefühlswelt des Kindes beeinflussen und offenkundige Widersprüche leugnen. Dabei sind die Gefühle der Mütter äußerst ambivalent: ängstlich und zugleich oft hilflos feindselig. Offensichtlich erreichen die Mütter psychosomatisch Kranker nicht den spezifischen Zustand von erhöhter Sensibilität, der einer primären Mütterlichkeit im Sinne einer "holding function" (WINNICOTT 1956) entspricht. Mütter können nicht genügend, adäquat und rechtzeitig eine hinreichend angenehme "Lagebefindlichkeit" (GOTTSCHALDT 1960) ihrer Säuglinge herstellen. Sie sind durch den Hintergrund pathologischer Interaktionen, die durch chronische funktionelle oder organische Störungen in der Familie geprägt werden, behindert.

Die *Väter* sind häufig entweder randständig, in ihrer Position geschwächt oder fehlen gänzlich. Andere dagegen scheinen passiv-weich, eher "mütterlich". Beide Muster scheinen zu bewirken, daß in dem psychosomatisch Kranken ein emotional ungeklärtes Vaterbild mit unausgewogenen, zu nahen oder zu fernen, Abgrenzungen entsteht. Da diese Väter keine "ödipale Autorität" besitzen, vermögen sie im psychoanalytischen Sinne nicht zu "triangulieren", so daß das Kind den Vater nicht als dritte Person entdecken kann.

Kommen wir nun zu Beobachtungen während des familientherapeutischen Prozesses.

In den von uns behandelten Familien mit Kindern, die an endogenem Ekzem, Asthma oder Colitis ulcerosa erkrankt waren, kam es im Verlauf bei den scheinbar symptomfreien Eltern zu Zuständen von hochgradiger Ratlosigkeit, Sprachlosigkeit und Leere. So äußerte der Vater eines ekzemkranken Kindes, daß er sich jetzt kratzen müßte, um sich zu fühlen. Diese Zustände unterscheiden sich vom depressiven Syndrom durch das scheinbare Fehlen aggressiver Impulse. Diese werden eher nonverbal zum Ausdruck gebracht, wie in diesem Beispiel. Da sich für die Ratlosigkeit und Leere schwer Worte finden lassen, versteht der Therapeut oft nicht mehr, was gemeint ist, wohl aber das Ehepaar, denn bei diesem scheint auf einer "tieferen" Ebene der Persönlichkeit eine *gemeinsame* Gefühlsbasis vorhanden zu sein. Die "Beziehungslosigkeit" des Paares erweist sich so als Vordergrundphänomen.

In den nachfolgenden Intergenerationensitzungen mit Teilen der Großelternfamilie wurden Familienkonstellationen mit extremen Belastungen durch soziale (Ausstoßungen, Auswanderung, Berufsverbote in der Nazizeit, Vertreibungen) und gesundheitliche (häufige Infekte, Migräne, Magen-Darm-Beschwerden, Krebserkrankungen etc.) Lasten aufgerollt. Von den Beteiligten wurde ein Grundgefühl formuliert, das etwa so zusammenzufassen wäre: Wir wissen um die Qual des Lebens, wir tragen sie, weil wir auch wissen, daß sie endet. Tief erlebtes Unheil hat hier eine Trösterfunktion. Denn Unheil bedeutet dadurch, daß die Aufträge an die Familienmitglieder als endgültig unerfüllbar aufgegeben werden können, "endlich Frieden", wie es eine Mutter zweier kranker Kinder formulierte - Frieden vor den nicht zu bewältigenden sozialen Anforderungen.

Entsprechend dem familiären Gefühl der Leere und Vergeblichkeit von Anstrengungen wurden die Indexpatienten auch nicht - wie in neurotischen und psychotischen Familien - mit Zuschreibungen bedacht (Massing 1980). Das "Du bis so wie", das wir aus anderen Familien kennen und das sich im Entstehungszusammenhang verstehen, bearbeiten und zum Teil aufheben läßt, fehlt hier. Statt dessen scheinen wir hier zunächst auf ein "Loch" zu stoßen. Intrafamiliäre Übertragungsinhalte und Symbolbildungen scheinen sich "verflüchtigt" zu haben. Dabei finden wir bei behutsamer Arbeit entlang dem angebotenen Material allmählich Phantasien, Wünsche und Daseinsentwürfe vor. Die von McDougall (1978) geforderte "Anormalität" stellt sich allmählich ein. Der Therapeut ist hier über weite Strecken eher als behutsamer Begleiter und "antwortendes Objekt" gefragt. Deutungen, insbesondere Triebdeutungen, werden als eindringend und verletzend oder als Unverständnis erlebt. Es ist zwar taktvolle Distanz erforderlich, aber keine "Neutralität".

Familien, in denen wir derartige tiefe Regressionszustände miterleben konnten, haben nach unseren bisherigen Erfahrungen eine günstigere Prognose als die, in denen diese nicht möglich sind. In unserer Arbeit mit "psychosomatischen" Familien ist es uns einfühlbar geworden, daß diese Rückübersetzung von Leiblichem in Seelisches gefürchtet wird, weil man nicht sicher ist, ob es einen Partner oder Therapeuten gibt, der sich nicht überfordert fühlt, sondern dem darin enthaltenen Wunsch nach tiefer Regression folgen kann. Wir können aber auch sagen, daß sich, wird ein solcher Zustand ungestört von außen durchgestanden, in den Familien wirklich etwas verändert.

Das Grunderleben der Resignation und Erschöpfung der Eltern korrespondiert mit der psychosomatischen Erkrankung und den Erlebensweisen des Indexpatienten. Da bei psychosomatischen Störungen alle Mitglieder als "gleich" erscheinen, ist es von der Behandlungsdynamik her gar nicht so wesentlich, in welcher Generation der Zugang zu dem Erleben der Trostlosigkeit, die paradoxerweise selbst Trostfunktion hat, zuerst erfolgen kann. Diese Wiederbelebung ermöglicht den Eltern oft eine averbale emotionale Kommunikation mit dem Partner.

Die Eltern sind nicht manifeste Symptomträger, sondern kränkeln nur. Das ist verständlich, denn sie haben schwere Sorgen, wobei die Hauptsorge auf die eigenen Eltern und den Indexpatienten verteilt wird.

Die oft dramatische, schmerzhafte, nicht selten sogar lebensbedrohliche Symptomatik stellt angesichts möglicher Individuationsschritte, die den engen familiären Zusammenhalt und die "rigiden" Transaktionsmuster bedrohen, die Einheit wieder her.

Das chronische Leiden des Indexpatienten sagt seinen Eltern, daß es schlimm ist, aber nicht so schlimm, wie sie es aus ihrer eigenen Genese untergründig wissen. Also muß der Therapeut die negativen Botschaften des Indexpatienten an die Familie ins Positive übersetzen: In diesem Sinne bedeutet eine chronische psychosomatische Erkrankung die Mitteilung an die Familie, daß das Unheil nicht so groß ist, wie gefürchtet.

Ihre Sorge war trotz aller Unzulänglichkeit zureichend, weil man noch am Leben ist. Hieraus wäre durchaus Hoffnung zu schöpfen, wenn man wüßte, wie. An diesem "wie" muß die gemeinsame Therapie weiterarbeiten, wobei wiederum die Großelterngeneration ihre Hilfe anbieten kann. Diese ist selbst vom Leiden krank gemacht, aber hat, soweit sie noch am Leben ist, die Botschaft des Alters, nämlich das Überleben, mitzuteilen.

Wir haben eine als psychosomatisch deklarierte Erkrankung, die Anorexia nervosa, aus dieser Betrachtung herausgenommen und unsere Untersuchungen dazu an anderer Stelle vorgestellt. Die Pubertätsmagersucht ist zwar eine schwere psychosomatische Erkrankung mit zeitweiliger Lebensgefährdung, unterscheidet sich jedoch von den oben beschriebenen. Denn die somatischen Erscheinungen sind Folge eines irgendwann zuvor gefaßten Willensentschlusses, an Gewicht abzunehmen, so daß das Wie der Wandlung einfach zu beschreiben ist: Die Indexpatientin müßte mehr essen, dann gingen die körperlichen Begleiterscheinungen der Erkrankung zurück. Daß und weshalb dies nur schwer zu erreichen ist, haben wir bereits diskutiert. Aber was soll ein Colitis ulcerosa-Kranker, ein Magengeschwür-Kranker, ein Haut-Kranker "machen"? Er ist dem vegetativen Terror seines unbewußten Grundgefühls ausgeliefert. Er kann nicht symbolisieren, er *ist* Symbol, zu dem sich die Magersuchtkranke erst machen mußte, und um das sie verzweifelt und verbissen kämpft. Nun ein Beispiel zu unseren Ausführungen:

Eine 5köpfige Familie kommt, nachdem sie schon eine Reihe von psychotherapeutischen Einrichtungen und Ärzten aufgesucht hat, in die Familientherapie.

In den telefonischen Vorgesprächen ist von "Depressionen" der Tochter, dem mittleren von 3 Kindern, die Rede.

In den ersten Interviewstunden stellte sich heraus, daß die vorgestellte 11jährige Patientin sich nicht nur häufig bedrückt in das Kinderzimmer zurückzieht, sondern an Asthma und einem endogenen Ekzem leidet. Auch die zunächst als "gesund" vorgestellten Geschwister leiden unter einem Ekzem; wie selbstverständlich berichten die Eltern, daß die ältere Schwester außerdem wegen ständiger Unaufmerksamkeit in schulpsychologischer Untersuchung und der jüngere Bruder wegen "Nervosität" in einer Beratungsstelle in Behandlung gewesen waren. Der Vater war einige Jahre zuvor wegen Angstzuständen nervenärztlich behandelt worden und gab an, "Durchsetzungsprobleme" zu haben. Die Mutter schilderte, daß sie vom Hausarzt Beruhigungsmittel erhielt, weil sie von der Hausarbeit "total erschöpft" und "übernervös" sei. Ihr sei außerdem vorgeschlagen worden, wieder berufstätig zu werden. Diese Fakten wurden von allen Familienmitgliedern als normal erlebt und kamen erst nach längerem Nachfragen heraus.

Die Familie lebte seit 5 Jahren in einem unfertigen alten Bauernhaus. Der Vater hatte den Ehrgeiz, alles - gemeinsam mit Frau und Kindern - in "Eigenarbeit" zu renovieren, kam aber wegen seiner beruflichen Überlastung nicht dazu. Er hatte es trotz Hochschulstudium nur zu dem Posten eines Leiters einer mittleren Abteilung in einem Industriebetrieb gebracht.

Die Mutter hatte vor der Ehe als medizinisch-technische Assistentin gearbeitet, den Beruf aber "wegen der Kinder" aufgegeben. Ihre Berufswahl erfolgte auf Anraten ihrer Mutter.

Über die Geburt der Kinder berichtet die Mutter, daß sie sich vorher und nachher ständig überfordert gefühlt habe, besonders weil ihr Mann zu der Zeit der Geburt der Indexpatientin aus beruflichen Gründen ständig auf Reisen war. Alle Kinder waren Frühgeburten und nach der Geburt zunächst eine Weile im Brutkasten. Die Mutter empfand besonders die Indexpatientin als "häßliches Baby", weil sie "so dünn und schrumpelig" gewesen sei.

Seit das Ekzem bei der Indexpatientin und ihren Geschwistern um das 1. bis 3. Lebensjahr aufgetreten war, verbrachten beide Eltern viel Zeit damit, dieses mit Salbe zu bestreichen.

Der Vater selber hatte als Kind ein Ekzem gehabt, das er bei einem Tieffliegerangriff - in einer Situation extremer Lebensbedrohung - verloren hatte.

Aus seiner Familiengeschichte wurde im Verlauf der Familientherapie folgendes bearbeitet: Sein Vater (der Großvater der Indexpatientin) hatte die Familie nach der Rückkehr aus der Gefangenschaft verlassen und war in die USA ausgewandert. Beide hatten sich seither nicht mehr gesehen.

Seine Mutter (die Großmutter der Indexpatientin) litt, seit der Großvater sie verlassen hatte, an Magengeschwüren. In der kurzen Ehe der Großeltern gab es vorher dauernd Konflikte, da die im Haus lebende Schwiegermutter die Großmutter tyrannisierte und der Großvater sich meist auf deren Seite stellte. Die Großmutter tröstete sich mit der Hoffnung, daß der Vater der Indexpatientin, der sehr gute Schulleistungen hatte, einmal ein "Wissenschaftler" werden würde. Seinen beruflichen Mißerfolg nahm sie ihm übel und drückte dies häufig durch schweigendes Übergehen seiner Person bei Besuchen aus.

Aus der Vorgeschichte der Mutter wurde folgendes erarbeitet: Sie war als uneheliches Kind aufgewachsen. Ihrer Mutter (der Großmutter der Indexpatientin) war die Heirat mit dem Vater ihres Kindes verboten worden. Dieser paßte nicht in die Kaufmannsfamilie, aus der sie stammte. Während der Schwangerschaft mit der Mutter schnürte die Großmutter ihren Bauch eng ein und hungerte, um ihren Zustand vor der Familie so lange wie möglich verborgen zu halten. Nachdem ihr Vater (der Urgroßvater der Indexpatientin) an den Folgen eines Unfalles, der nie richtig aufgeklärt wurde, verstorben war, zog sie aus ihrem Heimatort mit ihrer Tochter (also der Mutter unserer Indexpatientin) fort. Deren leiblicher Vater suchte den Kontakt mit beiden, der aber von beiden abgelehnt wurde. Die Mutter der Indexpatientin nahm es ihm andererseits sehr übel, daß er sich nicht um sie kümmerte.

In den folgenden Stunden stellte sich heraus, daß die Mutter seit ihrer Pubertät daran dachte, sich umzubringen, um "die Last des Lebens nicht mehr tragen zu müssen". Als dies unter Tränen ausgesprochen wurde, lief die Indexpatientin, die bislang in den Sitzungen starr neben der Mutter gesessen hatte, zum erstenmal zu ihren beiden Geschwistern, um mit ihnen zu spielen.

Der Vater äußerte als heimliche Lebenssehnsucht, Eremit zu sein oder allein auf einer meteorologischen Station zu leben. Ebenso wie seine Frau fühlte er sich innerlich eigentlich leer und erlebte Kontakt mit Menschen als Riesenanstrengung. Als es beide gewagt hatten, ihre Sozialschablonen, die "soziale Aktivität" und "Kontaktfreudigkeit" vorschrieben, abzulegen, konnten sie sich besser ineinander einfühlen, als es jeder Therapeut vermocht hätte, da sie in der Tiefendimension gleich erlebten. Hierdurch fanden sie eine neue Verständigungsmöglichkeit, nachdem vorher eine schwere Ehekrise aufgebrochen war. Es war nämlich herausgekommen, daß der Ehemann von Zeit zu Zeit seine in der Ehe enttäuschten sexuellen Bedürfnisse mit Außenpartnerinnen befriedigte. Vorsichtig begannen die beiden nun, wieder körperlichen Kontakt zu haben.

In Mehrgenerationensitzungen gelang es, beide etwas von den Aufträgen ihrer eigenen Mütter zu entlasten. Diese gewannen eine neue Bedeutung, indem sie während der Kuren der Eltern die Kinder bekochten und den Haushalt versorgten.

Die unter den drei Geschwistern vorhandene Rivalität, die sich vor allem in Quälereien und Hänseleien der Indexpatientin entlud, konnte eingegrenzt werden. Hierbei spielten simpel erscheinende Dinge wie altersangemessene Taschengeldregelung, Tragen altersentsprechender Kleidung, Entlastung von Terminverpflichtungen in Turnvereinen, Musik- und Ballettschulen eine bedeutende Rolle. Denn durch ihr - von der Familie nicht wahrgenommenes - Anderssein wurde auch der Anschluß an Mitschüler erschwert. Für die Schwester der Indexpatientin wurden Ferien auf einem Reiterhof gemeinsam mit der Familie organisiert, der Bruder konnte erstmals mit einer kirchlichen Jugendgruppe nach Frankreich fahren, die Indexpatientin konnte mit der Familie einer Mitschülerin Ferien in Italien machen. Die Asthmaanfälle und die Ekzemerkrankungen besserten sich.

Durch sorgsame Dosierung von stützendem und aufdeckendem Vorgehen konnte eine Entlastung aller Familienmitglieder von ihren gefühlten Verpflichtungen und eine Lockerung der symbiotischen Verstrickung erreicht werden. Allen Familienmitgliedern wurden neue soziale Kontakte innerhalb und außerhalb des Familienverbandes möglich.

Hilfestellungen zu Realveränderungen und stützende Interventionen waren besonders notwendig, da die soziale Umwelt von allen Familienmitgliedern gar nicht wahrgenommen wurde. Diese *wirkliche Orientierungslosigkeit* und die wirklich vorhandenen *Wahrnehmungslücken* werden noch allzu häufig von Therapeuten als "Anklammerungstendenzen" oder als "Zumutung" erlebt.

Die Resignation und Leere in diesen Familien ist ebenfalls nur schwer zu ertragen und wird daher in einer eventuell depressiven Störungen angemessenen Sprache verbalisiert. Deshalb erweisen sich auch Vorschläge, die den Patienten zu einer "Selbstverwirklichung" oder "Emanzipation" verhelfen sollen, wie beispielsweise der Vorschlag an die Frau in unserer beschriebenen Familie, doch wieder berufstätig zu werden, als verhängnisvoll. Da das Gefühl der Leere nur schwer erträglich ist, überspringen Therapeuten dies gern durch Handlungsanweisungen und Verbesserungsvorschläge, die aber nur dann wirksam und hilfreich sein können, wenn gleichzeitig das Fühlen der Patienten in der Therapie zugelassen und entwickelt wird.

Durch das massive Zerwürfnis der Eheleute und deren zum Teil abgespaltenen Haß auf ihre Eltern werden die Therapeuten gespalten. Dabei wird der eine als "omnipotentes Objekt" idealisiert, der andere dient derweil als Projektionswand für allen latenten Haß und die aufgestaute Verachtung. So wird es über weite Strecken erschwert, stützend zu arbeiten, und das therapeutische Team muß heftige Rivalitätskonflikte und Strecken resignierter Lustlosigkeit durchstehen können, um kleine Erfolge zu erzielen.

15. Kapitel

Chronische Krankheit

oder: Wenn Schicksal zusammenschmiedet

Wir werden uns im folgenden Kapitel der Krebserkrankung widmen. Allerdings führt diese durch die zusätzliche Thematik von existentieller Bedrohung, Siechtum und Sterben zu evidenteren Veränderungen des Familiensystems als üblicherweise chronische Krankheiten.

Trotz aller biomedizinischen oder psychosomatischen Forschungen sind Krebsursachen weitgehend unbekannt geblieben. Auch die Heilquoten haben sich im wesentlichen - bis auf die Leukämie - nicht verbessert. In der psychotherapeutischen und somatischen Forschung und Therapie sind allerdings soziale Aspekte stärker in den Vordergrund gerückt unter der Annahme, daß die *Verarbeitung* und der *Verlauf* der Krebserkrankung unlösbar miteinander verknüpft sind. Es lassen sich grob vereinfacht in der wissenschaftlichen und klinischen Arbeit zwei Richtungen finden: *Compliancekonzepte,* die ihren Schwerpunkt auf die *Wechselwirkung* von Rehabilitation und Behandlungsbereitschaft des Krebspatienten legen und *Copingkonzepte,* die mehr auf die Frage der *Krankheitsbewältigung* zentrieren. Letzteres Konzept wird in der Familientherapie favorisiert, da es nach dem Zusammenspiel der biologischen, individuellen, familiären und sozialen Teilfaktoren im Prozeß der emotionalen und kognitiven Auseinandersetzung mit der Krankheit fragt. Es geht nach WIRSCHING (1988) um die Bewältigung des Leidens durch den Kranken und seine Angehörigen, um die Funktion des sozialen und familiären Stützsystems und um den Erhalt der größtmöglichen *Qualität des Überlebens.* Dieses Konzept geht von der allgemeinen familientherapeutischen oder systemischen Grundannahme aus, daß die Verarbeitungskrise eines Kranken und insbesondere des durch die existentielle Thematik von Leben und Tod angerührten Krebskranken *immer* auch diejenigen miteinschließt und *verändert*, die ihm nahestehen, und das sind seine Familienangehörigen. Sie erfahren Sterben als *leibliche* Realität des Lebens, während der "Gesunde" die Realität von Tod und Sterben nach außen, zum Beispiel auch *in* den Krebskranken projizieren kann unter dem Motto: "Mich wird's schon nicht treffen." Eine solche Verleugnung spiegelt auch ein gesellschaftliches Phänomen wider, als solle in der Krebsbehandlung die menschliche Sterblichkeit überhaupt bekämpft werden. Hierzu finden sich Anhaltspunkte in der täglichen Presse mit Prophezeiungen von Wunderheilungen gleichermaßen wie in der Fachliteratur, in der gerade Ärzte, wie RITSCHER (1988, S. 338) problematisiert, "oftmals in einem Feindschaftsverhältnis zu Krebserkrankungen stehen", welches sich in Begriffen wie: bösartig, radikale Entfernung, Totaloperation, besiegen, bekämpfen, Niederlage ausdrückt.

Unsere Erfahrungen decken sich mit denen anderer Familientherapeuten (siehe WIRSCHING et al. 1981, STIERLIN et al. 1983, WIRSCHING 1988), daß Familien nur selten psychotherapeutische Einrichtungen primär wegen der Krebserkrankung eines Familienmitgliedes aufsuchen. Vielmehr sind zwei Wege typisch: Entweder die Familie meldet sich wegen der Symptomatik oder der Beziehungsstörungen der anderen an, oder aber die Familie wird über die behandelnden Ärzte des Krankenhauses überwiesen. Hier handelt es sich oftmals weniger um das Problem der Familie als vielmehr um die Hilflosigkeit und ernstzunehmenden Schwierigkeiten des medizinischen Teams damit, daß die Familie, wie es in einem Begleitschreiben stand, "die Krankheit nicht reibungslos verarbeitet" oder in einem anderen "sich der medizinischen Behandlung widersetzt".

Hierzu ein erster Ausschnitt aus einer Familientherapie. Diese wird zur klinischen Verdeutlichung auch in weiteren Sequenzen dargestellt werden.

Eine Mutter meldete ihre Familie wegen Konzentrationsstörungen und Migräne der 12jährigen Birthe auf Anraten einer Kinderärztin zu Gesprächen an. Sie äußerte aber zugleich Unverständnis, auch noch den 9jährigen Martin und den 14jährigen Andreas mitzubringen; die hätten damit doch nichts zu tun. Nach einigem Hin und Her fanden wir einen gemeinsamen Termin für alle, zu dem allerdings der 14jährige Andreas nicht erschien. Der Vater meint: "Meine Frau hatte ganz vergessen, daß Andreas auf Klassenfahrt ist". So versuchten wir gemeinsam, mögliche familiären Konfliktursachen für Birthes Migräne nachzugehen. Unruhig wurden beide Eltern, als es um den zeitlichen Beginn der Migräne ging. Sie fingen ein Streitgespräch hierüber an, worauf Martin unvermittelt einwarf: "Ja, und mir ist seit damals auch oft übel", was der Vater damit abtat: "Das bildest Du Dir nur ein". Die Einigung für ein weiteres Gespräch, an dem *alle* teilnehmen sollten, erforderte therapeutische Mühe. Im zweiten Familiengespräch, zu dem tatsächlich nun alle, auch Andreas, gekommen waren, stellte sich heraus, daß Andreas eine Hirntumoroperation hinter sich gebracht hatte, die eine deutliche Halbseitenlähmung hinterlassen hatte. Andreas' Sprache war verwaschen, an seiner Stirn zeigte sich eine breite Narbe, die unter den Haarstoppeln verschwand.

Wie in dieser Eingangssequenz deutlich wird, waren, wie bei anderen Familien, die wir sahen, deren Entwicklungs- und Bewältigungsmöglichkeiten erschöpft. Durch Unterdrückung belastender Gefühle vor allem von Hilflosigkeit, Hoffnungslosigkeit und Trauer und durch Konfliktvermeidung wird Erleichterung erhofft. Die Folge ist, daß selbst durchschnittlich zu erwartende familiäre Schwierigkeiten nicht mehr ausbalanciert werden können. Einschneidende Ereignisse wie ein Rezidiv lassen sich dann nicht mehr bewältigen, zumal hierdurch die *Chronizität* der Krebserkrankung endgültiges Faktum wird. Für Geschwister nimmt das Unheimliche durch Nichtaussprechen oder unklare Benennungen unerträgliche Ausmaße an.

Bei der Betrachtung der *aktuellen Beziehungssituationen* dieser Familien lassen sich typische Verhaltensmuster finden. Diese Beobachtungen bestätigte WIRSCHING (1988) in einer breit angelegten Studie auch für Familien, die nicht in psychotherapeutischer Behandlung standen. Diese Verhaltensmuster der Familien sind *nicht Ursachen, sondern Folge* der existentiellen Bedrohung durch die Krebserkrankung. Einige Wissenschaftler beschrieben diese Verhaltensmodi auch schon *vor* der Krebserkrankung bei diesen Familien. Sie leiteten davon die Hypothese ab, daß "Krebsfamilien" eine typische psychosomatische Primordialstruktur besäßen (s. GROSSARTH-MATICEK 1976, 1984). Diese wissenschaftliche Hypothese verleitet nach unseren Beobachtungen oftmals Therapeuten zu einer unterschwelligen Schuldzuweisung dahingehend, daß Patienten oder Angehörige selbst "schuld" am Krebs oder dem des Kindes haben; diese potenzieren sich mit den von der Familie selber angenommenen Verurteilungen.

Diese zu beobachtenden Verhaltensmuster, die wie unausgesprochene Regeln befolgt werden, fassen WIRSCHING et al. (1981, S. 10ff.) zusammen:

1. Alle weiteren Belastungen und Konflikte müssen vermieden werden, denn die Familie ist bereits am Ende ihrer Kräfte und Ressourcen.
2. Es werden keine Veränderungen zugelassen, denn dann wird alles noch schlimmer. Daher finden sich auch die häufig harmonisierenden und idealisierenden Darstellungen selbst schwierigster Situationen.
3. Man findet eine Anpassung an gegebene Normen, die vor beunruhigender Veränderung schützen soll. Diese Regel bewirkt, daß gesellschaftsgängige Klischees und vermeintliche und tatsächliche Erwartungen, ohne zu fragen, übernommen werden.
4. Belastungen müssen allein ausgetragen werden. Dies führt zur Isolierung gegenüber der Außenwelt und zur Einschränkung möglicher Hilfsangebote von Freunden und Nachbarn.
5. Gefühle und Verwundbarkeiten dürfen nicht gezeigt werden. Das wäre ein Zeichen der Schwäche, und noch wichtiger: es bestünde die Gefahr, die Kontrolle zu verlieren, zusammenzubrechen, das Gleichgewicht nicht wiederzuerlangen.

Die Verarbeitungs- und Bewältigungsmöglichkeiten, die in diesen Verhaltensmodi deutlich werden, bewähren sich, wenn sie flexibel gehandhabt werden können. Sie führen jedoch zur Erstarrung, je mehr sie der Bannung der Angst und Verzweiflung dienen. In jedem Falle zeigen sie auf, daß die Bindungen und Loyalitätsforderungen sowie die Außenabgrenzungen in diesen Familien sehr stark sind. Bei Erstarrung wird die Konfliktspannung durch Vermeidung von Konflikten in diesen Familien extrem hoch. Als Außenstehender bemerkt man diese Tatsache oftmals erst dann, wenn es zu plötzlichen Ausbrüchen etwa eines Elternteils oder zur Symptomentstehung anderer Familienangehöriger kommt. Eine besondere Verschärfung kommt dann zustande, wenn sich auch in der Großelterngeneration kein adäquater emotionaler Umgang mit Verlusten und Trauer finden läßt, sondern ebenfalls schon Ideologisierungen, zum Beispiel in einer Haltung von "stolzer Trauer" oder Resignation: "Das Leben muß ja weitergehen". WIRSCHING et al. (1981) weisen darauf hin, daß sich oft die Wirkung bestimmter Mythen, die über Generationen weitergegeben werden, mit den beschriebenen Verhaltensmustern verschränken und zur Stagnation von Individuation der einzelnen führen.

Nach familientherapeutischen Erfahrungen treffen diese Beobachtungen für Familien mit krebskranken Erwachsenen wie auch mit krebskranken Kindern zu. Der Unterschied ist höchstens darin zu suchen, daß die Verleugnungsmöglichkeiten der Erwachsenen: "Ich will nicht daran denken, nicht darüber sprechen", bei Kindern extrem labil bleiben müssen, denn schon die alltägliche Fürsorge und medizinische Entscheidungen stellen die Eltern unter anhaltende Zerreißproben und finden zum Beispiel in dem Wunsch Ausdruck: "Ich würde mein Leben dafür hergeben, wenn mein Kind gesund würde". Auch quälen Eltern sich um Fragen des Verschuldens, nämlich für ein vermeintliches in der Vergangenheit begangenes Unrecht bestraft zu werden. Andererseits gibt RITSCHER (1989) zu bedenken, daß gerade der Tod von Kindern nicht mehr nur als Schicksal hingenommen werden kann. Spätestens seit der Etablierung der Kleinfamilie haben Kinder für die Eltern einen emotionalen Bedeutungszuwachs erlangt. Sie werden mit eigenen narzißtischen Phantasien und Erwartungen gezeugt. In dem Kind sollen eigene Anteile weiterleben. Der Tod eines Kindes, dem alle Liebe galt und das gleichermaßen ein Teil der Eltern sein soll, wird zu einer existentiellen Katastrophe für diese und die Geschwister. Trauerarbeit wird durch eine derartige symbiotische unbewußte Beziehung oft kaum möglich. Extreme Beispiele aus unserer Praxis wären, daß kurz vor dem Sterben des Kindes ein anderes gezeugt wird, daß das Zimmer des gestorbenen Kindes über Jahre unverändert bleibt, oder, wie es ein Vater ausdrückte: "Ich gehe täglich zu dem Grab, weil dort ein Teil von mir begraben ist".

Wie oben aufgezeigt, kommen Familien mit einem Krebskranken selten von sich aus zur Therapie. Sie lehnen Hilfe von außen ab, obwohl ihre Kräfte erschöpft sind. Dieses hängt unmittelbar mit den erwähnten Verarbeitungsmechanismen der Angstabwehr zusammen. Psychotherapie in diesem labilen Gleichgewicht wird zwangsläufig als *zusätzliche* und *bedrohliche* Belastung empfunden und abgewehrt. Deshalb hat ein psychotherapeutisches Vorgehen die von der Familie entworfenen Verarbeitungsmodi zu respektieren. Um die Erstarrung zu lockern, besteht die besondere Aufgabe des Therapeuten darin - so STIERLIN (1983, S. 61) -, ein Dialog-*Ermöglicher* zu sein. So ist es von zentraler Bedeutung, sich frühzeitig um die Beziehung der Eltern in ihrer Partnerschaft zu kümmern. Bei der Krebserkrankung kommt der gesunde Partner oftmals immer mehr in die Rolle einer Krankenschwester oder eines Pflegers. Hierdurch verliert sich die gegenseitige erotische Anziehung und führt zu unterschwellig feindseligen Abwehrstrategien. Bei Eltern von krebskranken Kindern sind vielfältige Krisen bis hin zu Scheidungen bekannt, die ursächlich mit dieser speziellen Situation zu tun haben.

Bei der schon eingangs beschriebenen Familie K. berichtete die Tochter folgendes:

"Meine Eltern machen gar nichts mehr zusammen. Früher besuchten uns noch deren Freunde, die sollen nicht mehr kommen. Vati sitzt vorm Fernseher, und Mutti liegt schon ganz früh im Bett." Die Eltern bestätigten die Beobachtung ihrer Tochter: "Irgendwie haben wir den Zeitpunkt verpaßt," meint Herr K., während Frau K. mit Ärger reagiert: "Mir war nicht mehr nach Sexualität zumute, wenn ich aus der Klinik kam" und sie fügt hinzu, daß sie sich schuldig vorkäme, wenn sie sexuelle Lust empfände, wo doch Andreas möglicherweise sterben könnte. Auch Herr K. berichtet von seiner absoluten sexuellen Unempfindsamkeit: "Ich glaube, ich wäre jetzt impotent".

Als außerordentlich bedeutsam in der Familientherapie mit Krebskranken hat sich herausgestellt, die Eltern von der Vorstellung zu entlasten, daß ein Kontakt mit Sterben und Tod der seelischen Entwicklung der Kinder schade und die gesunden wie auch die krebsbetroffenen Kinder davor geschützt werden müßten. Gerade dieses fördert die familiären Verleugnungen und Verwirrungen und setzt einen Prozeß mit immer mehr Tabuisierungen der faktisch existentiellen Bedrohung in Gang, die in Symptomentstehungen bei den anderen zum Ausdruck kommen können. Kinder, auch kleinere Kinder, spüren die Sorgen ihrer Eltern, wie KÜBLER-ROSS (1984) eindrücklich beschrieb. Kinder kennen den Tod, wenngleich sie sich nicht vorstellen können, was Totsein ist. Sie verkleiden oftmals ihre Fragen symbolhaft. Wenn die Eltern (oder auch die Therapeuten) nicht mit ihnen darüber sprechen, vertrauen sich Kinder anderen an. Wenn sie keinen Menschen finden oder "falschen Trost", vertrauen sie ihre Phantasien ihrem Tagebuch oder ihren Bildern an. Bei Familie K. entwickelte sich um diese Vorstellungen der folgende Dialog:

Mutter: "Er ist jetzt wieder gesund. Die Kleinen haben das meiste nicht mitbekommen". Die Therapeutin zu den Eltern: "Sie haben sich große Mühe gegeben, den kleinen Geschwistern die Sorgen zu ersparen". Der Vater: "Ja, wir führen jetzt wieder ein ganz normales Leben, es ist wieder wie früher". Therapeutin nachdenklich: "Und dann bekommt Birthe Migräne und Martin leidet unter Übelkeit - jetzt sind Ihre Kräfte erschöpft, Sie können das gar nicht verstehen. Vielleicht sollten wir doch einmal Martin und Birthe fragen, was für Gedanken sie sich über ihren Bruder machen?" Die Eltern stimmen zögernd zu. Birthe und Martin schildern nun ganz erregt und in allen Einzelheiten, wie ihr Bruder vor gut einem Jahr plötzlich zusammenbrach und mit dem Notarztwagen in die Klinik gebracht wurde. Birthe fügt hinzu, daß er seit der Zeit Tabletten nehmen müsse, *von denen* er Anfälle bekäme. Die Therapeutin ging von der Hypothese aus, daß die Symptome der Geschwister ursächlich mit der Krebserkrankung des 14jährigen Bruders in Einklang zu bringen waren. Sie fragt die Kinder: "Ihr macht Euch große Sorgen um Euren Bruder?" "Ja, könnte man so sagen" meint Martin, während Birthe gerade bei Schulschluß Angst hat, daß Andreas, wenn sie nach Hause käme, wieder abgeholt worden ist - eine Realität, mit der die Familie sich im letzten Jahr mehrfach auseinanderzusetzen hatte. "Das meiste haben sie trotzdem nicht mitbekommen", betont der Vater. Birthe äußert aber hierauf: "Doch, wenn Ihr geweint habt, oder Papa oder Mama wieder in der Klinik bei Andreas waren, dann waren wir traurig". Die Therapeutin fragt nun Andreas, wie ihm zumute sei. "Ach, ganz gut, aber ich habe jetzt wieder so Träume - die habe ich immer, wenn ich wieder zur Nachsorgeuntersuchung muß."

In diesen Familien hat es sich als unumgänglich und fruchtbar erwiesen, nach den Verarbeitungen von Verlusterlebnissen zu fragen. Denn oftmals führen gerade *mehrgenerational unverarbeitete Trauerprozesse* zu rigiden Abwehrmustern, wenn auch um den Preis gestörter Familienbeziehungen. Zur Verdeutlichung zu diesem Aspekt die folgende familientherapeutische Sequenz von Familie K.

Andreas erzählte vor einer Nachsorgeuntersuchung folgenden Traum: "Ich sitze in einem Auto und komme erst an unserem Haus, dann an unserer Kirche vorbei. Da sehe ich meine Eltern und unseren Pastor. Der hält eine Trauerrede von einem, der noch gar nicht gestorben ist. Das Auto fährt weiter. Warum es über den Friedhof fährt, weiß ich nicht, da ist nämlich in Wirklichkeit gar keine Straße", unterbricht er seinen Traumfluß. Dann fährt er fort: "Das Auto kommt wieder auf eine normale Straße. Da ist auf einmal eine Schranke, eine Ampel leuchtet Rot, und die Schranke fällt runter. Dann muß das Auto zurückfahren. Ich weiß nur noch, daß ich dann meiner Mutter den Schlüssel gebe". Mit den Symbolen des Traumes berührt Andreas sowohl gegenwärtige als auch tiefe frühe Schichten seiner Persönlichkeit, und zwar nicht nur der kranken Seite, sondern auch seiner gesunden, zum Beispiel die der sexuellen Reifung. Er möchte *seinen* Weg gehen.

Das Auto mag ihm als Hilfs-Ich dienen. Er anerkennt seine eigene tödliche Bedrohung, die zu seinem Lebensweg gehört: die Trauer von jemandem, der noch gar nicht tot ist. Aber warum der Friedhof schon jetzt? Liegen hierin antizipatorische Gefühle, oder aber deutet dieser Traumteil, der dem Träumer fremd vorkommt - er unterbricht hier ja seinen Traumfluß -, auf etwas hin, was er bei seinen Eltern wahrgenommen hat, nämlich auf eine aus *ihrer* Vergangenheit resultierende unverarbeitete Trauer? Im Signal und der Schranke mag noch einmal eine Verdichtung dieses Sachverhaltes zu suchen sein. Er kann seinen Lebensweg nicht weitergehen und übergibt der Mutter seinen Schlüssel. Hierin mag Angstabwehr zum Ausdruck kommen, Hoffnung auf ein gutes mütterliches Objekt, auf Heilung, gleichermaßen schuldgefühlshafte Regungen, die Mutter (= Familie) mit seinem Weg zu konfrontieren und sei es mit dem Weg in *seinen* Tod. Ein Ausweg mit individuellen Reifungsprozessen für jedes Familienmitglied scheint für *alle* verschlossen. Entsprechend reagiert der Vater auf diesen Traum: "Ich finde den gut, weil darin zum Ausdruck kommt, daß Du Dich auf Deine Mutter, und Du weißt ja, auch auf mich, absolut verlassen kannst! Ich dachte beim Erzählen daran, wie ich mit 14 Jahren war. Ich hatte doch das Leben noch vor mir!" Er stutzt, weil ihm plötzlich einfällt, daß sein Vater ganz plötzlich an Herzinfarkt gestorben sei, als er 14 Jahre alt war. Und dann: "Als Andreas den Traum erzählte, dachte ich für Momente, er erzählte von mir. Ich erinnere mich an die Beerdigung meines Vaters damals. Ja, irgendwie war mein Leben plötzlich zu Ende. Ich mußte mich als Ältester um meine Mutter kümmern. Ich beneidete meine Freunde um ihre Sorglosigkeit. Meine Mutter sah ich jahrelang nur in schwarzen Kleidern. Ich mußte immer mit ihr auf den Friedhof, und irgendwie ist in mir so etwas zurückgeblieben: 'Wenn ich mich nicht um sie kümmere, dann stirbt sie'."

In Familientherapien mit lebensbedrohlichen Erkrankungen muß behutsamer und intensiver als bei anderen Familien nach möglichen Ressourcen für die *ganze* Familie gesucht werden. So sollte vor allem die *Bindungsseite* innerhalb der Familie gut mit Individuationswünschen ausgewogen sein, da andernfalls wegen der spezifischen aus Bedrohung entstandenen Verhaltensmuster nicht mehr kompensierbare Angst, Schuldgefühle oder Ausbruchstendenzen gefördert würden.

In einem derartigen therapeutischen Klima wuchs bei Familie K. Vertrauen in die Belastbarkeit eines jeden, worunter die Symptome von Birthe und Martin verschwanden. Erfrischend war in dieser Familie zu sehen, wie die Geschwister auflebten und wieder Mut zu alltäglichen

Reibereien, Rivalitäten und auch handgreiflichen Auseinandersetzungen fanden. Es konnte ein Bruder Krebs haben und trotzdem konnte man sich über anderes von ihm fürchterlich ärgern. Vor allem Martin war eifersüchtig. Er fühlte sich zurückgesetzt, wenn die Mutter längere Zeit mit Andreas zusammen in der Klinik verbrachte. Er entwickelte nun aber keine Symptome mehr, die ja die Eltern gezwungen hatten, sich um ihm zu kümmern, sondern er brachte seine Gefühle offen zum Ausdruck, und man suchte nach gemeinsamen Hilfen für ihn. Ebenso faßte Birthe Mut, ihre Angst zu äußern. Gerade diese hatte sie übermäßig an Zuhause gebunden. Jetzt, da sie klarer nachfragen konnte und eindeutigere Antworten über den Zustand des Bruders bekam, traute sie sich wieder, Freundschaften nach draußen aufzubauen. Dieses hatte für Andreas eminente Bedeutung. Er konnte sich jetzt mit seiner Hoffnung und Angst auseinandersetzen, weil er immer deutlicher wußte, *was* oder *wer* ihm helfen konnte. Er versuchte, sich tapfer mit seiner Körperbehinderung auseinanderzusetzen. Seine Niedergeschlagenheit verringerte sich dadurch, daß er kreativ eigene Interessen entdeckte und mit Mitschülern feststellte, daß seine intellektuellen Fähigkeiten nicht zerstört waren. Dieses hatte er aufgrund der zu einengenden Fürsorglichkeit der Eltern befürchtet. Gerade diese hatten in ihm ein Gefühl hinterlassen, daß er sowohl körperlich als auch geistig gebrechlicher war, als das den Fakten entsprach. Natürlich stellten sich vor Nachsorgeuntersuchungen nach wie vor bedrohliche Träume ein. Diese haben immer wichtige antizipatorische Funktionen. Er wollte, wenn er sie erzählte, lediglich seine berechtigte Angst zum Ausdruck bringen und mußte diese nicht mehr wegen der ängstlichen Reaktionen der anderen unterdrücken. In diesem Zusammenhang entwickelte er größere Toleranz gegenüber diagnostischen und therapeutischen Maßnahmen. Früher hatte er des öfteren schon vor den Untersuchungen erbrochen, war depressiv oder vor Angst tagelang ruhelos.

Wir sind in unseren Ausführungen nicht auf Sterben und Tod eingegangen. Nur so viel sei angemerkt: Wenn es gelingt, die Familien aus ihren erstarrten Bewältigungsmustern zu befreien, dann wird das Sterben und auch der Tod eines Kindes oder eines Elternteils Trauer, Schmerz, ja auch Zorn und Verzweiflung auslösen. Jedoch wird der Tod und hier im besonderen der eines Kindes als Schicksal angenommen und nicht mehr durchmischt sein mit Schuldgefühlen, eigenen narzißtischen Ansprüchen oder überfrachtet werden mit unverarbeiteten Trauerprozessen aus der eigenen Geschichte.

16. Kapitel

Suizid

oder: Weshalb jemand von seiner Familie totgewünscht wird

Eine der wichtigsten Indikationen für Familientherapie stellt die Suizidalität dar. Ihre Familiendynamik ist vergleichsweise wenig untersucht, weil die Abwehr der Familienmitglieder gegen jede Einmischung von außen sehr groß ist. Diese wiederum hängt mit den zugrundeliegenden unbewußten Mordtendenzen zusammen, die in der Familie hin und her geschoben werden. Bereits 1910 formulierte PAUL FEDERN (1929) das familiäre Grundproblem so: "Niemand tötet sich selbst, den nicht ein anderer tot wünscht". FEDERN kam zu dieser Auffassung, weil ihm aufgefallen war, wie leicht und selbstverständlich die Hinterbliebenen eines Selbstmörders über dessen Tod hinwegkamen, als ob sie es schon lange gewußt hätten.

MEERLOO (1962) formulierte dieses Verhalten in seiner Hypothese vom "psychogenen Mord". Aus verständlichen Gründen ist es sehr schwierig, den Beweis dieser ungeheuerlichen Behauptung zu erbringen. FREUD selbst hat in seiner 1917 erschienenen Arbeit "Trauer und Melancholie" (1915) aus seinen analytischen Erfahrungen die Todeswünsche in umgekehrter Richtung beschrieben: Der suizidale Mensch wünsche eigentlich einem anderen den Tod. Dieser andere ist ein Mensch, der enttäuscht, einschränkt, fordert, quält. In beiden Betrachtungsebenen klingt an, daß etwas im System ausweglos erscheint, die weggewünschten Personen offenbar jedoch austauschbar sind.

KLEMANN (1983) interpretiert das suizidale Verhalten "als Ergebnis eines komplizierten interaktionellen Wechselspiels von gegenseitigen Todeswünschen" (S. 163). In den Familien herrscht, wie MOSS und HAMILTON bereits 1957 feststellten, ein "Trend zum Tode". Im weiteren wird deutlich werden, was hiermit gemeint ist.

Die Frage zentriert sich deshalb zunächst einmal auf den Kern des Problems, warum es überhaupt um Tod geht und ob es wirklich um Tod geht. Offensichtlich meint sich der Bedrängte nicht anders befreien zu können. Der depressive Affekt, der der Suizidhandlung vorausgeht, entspricht dem einer erschöpften, subjektiv erlebten Ausweglosigkeit. Die Anlässe sind narzißtische Kränkungen, wie HENSELER (1974) überzeugend darlegen konnte. Hiermit sind vom Individuum für unerläßlich gehaltene Existenzbedingungen gemeint, also Vorstellungen von sich selbst, die er mit seiner Tradition teilt. Wir denken hier an das Beispiel eines Angestellten, bei dem eine nicht erfolgte Beförderung seinen ganzen Lebenswillen in Frage stellte. Auslösend wirken Abweisungen durch begehrte Partner, die nicht nur Einsamkeit, sondern vor allem gekränktes Selbstwertgefühl hinterlassen. STENGEL sprach von der "Appellfunktion des Selbstmordes", was besagt, daß der Suizidale sich nicht mehr anders als durch diese äußerst averbale Formulierung seines Wunsches, man möge tun, was *er* - nicht die anderen - benötigt, seiner Umwelt gegenüber auszudrücken vermag. Er kann sich nur noch seinen peinigenden Angehörigen und im erweiterten Sinne der enttäuschenden Welt als Leiche vor die Füße werfen. Die Frage ist nur, warum sind einige Menschen in der Lage, extremste Belastungssituationen lebend zu überstehen, wogegen einer anderen Gruppe bei von außen her weniger schwerwiegend erscheinenden Problemen als naheliegendste Problemlösungsmöglichkeit zuerst der eigene Tod einfällt?

KLEMANN (1983) beschreibt die Ursachen hierfür in spezifischen Erfahrungen suizidaler Patienten in ihrer Entwicklung: Sie "waren in ihrer Kindheit von Anfang an ungeliebte, ungewollte, überflüssige Kinder, mit der einzigen Aufgabe, als Opfer ohne näheren Auftrag der Familie zu dienen. Solange sich ihrer ein Angehöriger annahm, der sie etwas liebte, aber dennoch zugleich für seine eigenen Bedürfnisse ausbeutete und ihnen immer wieder ihre mangelnde Existenzberechtigung vor Augen führte, solange hatte das Kind, zumindest auch später als Erwachsener, eine minimale Überlebenschance und -berechtigung. Ein Infragestellen oder der Verlust einer solchen Beziehung führt regelmäßig zu einer 'narzißtischen Krise' (HENSELER 1974) und damit zu einer suizidalen Reaktion. Suizidales Verhalten erscheint dann aus zwei Gründen konsequent:
(1) als Reflex und Umsetzung der erlebten Ablehnung und tendenziellen Todeswünsche seitens der Eltern und

(2) als Rückgriff auf eine familienstereotype und bekannte Form der Konfliktlösung." (S. 167f.).

Wenn man sowohl objektive Daten der Lebensgeschichte suizidaler Patienten als auch subjektive Rekonstruktionen biographischer Elemente berücksichtigt, sind nach KLEEMANN (1983) drei thematische Bereiche im Vergleich zu nicht suizidalen Patienten besonders gewichtig:

"(1) Die Verlusttradition
Sie besagt, daß Suizidale in ihrem Leben häufiger Erfahrungen von Beziehungsabbruch zu wichtigen Bezugspersonen durch lange Trennungen beziehungsweise Abwesenheit, Scheidung und/oder Tod gemacht haben.
(2) Die Suizidtradition
Damit ist gemeint, daß Suizidale in ihrer Vorgeschichte häufiger eigene direkte Erfahrungen mit suizidalem Verhalten enger Bezugspersonen gemacht haben oder Kenntnisse davon hatten.
(3) Bedrohliche Lebenserfahrungen
Dies bezieht sich darauf, daß Suizidale Opfer oder Zuschauer von Gewalttätigkeiten, körperlichen Züchtigungen, Morddrohungen und/oder heftigen Familienzwistigkeiten in ihrem Zuhause waren." (S. 163)

Durch die hier zusammengefaßte Untersuchung werden klinische Beobachtungen, die eine besondere Familiendynamik bei suizidalen Patienten beschreiben (SPERLING 1980, KLEMANN 1981) eindrucksvoll gestützt.

Wer ein Genogramm der Familie (GUERIN 1976, MCGOLDRICK u. GERSON 1985) anfertigen läßt, kann unschwer die Häufung von "vorzeitig Verstorbenen" auszählen.

Es gelingt, die Familie eines wegen Liebeskummer suizidalen Studenten einschließlich der Großmutter mütterlicherseits zu Familientherapiesitzungen zu gewinnen. Hierbei stellt sich heraus, daß der Vater des Patienten mit 39 Jahren an einem Krebsleiden verstarb (der Patient war 9 Jahre alt); ein Bruder des Vaters hatte mit 48 Jahren Selbstmord begangen. Der Großvater mütterlicherseits war an den Folgen einer Kriegsverletzung (1. Weltkrieg) mit 43 Jahren verstorben. Im Verlauf der Therapie, bei der es um mit Tod beschäftigte Mütter in zwei Generationen ging, wurde die Mutter selbst suizidal und wollte nach einer unserer Sitzungen aus dem Fenster springen. Ihr war bewußt geworden, wie sehr sie selbst verlassen worden war.

In den bisher von uns beobachteten Fällen fühlten sich die Mütter durch *dieses* Kind, das später suizidal wurde, von Anfang an überfordert. Ihre Lebensumstände zur Zeit der frühen Kindheit der Indexpatienten waren besonders belastend. Die Väter fielen als Partner oder gar Hilfe für die Frauen praktisch aus, sei es durch frühen Tod oder dadurch, daß sie abwesend waren, ganz in ihrem Beruf und seinem Umfeld aufgingen oder aber selbst so viele Geborgenheitswünsche anmeldeten, daß eine wirkliche Partnerschaft unmöglich wurde. KIND (1992) mißt dieser Tatsache des nicht zur Triangulierung zur Verfügung stehenden Vaters zentrale Bedeutung zu.

In den Familien mit Suizidalen herrscht, wie MOSS und HAMILTON bereits 1957 feststellten, ein "Trend zum Tode". In 95 Prozent ihrer Fälle von Suizidalen sei es zuvor irgendwann zum Tod oder Verlust - oft unter dramatischen oder tragischen Umständen - von Personen, die nahe Verwandte des Patienten, meist Eltern, Geschwister oder Ehepartner waren, gekommen. Wichtig ist, daß sich bei 75 Prozent dieser Kranken die Sterbefälle ereignet hatten, ehe die späteren Patienten völlig erwachsen waren.

Familientherapie erweist sich wegen der engen Verwobenheit des suizidalen Erlebens und Verhaltens mit der Familiendynamik als notwendig, ist jedoch sehr schwierig durchzuführen.

Eines der Hauptprobleme liegt in der Gegenübertragungseinstellung des Therapeuten, an den hier sehr hohe Anforderungen zu stellen sind. Er muß sich, wenn ein Dialog zustande kommen soll, angstfrei und "a-moralisch" auf ein Familienszenarium einstellen, bei dem es um die beschriebene Dynamik des "psychogenen Mordes" gehen wird. Hierbei sind die eigenen Normen, Tabuisierungen und Erlebensweisen sorgfältig zu reflektieren. Wenn sie oder er zum Beispiel erwartet, daß die Familie sich schuldig am Suizidversuch eines ihrer Mitglieder fühlt, so wird er hierin getäuscht. Familienmitglieder beteuern oder beschreiben zwar manchmal Schuldgefühle. Hierbei drückt sich in der Regel jedoch zunächst aus, daß sie hellsichtig spüren, daß dieses Verhalten von ihnen erwartet wird.

Zunächst geht es nicht um Schuld, sondern um Scham, wobei auf einer tieferen Ebene archaische Schuldgefühle mit einem sehr sadistischen, aber eben unbewußten Über-Ich, das unbarmherzig um Rache, Sühne und Wiedergutmachung zentriert ist und unerbittliche Anforderungen an die Familienmitglieder stellt, eine gewichtige Rolle spielen.

Die Schamschwelle der Angehörigen ist sehr niedrig: Aus ihrer Sicht blamiert sich der Selbstmörder zunächst einmal selbst, aber schnell auch die Familie. Damit werden sowohl existentielle Tragödien verdrängt als auch die Wahrnehmung der eigenen mörderischen Impulse verschoben.

Familientherapiesitzungen mit Suizidalen unterscheiden sich nicht selten von anderen Familientherapien durch penetrante Selbstgerechtigkeit und Rechtfertigungsmanöver der Angehörigen; der Suizidale kommt kaum zu Wort. Die Atmosphäre ist oft makaber. Hinter der Gefühlskälte, die in gemeinsamen Sitzungen auffällt, steht eine nahezu regelmäßig anzutreffende intensive Bindung an die Vergangenheit. Dieser Vergangenheitskult rankt sich bei näherem Nachfragen nicht selten um einen besonders wichtigen, in Liebe verklärten Toten.

Was die Therapie so schwierig macht, ist die Scham der Angehörigen, die, wenn sie sich erst einmal überhaupt emotional eingelassen haben, deshalb besteht, weil sie Leben nicht genug behütet haben. Sie können es aber nicht zureichend behüten, weil sie sich selbst als so ausweglos vom Tod umstellt erleben. Aber das gerade stellt *ihre* Normalität dar.

Eine Mutter hat ihrer erwachsenen suizidalen Tochter den Tod ihres Mannes, des Vaters, erst nach zwei Tagen mitgeteilt. Eigentlich sollten die Kinder gar nicht zur Beerdigung kommen, weil sie sich ihrer schämte; das Mädchen hatte einen Suizidversuch gemacht, der Sohn war an einem unheilbaren, bösartigen Leiden erkrankt. Soviel Tod im Lebenskreis mußte verschoben werden: die Mutter beklagte sich nicht über ihr Schicksal, sondern über ihre schlechte Bildung. Sie wollte sich nunmehr ganz der Pflege ihrer eigenen Mutter (der Großmutter) widmen, die auch im Leben zu kurz gekommen sei - bis auch diese nach kurzer Zeit starb.

Es ist schwer, die eingangs behaupteten Todeswünsche auszusprechen. Bei näherem Hinsehen sind sie eng mit der Scham verknüpft. Die Familienmitglieder schämen sich, daß sie gegenüber einem gemeinsam gestellten überhohen und sehr strengen Ideal gescheitert sind.

In den Familien mit Suizidalität handelt es sich um grausame Schicksale, die mit den gleichzeitig über Generationen vermittelten strengen Über-Ich-Anforderungen kontrastieren: "Je schlimmer es kommt, desto mehr verlangen sie von uns", nicht unähnlich einer magischen Beschwörung.

In einer Sitzung, bei der der Großvater mütterlicherseits, die Mutter, deren Bruder und der Sohn nach einem schweren Suizidversuch der Mutter anwesend sind, kommt es zu einer makabren Auseinandersetzung zwischen Mutter und Bruder, wer denn nun der Leistungsfähigere von beiden sei: die Mutter, unter der als Altenpflegerin eine Anzahl von alten Menschen starben ("Das sind meine Toten") oder der Bruder, der gerichtlich wegen seiner KZ-Tätigkeit angeklagt wurde.

Der Sohn, in der Anatomie tätig, triumphierte: "Das wird sich ja noch zeigen."

Der Großvater beendete die Auseinandersetzung damit, daß er meinte: "Man muß nur einen Willen haben, dann schafft man, was man sich vorgenommen hat, das war schon die Devise meines Vaters."

Der Fall zeigte den veränderten Stellenwert menschlichen Lebens bei überzogener Konkurrenz überdeutlich an. Emotionale Bezogenheit ist so weit verdrängt, daß sie gar keine Haltefunktion mehr haben kann. Aus diesem Grunde geht es familiendynamisch wirklich um "Mord und Totschlag".

So wichtig die familientherapeutischen Sitzungen unter Einschluß dreier Generationen sind, so schwierig ist die Bestimmung ihres Zeitpunktes. In schweren Fällen depressiv-suizidaler Verstimmung muß eine Einzeltherapie mit dem Suizidanten erst eine tragfähige Beziehung mit dem Therapeuten hergestellt haben, um überhaupt eine Begegnung mit den als mörderisch erlebten Angehörigen zu ermöglichen.

Als in einer Sitzung ein 9jähriges Mädchen sehr ernsthaft von seinen Suizidabsichten zu berichten anfing, unterbrach die Mutter nach kurzer Zeit und sagte: "Darf ich auch noch einmal einen Wunsch äußern ..." und die Großmutter fügte hinzu: "Die Kinder werden heute auch vom Fernsehen richtig verdorben ...". Hier war eine klare therapeutische Parteilichkeit für das Mädchen erforderlich, die erstmals seine versteinerte Suizidalität ansprechbar machte.

Der Therapeut muß zunächst auf seiten des Indexpatienten stehen, was ihm nicht schwerfällt, wenn er die erhebliche latente Feindseligkeit zwischen "beiden Parteien" in den Familiensitzungen miterlebt. Er muß aber gleichzeitig die Familienmitglieder zur Mitarbeit gewinnen, deren tragische Verknüpfungen durch Generationen und alte Forderungen sie so verzweifelt böse gemacht haben.

Sodann muß er sich dem Problem des direkten Todeswunschüberträgers in der Familie widmen; das sind in den meisten Fällen die, die auch das Leben gaben, die Mütter.

Gerade hier aber hat sich die Einbeziehung der Großelterngeneration als besonders hilfreich erwiesen, weil diese mit dem Wert des Alters im Sinne einer Überlebensbotschaft den Therapieraum betritt. Weil es um unabgeschlossene Trauer geht, stellen die Alten allein durch ihr Dasein das Überleben direkt dar. Vor allem die Großmütter wissen sehr gut um die Bedingungen, die das letzte Glied zum Verzweifeln brachten, haben sie sie doch selbst teilweise miterlebt und übermittelt. Die so oft mörderischen Ideen der Männer konnten doch nur durch die Duldung oder gar Mithilfe der Frauen Fuß fassen. "Du hast auf meinem Rücken Deine Karriere gebastelt, und Mutter fand das auch noch gut," sagte ein lebensmüder junger Mann zu seinem Vater. Wiederum stellt sich die therapeutische Frage der Umdefinition von Kausalität, die Versöhnung des Opfers mit den Peinigern. Nachdem Rache aufgegeben werden konnte und aussprechbar auch aggressive Kritik gegenüber den Peinigern zugelassen war, fanden die Familienmitglieder gegenüber ihrem abstrakten Über-Ich gemeinsame Tröstung. Das ist nur möglich, wenn es gelingt, gemeinsam die Vermächtnisse überstrenger Leitbilder abzubauen, zu trauern, aber auch böse zu sein, daß alles so gekommen ist, und Veränderungswünsche für die Zukunft eindeutig, das heißt detailliert zu formulieren.

Hierbei kann es vorkommen, daß Angehörige der Großelterngeneration als Über-Ich-Träger schwer belastet werden und selbst vorübergehend in suizidaler Verzweiflung versinken.

Nach einem Suizidversuch eines Jugendlichen kommt es zu einem ersten gemeinsamen Gespräch mit den Geschwistern, den Eltern und der Großmutter mütterlicherseits, die auch noch im Hause wohnt.

Volker: "Ich will nicht mehr leben", zu seinen Eltern schließlich: "Irgendwie seid Ihr Schuld daran".

Therapeut zu den Eltern: "Können Sie den Vorwurf Ihres Sohnes annehmen, daß es - aus Gründen, die wir noch nicht kennen - Ihnen nicht möglich war, Ihrem Sohn Mut zum Leben zu vermitteln?"

Diese Intervention entlastet den Suizidalen deutlich, da seine Gefühle offenbar nicht "verrückt" waren. Die Eltern scheinen ratlos, aber wehren nicht ab, während die Großmutter nach einiger Zeit anfängt zu weinen und von den vielen Toten zu erzählen beginnt, vor allem von ihrem in ihrem Beisein tödlich verunglückten jüngeren Bruder.

Die Großmutter fühlt sich schuldig an dem Tod ihres Bruders, dem sie wegen dessen Bevorzugung tatsächlich "den Tod gewünscht hatte".
Sie war es, die die Tochter bat, dem Enkel den Namen dieses Toten zu geben.

So schwer das Unternehmen Familientherapie bei Suizidalität für alle Beteiligten, auch für den Therapeuten, zu ertragen ist, so bietet es bereits vom Ansatz her ein Therapeutikum an, das in sich selbst anti-suizidal wirkt, nämlich die Aufhebung der Isolation des Lebensmüden. Der in die Vereinsamung gegangene Suizidale ist allein durch das Arrangement der gemeinsamen Sitzungen, in denen endlich - wenn es dem Therapeuten gelingt, die Familie bei dem Thema zu halten - persönlich gesprochen wird, aus seinem sprachlosen Rückzug befreit, wodurch nach bisherigen Erfahrungen die gefährliche Suizidrezidivquote bei familientherapeutischem Zugang geringer zu sein scheint.

17. Kapitel

Rückblick und Ausblick

Die Frage, ob die Mehrgenerationen-Familientherapie einen wirklichen Fortschritt darstellt, ist nicht so leicht zu beantworten. Selbstverständlich sind diejenigen, die sie betreiben, davon überzeugt, sonst würden sie es nicht tun. Der Nachweis, daß Familientherapie überhaupt wirkungsvoller ist als gar keine Psychotherapie, stellt den gegenwärtigen Stand der Ergebnisforschung dar, die immer mindestens ein Jahrzehnt den neueren Entwicklungen hinterherhinkt.

Nash de Witt (1980) hat besonders die Schwierigkeiten derartiger Ergebniskontrollen beschrieben, die nämlich darüber Auskunft geben müßten, was sich bei *allen* Familienmitgliedern im einzelnen und im Familiensystem im Ganzen geändert hat. Der Aufwand für Nachuntersuchungen bei allen Familienmitgliedern ist beträchtlich. Er übersteigt, insbesondere wenn kontrollierte Studien betrieben werden sollen, bei weitem den Aufwand der Behandlungen. Eine aufwendige Untersuchung von Einzelfällen belegt aus der Sicht der Patienten die positiven Effekte unseres Ansatzes (Heissenbüttel 1989). Für die systemische Familientherapie haben zuletzt Retzer et al. (1989) die Effektivität bei der Behandlung manisch-depressiver Patienten auch im Vergleich zur medikamentösen Therapie belegt. Allerdings stehen repräsentative kontrollierte Effektivitätsstudien, auch unter Berücksichtigung der Ergebnisse anderer Psychotherapie-Richtungen, noch aus.

Worin liegt der Aufwand bei derartigen Behandlungen? Zunächst einmal beim Therapeuten, der mit Menschen zusammenarbeiten muß, die *miteinander* Konflikte haben, folglich sowohl hochmotiviert als auch ganz ablehnend sind. Dabei gibt es Konstanz aufgrund von bestehenden Einstellungen *und* Wechsel in der Motivation je nach angesprochenem Themenkreis und der Stellung der jeweiligen Person im Bewältigungsverlauf. Außerdem muß der Therapeut sich in eine so breite Spanne von verschiedenen Lebenssituationen, wie sie durch die unterschiedlichen Altersklassen gegeben sind, einfühlen, was gerade hinsichtlich der speziellen Altersprobleme schwer zu leisten ist, weil der Therapeut keine Eigenerfahrung in allen Altersstufen haben kann. Die Tatsache, daß alte Menschen im Verlauf einer Mehrgenerationen-Familientherapie selbst zu Indexpatienten werden können, setzt voraus, daß der Therapeut damit umgehen kann. RADEBOLD und SCHLESINGER-KIPP (1982) betonen, daß die psychotherapeutischen Hilfen für alte Menschen nicht sehr zeitaufwendig sind, aber gezielt geleistet werden müssen. Hierbei geht es um das Anpeilen der spezifischen Problematik durch den Therapeuten. Nach eigenen Erfahrungen ist nicht die erwartete Todesproblematik das Hauptthema alter Menschen, sondern ihr bereichsweise ungelebtes Leben. Sie möchten endlich die alten Konflikte lösen, die, ähnlich denen junger Menschen, durchaus dem Sexualbereich entstammen können. So ließ sich beispielsweise nicht vorausphantasieren, daß eine 70jährige ihrem Mann dessen Impotenz in der Hochzeitsnacht vor 45 Jahren noch immer nicht verzeihen konnte.

Der Mehrgenerationen-Familientherapeut muß außerdem mit Kindern und Jugendlichen verschiedener Entwicklungsstufen umgehen können, die auf spezifische Weise den überwiegend dialogisch geführten Therapieprozeß an ihnen unerträglich erscheinenden Stellen zu stören pflegen. Sein Raum muß Spielzeug enthalten und groß genug sein, um die notwendigen Distanzen zu ermöglichen. Gerade die Störungsbotschaften von Kindern und Jugendlichen sind oft die wichtigsten Mitteilungen.

In einer Familie unterbrach die ekzemkranke Indexpatienten ihr Spiel und kam - sich kratzend - zur Mutter gelaufen, als erstmals der Konflikt zwischen dem Elternpaar deutlich wurde. Das Paar hatte sich bis dahin im Sinne von "bei uns ist alles normal" dargestellt. Die Mutter reichte das Kind zum Einsalben an die Großmutter weiter: sie trug einen weißen Rock, der nicht schmutzig werden sollte. Die Therapeuten thematisierten diese Absurdität - die in der Familie jedoch als "normal" empfunden wurde -, und damit war der bedrohliche Paarkonflikt vorerst wieder vom Tisch.

In einer anderen Familie kroch ein 4jähriger Junge während des Gesprächs mit seiner Mutter und deren Mutter immer wieder unter den Tisch und lenkte so die Aufmerksamkeit auf sich. Beim Abspielen des Videobandes stellten die Therapeuten fest, daß das Kind dies jedesmal dann tat, wenn seine Mutter in dem vordergründig friedlich verlaufenden Gespräch mit der Oma die Tonlage veränderte und ihre Stimme hob. Durch sein Störverhalten verhinderte der Enkelsohn in dieser Stunde die Auseinandersetzung zwischen seiner Mutter und der Großmutter.

Weil der Mehrgenerationen-Familientherapeut nach dem Gesagten gewissermaßen ein Übermensch sein müßte, sollte er mit einem Co-Therapeuten und einem Beobachterteam zusammenarbeiten. Der Co-Therapeut sollte möglichst dem anderen Geschlecht angehören, weil die Einfühlung in geschlechtsspezifische Eigenarten schwieriger ist, als oft zugegeben wird.

Das Beobachterteam, das nicht unmittelbar der emotionalen Spannung im Therapieraum ausgesetzt ist, sieht in der Regel mehr als die oder der Behandler. Das Beobachterteam muß, wenn wesentliche Interaktionsmuster übersehen oder übergangen werden, eingreifen und den oder die Therapeuten zu sich bitten. Das bedeutet, daß die Familie wissen muß, daß sie und von wem sie beobachtet wird. - Erst nach langer Erfahrung und Selbsterfahrung kann der Therapeut auch Familien allein behandeln.

Sieht man die Curricula der verschiedenen familientherapeutischen Ausbildungsstätten durch, so zeichnet sich international ein integriertes Ausbildungsmodell ab. In diesem finden sich die grundlegenden Elemente von Familientherapie und -theorie und ihren Konzeptualisierungen in den verschiedenen Schulen wie struktureller, strategischer, systemischer, generationsübergreifender, psychodynamischer und anderen mehr. In allen Ausbildungsrichtlinien wird der Supervision und Selbsterfahrung Stellenwert beigemessen. Letztere hat das Ziel, daß auch der Ausbildungskandidat erlebt, daß er Teil eines Systems im Hier und Jetzt wie auch der Vergangenheit ist, daß er herausfindet, wie frühere Konflikte heute auf ihn noch Einfluß nehmen, welche Delegationen, welche Loyalitäten nach wie vor bestehen und welche Rolle er selbst in seiner Familie bei Konflikten spielt. Während Einigkeit über die Notwendigkeit der Selbsterfahrung des einzelnen besteht, handhaben Schulen die Familienselbsterfahrung unterschiedlich. Bevorzugt wird die Familienrekonstruktion mit der *fakultativen* Möglichkeit der Einbeziehung von Familienangehörigen. SELVINI-PALAZZOLI hielt die Familienselbsterfahrung aus der Sicht eines konsequenten systemischen Denkens für überflüssig. In der Göttinger Weiterbildung dagegen ist die *konkrete* Einbeziehung der jetzigen und der Herkunftsfamilie in die Selbsterfahrung *obligatorisch*. Das Ziel ist hierbei, sich entsprechend den Patientenfamilien in dieser außerordentlichen Situation zu erfahren (siehe REICH 1982, REICH 1984, SPERLING, KLEMANN u. REICH 1980). Wir sind der Meinung, daß die Angst vor den Eltern, deren Abbau das Zentralstück unserer familientherapeutischen Arbeit ist, konkret erlebt worden sein muß. Nur so ist eine genügende Kontrolle der vieldimensionalen Gegenübertragungsreaktionen in der Mehrgenerationen-Familientherapie möglich.

Schließlich sollte der Mehrgenerationen-Familientherapeut mit den Wandlungen der Zeitgeschichte vertraut sein. Er sollte beispielsweise wissen, daß der heutzutage weitgehend verdrängte Tod vor noch gar nicht langer Zeit, zumindest noch auf dem Lande, integriert war.

Der Therapeut sollte sich einfühlen können in das, was Flucht und Vertreibung, Inflation, Arbeitslosigkeit, Hunger für die Familien bedeuten. Er sollte die Relativierung der verschiedenen Ideologien und politischen Machtkonstellationen, wie sie ein langes Leben zustande bringen kann, mitzuvollziehen in der Lage sein. Es wird ihm abverlangt, den "Lebensekel" alter Menschen (ERIKSON 1976), der mit dem Zusammenbruch vieler Hoffnungen und dem Erleben schwindender eigener Leistungsfähigkeit, Gebrechlichkeit und Krankheit zusammenhängt, einzufühlen. Er sollte die in Deutschland speziellen Ängste und Versuchungen, die mit dem Regime des Nationalsozialismus vorgegeben waren, wenigstens einzufühlen versuchen. Gerade hierbei helfen konkrete Beschreibungen der Zeitgenossengeneration weiter.

Zuerst und zuletzt und immerwährend hat der Mehrgenerationen-Familientherapeut sich mit seiner eigenen Dreigenerationenfamilie auseinanderzusetzen. Hierbei gehört es zum Schicksal des Psychotherapeuten, bewußter leben zu müssen als andere Menschen. Er hat gelernt, selbst Aggressionsobjekt zu sein, ohne Rache zu nehmen. Nur so kann er seine Aufgabe, die sich ihm anvertrauende Familie optimal zu schützen und gleichzeitig maximal zu konfrontieren, erfüllen (vgl. REICH 1982, 1984).

Nach unseren bisherigen Erfahrungen leistet die Mehrgenerationen-Familientherapie einen schnelleren Zugang sowohl zu Familienkrisen als auch zur Bedeutung der Symptomatologie des Indexpatienten. Der Untersucher sieht schneller, worum es insgeheim wirklich geht. Sie scheint uns somit *initial* jeder Einzelbehandlung überlegen. Übereinstimmende Erfahrungen von Familientherapeuten verschiedener Theorieansätze haben gezeigt, daß relativ seltene, zeitlich auseinandergezogene (einmal wöchentlich bis einmal monatlich) Familientherapiesitzungen effektiver sind als zu häufige, weil sie das Selbstheilungspotential der Familie stärker aktivieren.

Es kommt in den Sitzungen eine Menge Hochbrisantes auf den Tisch, das verarbeitet werden muß. Das bedeutet Zeit, die nicht unbedingt mit einer Häufung von Therapiesitzungen aufgefüllt werden muß. Es erhebt sich die Frage, ob nicht das "Durcharbeiten" der Introjekte besser in Einzeltherapiesituationen gleistet werden kann oder von der Primärgruppe allein ohne therapeutische Interventionen. Das familientherapeutische Setting ist dagegen unerläßlich für das Deutlichwerden der Problemsituation selbst, die aber oft, weil gemeinsam geteilt, als "normal" erlebt wird.

Familientherapie ist am "Faktischen" orientiert, was jedoch nicht besagt, daß die einzelnen Personen die gleichen Ereignisse nicht verschieden verarbeiten; sie phantasieren unterschiedlich ihr ganzes Leben lang mit den Gegebenheiten ihrer ähnlichen Schicksale.

Der Indexpatient hat unbewußt etwas sehr Hilfreiches für die Familie getan: er hat sich als Leidender definiert. In einem Teil der Fälle ist mit der Änderung der familiären Situationen und Interaktionen der Indexpatient bereits gesund geworden, oder es wurde ein anderes Familienmitglied zum Indexpatienten umdefiniert. Das muß der Familientherapeut rechtzeitig bemerken, was schwierig sein kann, weil der neuerwählte "Sündenbock" sich gerne hinter einem Schamschutzwall verborgen hält. In einer Familie war es bis zu ihrem plötzlichen Tod unumstritten klar, daß die Mutter das Familienproblem darstellt. Erst nachdem sie nicht mehr da war, zeigte sich, wie sehr der Vater die Familie mit seiner abstrusen Wertwelt tyrannisierte.

So erfolgversprechend die Mehrgenerationen-Familientherapie in der Aufdeckung der Konflikte und der Umstrukturierung der Konfliktursachen sein kann, also das "Erinnern und Wiederholen" FREUDS leistet, so problematisch ist das "Durcharbeiten" der eigenen innerpsychischen Verarbeitung im Familienverband.

Hierfür hat sich nach unseren Erfahrungen, wenigstens für einen Teil der Indexpatienten, eine - bisweilen wesentlich kürzere - anschließende Einzelanalyse als fruchtbar erwiesen. In ihr kann das Bündnis, das Wirklichkeit und Phantasie eingegangen sind und das zur Krankheit führte, auch im Sinne der Rezidivprophylaxe aufgearbeitet werden. Die Frage, welcher Teil der Indexpatienten der ergänzenden Einzeltherapie bedarf, ist nicht leicht zu beantworten. Soweit wir es bisher übersehen können, handelt es sich hierbei überwiegend um erwachsene Personen, die schon über einen längeren Zeitraum versucht haben, verhärtete eigenständige, vom ursprünglichen familiären Kontext unabhängige Abwehrstrukturformationen zu entwickeln, die die tatsächliche Realentwicklung der Eltern außer acht lassen und sich überwiegend auf kindliche Imagines beziehen.

So gesehen ist die Mehrgenerationen-Familientherapie Teil eines psychotherapeutischen "Gesamtinstrumentariums". Sie setzt ein Umdenken voraus, das ebenso schwer zu beschreiben wie zu leisten ist: das Modell der linearen Kausalität, das unsere Sprachentwicklung geprägt hat, ist durch das der spiralförmigen Interdependenzen zu ersetzen. Ihre Grenzen sind dort, wo es nicht geht, das heißt wo keine effektive Zusammenarbeit aus Gründen der Familienkonstellation oder der Therapeuten zustandekommen kann.

Die Frage, ob Familientherapie in dem beschriebenen Sinne ebenfalls als Krankenkassenleistung aufgenommen werden sollte, ist unter bestimmten Einschränkungen zu bejahen. Wenn so viele gründlich ausgebildete Familientherapeuten zur Verfügung stünden - eine Entwicklung, die sich in den USA anbahnt -, daß der Anspruch auf eine Versorgung der breiten Bevölkerung mit dieser Kassenleistung gewährleistet wäre, sollte die Mehrgenerationen-Familientherapie als ein wichtiges therapeutisches Instrument auch zugänglich sein. Hierbei ist die Verhinderung der Verschiebung der Störung auf andere Familienmitglieder wie die Prophylaxe gleichermaßen als ökonomisch vorteilhaft anzusehen. Derartige Behandlungen sind Aufgabe von Weiterbildung und Forschung, der die Mehrgenerationen-Familientherapie wichtige Einsichten und Impulse vermittelt hat.

Literatur

ABEND, S.M.; PORDER, M.S.; WILLICK, M.S.: Borderline Patients: Psychoanalytic Perspectives. New York 1983. [Dt.: Göttingen 1994.]
AHRENS, ST.: Die instrumentelle Forschung am instrumentellen Objekt. Psyche 42 (1988): 225-241.
ALANEN, Y.O.: Family Studies and suicide prevention in Suicide Research. 1974-1977, Psychiatrica Fennica Supp. (1976): 83-89.
ANDOLFI, M.: Familientherapie. Das systemische Modell und seine Anwendung. Freiburg 1982.
ARIES, PH.: Geschichte der Kindheit. München/Wien 1977.
BAEKER, M.; KISTNER, A.; NEUMANN, M.: Die soziale Besonderheit von Verw«ndtschaftsbeziehungen. Forschungsbericht. Göttingen 1991.
BAETHGE, G.: Kindertherapie oder Familientherapie? Praxis der Kinderpsychologie, 30 (1981): 159-165.
BAHRDT, H.P.: Wandlungen in den Familien, in: CLAESSENS, D.; MILHOFER, P. (Hrsg.): Familiensoziologie. Frankfurt a.M. 1973.
BALTES, P.P.; ECKENSBERGER, L.H.: Entwicklungspsychologie der Lebensspanne. Stuttgart 1979.
BANDLER, R.; GRINDER, J.; SATIR, V.: Mit Familien reden. Gesprächsmuster und therapeutische Veränderung. München 1978.
BATESON, G. (1960): "Die Gruppendynamik der Schizophrenie", in: BATESON, G., Ökologie des Geistes. Franfkurt a.M. 1981, S. 302-320.
BAUERS, B.; REICH, G.; ADAM, D.: Scheidungsfamilien: Die Situation der Kinder und die familientherapeutische Behandlung. Praxis der Kinderpsychologie und Kinderpsychiatrie 35 (1986): 90-96.
BAURIEDL, TH.: Beziehungsanalyse. Frankfurt a.M. 1990.
BECK, U.: Risikogesellschaft. Auf dem Weg in eine andere Moderne. Frankfurt a.M. 1986.
BECK-GERNSHEIM, E.: Das halbierte Leben. Frankfurt a.M. 1980.
BECKMANN, D.: Paardynamik und Gesundheitsverhalten, in: RICHTER, H.E.; STROTZKA, H.; WILLI, J. (Hrsg.): Familie und seelische Krankheit. Reinbek (1976): 123-130.
BENEDETTI, G.: Psychodynamik der Zwangsneurose. Darmstadt 1978.
BERGER, M.: Zum Stand der Bulimie-Forschung. Fundamenta Psychiatrica 3 (1989): 12-18.
BIERMANN, G.: Kinder im Schulstreß. München/Basel 1977.
BINDING, K.; HOCHE, A.: Die Freigabe der Vernichtung lebensunwerten Lebens. Ihr Maß und ihre Form. Leipzig 1920.
BLACKHAM, G.J.: Der auffällige Schüler. Weinheim 1979.
BLOCH, E.: Das Prinzip Hoffnung. Frankfurt a.M. 1976.
BOGDAN, J.L.: Family Organization as an Ecology of Ideas: An Alternative to the Reification of Family Systems. Family Process 23 (1984): 375-388.

BOSZORMENYI-NAGY, I.: Eine Theorie der Beziehungen: Erfahrung und Transaktion, in: BOSZORMENYI-NAGY, I.; FRAMO, J.L. (Hrsg.): Familientherapie: Theorie und Praxis. Bd. 1 Reinbek 1975.
BOSZORMENYI-NAGY, I.: Loyalität und Übertragung. Familiendynamik 1 (1976): 153-171.
BOSZORMENYI-NAGY, I.: Mann und Frau. Familiendynamik 2 (1977): 1-10.
BOSZORMENYI-NAGY, I.: Kontextuelle Therapie: Therapeutische Strategien zur Schaffung von Vertrauen. Familiendynamik 6 (1981): 176-195.
BOSZORMENYI-NAGY, I.; SPARK, G.M.: Invisible Loyalties. New York 1973 [Dt.: Unsichtbare Bindungen. Stuttgart 1981].
BOWEN, M.: A Family Concept of Schizophrenia (1960) in: BOWEN, M.: Family Therapy in Clinical Practice. New York/London 1978.
BRAUNSCHWEIG, D.; FAIN, M.: Éros et Antéros. Paris 1971.
BRÜCK, H.: Die Angst des Lehrers vor seinen Schülern. Hamburg 1979.
BÜHLER, C.: Der menschliche Lebenslauf als psychologisches Problem. Göttingen 1959.
BUCHHOLZ, M.B.: Psychoanalytische Methode und Familientherapie. Eschborn 1982.
BUCHHOLZ, M.B.: Schachspieler, Gast vom fremden Stern. Kapitän auf großem Fluß, Freud und Bateson - Zur Kontroverse zwischen Psychoanalyse und Systemtheorie. Prax. Kinderpsychol. Kinderpsychiat. 35 (1986): 274-283.
BUCHHOLZ, M.B.: "Der Aufbau des therapeutischen Systems." Prax. Kinderpsychol. Kinderpsychiat. 37 (1988): 48-58.
BUCHHOLZ, M.B.: Familien in der Moderne: NS-Vergangenheit und Vaterlosigkeit. Forum Psychoanal. 5 (1989): 125-139.
BUCHHOLZ, M.B.: Die unbewußte Familie. Studien zur psychoanalytischen Familientherapie. Berlin/Heidelberg/New York 1990.
BUCHHOLZ, M.B.; REICH, G.: Verhüllte Moralität - Zur Kritik an der Familientherapie. Psychologie Heute 15 (1988): 65-66.
BUDDEBERG, B.: Indikation zur Familientherapie in der Kinderpsychiatrie. Familiendynamik 5 (1980): 125-139.
BURLINGHAM, D.T.: Present Trends in Handling the Mother-Child-Relationship During the Therapeutic Process. Psychoanal. Stud. Child. 5 (1951): 31-37.
BURLINGHAM, D.T.: Kinderanalyse und Mutter, in: BIERMANN, G.: Handbuch der Kinderpsychotherapie, Bd. II. München/Basel 1963, S. 631-636.
BURLINGHAM, D.T.; GOLDBERGER, A. et al.: Simultaneous Analysis of Mother and Child. Psychoanal. Stud. Child. 10 (1955): 165-186.
CASSEL, J.: An Epidemiological Perspective of Psychosocial Factors in Disease Etiology. Am. J. Publ. Health 11 (1974): 1040-1043.
CECCHIN, G.: Hypothesizing, Circularity and Neutrality Revisited: An Invitation to Curiosity. Fam. Proc. 26 (1987): 405-413.
CHASIN, R.: Involving Latency and Preschool, in: GURMAN, A.: Questions and Answers in the Practice of Family Therapy. New York 1981.
CIERPKA, A. et al.: "Männer schmutzen nur!" Eine Untersuchung über alleinerziehende Mütter in einem Mutter-Kind-Programm. Prax. Kinderpsychol. Kinderpsychiat. 41 (1992): 168-175.
CIERPKA, M.: Familiendiagnostik. Berlin/Heidelberg/New York 1988.
CIOMPI, L.: Psychoanalyse und Systemtheorie - ein Widerspruch? Psyche 35 (1981): 66-86.

CLYNE, M.B.: Schulkrank? Schulverweigern als Folge psychischer Störungen. Stuttgart 1969.
CREMERIUS, J.: Ist die "psychosomatische Struktur" der französischen Schule krankheitsspezifisch? Psyche 31 (1977): 293-317.
CREMERIUS, J.: Gibt es zwei psychoanalytische Techniken? Psyche 33 (1979): 577-599.
CREMERIUS, J.: Die Konstruktion der biographischen Wirklichkeit im analytischen Prozeß, in: CREMERIUS, J.: (Hrsg.), Vom Handwerk des Psychoanalytikers: Das Werkzeug der psychoanalytischen Technik. Tübingen 1984, S. 398-425.
DELL, P.F.; GOOLISHIAN, H.A.: Ordnung durch Fluktuation: Eine evolutionäre Epistemologie für menschliche Systeme. Familiendynamik 6 (1981): 104-122.
DESSAI, E.: Auf dem Weg in die kinderlose Gesellschaft. Reinbek 1979.
DEVEREUX, G.: Angst und Methode in den Verhaltenswissenschaften. München 1973.
DEYDA, H.: Kommunikationsstrukturen in der Familie des psychosomatisch erkrankten und des depressiv erkrankten Patienten: Eine vergleichende Interaktionsstudie anhand zweier Familien. Göttingen (1987), Med. Diss.
DICKS, V.H.: Marital Tensions. London 1967.
DILLING, H.; WEYERER, S.: Epidemioilogie psychischer Störungen und psychiatrischer Versorgung. München/Wien/Baltimore 1978.
DONZELOT, J.: Die Ordnung der Familie. Frankfurt a.M. 1980.
MCDOUGALL, J. (1978): Plädoyer für eine gewisse Anormalität. Frankfurt a.M. 1985.
DÜHRSSEN, A.: Psychotherapie bei Kindern und Jugendlichen. Göttingen, 7. Aufl. 1989.
DUHL, F.J.; KANTOR, D.; DUHL, B.S.: Learning Space and Action in Family Therapy, in: BLOCH, D.A. (Hrsg.), Technique of Family Therapy. New York 1973.
EAGLE, M.N.: Neuere Entwicklungen der Psychoanalyse. Eine kritische Würdigung. München/Wien 1988.
EICKE-SPRENGLER, M.: Zur Entwicklung der psychoanalytischen Theorie der Depression. Psyche 31 (1977): 1079-1125.
ERIKSON, E.H.: Kindheit und Gesellschaft. Stuttgart 1963.
ERIKSON, E.H.: Identität und Lebenszyklus. Frankfurt a.M. 1976.
FAIRBAIRN, R.W.: Synopsis of an Object-relations theory of the personality. Int. J. of Psychoanalysis 4 (1963): 224-229.
FEDERN, P.: Die Diskussion über Selbstmord, insbesondere den Schülerselbstmord im Wiener psychoanalytischen Verein 1910. Z. psychoanalyt. Päd. 3 (1929): 334-379.
FENICHEL, O.: Problems of Psychoanalytic Technique. Psychoanalytic Quarterly 1941.
FENICHEL, O. (1944): Psychoanalytische Bemerkungen über Fromms Buch "Die Furcht vor der Freiheit", in: ders.: Aufsätze, Bd. II, hrsg. v. Klaus Laermann. Frankfurt a.M. 1984.
FERREIRA, A.: Family myths and homeostasis. Arch. Gen. Psychiatry 9 (1963): 457-463.
FISHEL, E.: Schwestern. Frankfurt/Berlin 1980.

FLITNER, E.; MERLE, P.: "Solange kein Fall bis zum Ende durchschaut ist ...". Die Psychoanalyse im Konflikt mit Freuds Verführungstheorie. Forum Psychoanal. 5 (1989): 249-262.
FLUGEL, J.C.: The Psychoanalytic Study of the Family. London 1921, 10. Aufl. 1960.
FOCKE, H.; REIMER, U.: Alltag unterm Hakenkreuz. Reinbek 1984.
FOERSTER, H. V.: Aufbau und Abbau, in: SIMON, F.B. (Hrsg.): Lebende Systeme. Berlin/Heidelberg/New York 1988.
FRAMO, J.L. (1965): Beweggründe und Techniken der intensiven Familientherapie, in: BOSZORMENYI-NAGY, I.; FRAMO, J.L. (Hrsg.), Familientherapie, Theorie und Praxis I. Reinbek 1975, S. 169-223.
FRAMO, J.L. (1977): In-Laws and Out-Laws: A Marital Case of Kinship Confusion, in: ders.: Explorations in Marital and Family Therapy. New York 1982, S. 225-238.
FRAMO, J.L.: Scheidung der Eltern - Zerreißprobe für die Kinder. Familiendynamik 5 (1980): 204-228.
FREUD, S. (1894): Die Abwehr-Neuropsychosen. G.W., Bd. 1.
FREUD, S. (1895): Studien zur Hysterie. G.W., Bd. 1.
FREUD, S. (1905): Drei Abhandlungen zur Sexualtheorie. G.W., Bd. 5.
FREUD, S. (1905): Über Psychotherapie. G.W., Bd. 5.
FREUD, S. (1912): Totem und Tabu. G.W., Bd. 9.
FREUD, S. (1912): Ratschläge für den Arzt bei der psychoanalytischen Behandlung. G.W., Bd. 8.
FREUD, S. (1914): Erinnern, Wiederholen, Durcharbeiten. G.W., Bd. 10.
FREUD, S. (1915): Trauer und Melancholie. G.W., Bd. 10.
FREUD, S. (1925): Selbstdarstellung. G.W., Bd. 14.
FREUD, S. (1928-1933): Neue Folge der Vorlesungen zur Einführung in die Psychoanalyse. G.W., Bd. 15.
FREUD, S. (1930): Das Unbehagen in der Kultur. G.W., Bd. 14.
FRIJLING-SCHREUDER, E.: Übertragung und Gegenübertragung. Psyche 7 (1979): 600-609.
FROMM-REICHMANN, F.: Psychoanalyse und Psychotherapie. Stuttgart 1978.
FTHENAKIS, W.E.: Väter. Bd. 1 u. 2. München 1985.
GERLICHER, K. (Hrsg.): Schule-Elternhaus-Beratungsdienste. Göttingen 1982.
GOLANN, S.: On Second-Order Family Therapy. Fam. Proc. 27 (1988): 51-65.
GOLDMAN, J. u. COANE, J.: Family Therapie after divorce: Developing a strategy. Family Porcess 16 (1977): 357-362.
MCGOLDRICK, M.; GERSON, R.: Genogramms in Family Assessment. New York/London 1985 [Dt.: Genogramme in der Familienberatung. Bern 1990].
GOTTSCHALDT, K.: Das Problem der Phänogenetik der Persönlichkeit, in: LERSCH, P.; THOMÄ, H. (Hrsg.), Handbuch der Psychologie, Bd. 4, Persönlichkeitsforschung und Persönlichkeitstheorie. Göttingen 1960.
GRANDE, T.; PORSCH, U.; RUDOLF, G.: Muster therapeutischer Zusammenarbeit und ihre Beziehung zum Therapieergebnis. Zschr. Psychosom. Med. 34 (1988): 76-100.
GROSSARTH-MATHICEK, R.: Krebserkrankung und Familie. Familiendynamik 1 (1976): 294-318.
GROSSARTH-MATICEK, R. et al.: Psychotherapy Research in Onkology, in:

STEPTOE, A.; ATHEWS, A. (Hrsg.), Health Care and Human Behavior. London, Academic Press 1984.
GROTJAHN, M.: Psychoanalysis and the Family Neurosis. New York 1960.
GUETTNER, T.: Legasthenie ist ein Notsignal. Hamburg 1980.
GUERIN, P.J.; PENDAGAST, E.G.: Evaluation of Family System and Genogramm, in: Guerin, P.J.: Family Terapy. New York 1976.
GUERIN, P.J.: Family-Therapy: The First Twenty-Five Years, in: GUERIN, P.J.: Family Therapy. New York 1976.
GUNTERN, G.: Die kopernikanische Revolution in der Psychotherapie. Der Wandel vom psychoanalytischen zum systemischen Paradigma. Familiendynamik 5 (1980): 2-41.
GUTHEIL, T.G.; AVERY, N.C.: Multiple Overt Incest as Family Defense Aganist Loss. Family Process 16 (1977): 105-116.
HAASE, H.-J.: Depression. Entstehung - Erscheinung - Behandlung. Stuttgart/New York 1976.
HABERMAS, T.: Heißhunger. Historische Entstehungsbedingungen der Bulimia nervosa. Frankfurt a.M. 1990.
HALEY, J.: Die Interaktion von Schizophrenen, in: BATESON, G. et al.: Schizophrenie und Familie. Frankfurt a.M. 1969.
HAREVEN, T.K.: Family Time and Historical Time, in: ROSSI, A.S.; KAGAN, J.; HAREVEN, T.K.: Family. Toronto 1978.
HARTMANN, H.: Bemerkungen zur psychoanalytischen Theorie des Ichs, in: HARTMANN, H.: Ich-Psychologie. Stuttgart 1972.
HARTMANN, H.: Ich-Psychologie und Anpassungsproblem. Stuttgart 1975.
HEIGL, F.: Zur Toleranzgrenze. Zschr. Psychosom. Med. 11 (1965): 64-66.
HEIMANN, P.: Comment on Dr. Kernberg's Paper. Int. J. Psycho-Anal. 47 (1966): 254-260.
HEISSENBÜTTEL, H.: Zur Effektivitätskontrolle in der Familientherapie - eine katamnestische Untersuchung familientherapeutisch behandelter Familien. Med. Diss. Göttingen 1989.
HENSELER, H.: Narzißtische Krisen - zur Psychodynamik des Selbstmordes. Reinbek 1974.
HOLLINGSHEAD, A.B.; REDLICH, F.C.: Social Class and Mental Illness. New York/London/Sydney 1967.
HOSEMANN, D.; KRÜLL, M.; MASSING, A. u. SCHÜLL-SCHWINGHAMMER, I.; WELTER-ENDERLIN, R.: Frauen über Frauen (und Männer) in der Familientherapie. Familiendynamik 12 (1987): 211-281.
HOSEMANN, D.: Neue Technologien, Sexualität und Familienleben, in: BUCHHOLZ, M.B. (Hrsg.), Intimität. Weinheim/Basel 1989, S. 75-86.
JACKSON, D.D.; YALOM, J.: Familienaspekte der ulzerierenden Kolitis. (1966), in: WATZLAWICK, P.; WEAKLAND, J.H. (Hrsg.), Interaktion. Bern (1980): S. 437-458.
JACOBS, B.; STRITTMATTER, P.: Der schulängstliche Schüler. München/Wien/Baltimore 1979.
JACOBSON, E.: Depression. Frankfurt a.M. 1977.
JESSEE, E.; ABATE, L.: The Use of Paradox With Children in an Inpatient Setting. Family Process 19 (1980): 59-64.
JOHNSON, C.; CONNORS, M.E.: The Etiology and Treatment of Bulimia Nervosa. A Biopsychosocial Perspective. New York 1987.

JOPT, U.-J.: Schlechte Schüler - Faule Schüler? Wie Eltern helfen können. München 1981.
JONES, E.: Die Bedeutung des Großvaters für das Schicksal des einzelnen, in: ders.: Die Theorie der Symbolik und andere Ansätze. Frankfurt/Berlin/Wien 1978.
KARPEL, M.A.: Family Secrets. Family Process 19 (1980): 295-306.
KAUFMANN, L.: Familientherapie. Psychiatrie der Gegenwart. Ergänzungsband 3.
KERNBERG, O.F.: Borderline-Störungen und pathologischer Narzißmus. Frankfurt a.M. 1979.
KERNBERG, O.F.: Objektbeziehungen und die Praxis der Psychoanalyse. Stuttgart 1981.
KIND, J.: Suizidal. Göttingen 1992.
KLEMANN, M.: Tod und Töten in Familien mit Selbstmord. Int. J. of suicide and crisis Studies 2 (1981): 27-36.
KLEMANN, M.: Zur frühkindlichen Erfahrung suizidaler Patienten. eine Analyse biographischer Rekonstruktionen der Familiendynamik. Frankfurt a.M./Bern/New York 1983.
KLEMANN, M.: Faktum und Fantasie. Von der "Verführung" des Ödipus, in: MASSING, A.; WEBER, I. (Hrsg.), Lust und Leid. Sexualität im Alltag und alltägliche Sexualität. Berlin/Heidelberg/New York 1987, S. 21-54.
KLUGE, C.: Lernstörungen aus der Sicht des praktischen Arztes. München/Berlin/Wien 1971.
KÖNIG, K.; KREISCHE, R.: Partnerwahl und Übertragung. Familiendynamik 10 (1985): 341-352.
KOHLI, M.: Soziologie des Lebenslaufes. Darmstadt/Neuwied 1978.
KOHUT, H.: Narzißmus. Frankfurt a.M. 1973.
KREHL, R.; RABKIN, I.: The Effects of Sibling Death on the Surviving Child: A Family Perspective. Family Process 18 (1979): 471-478.
KREISCHE, R.: die besseren Hälften - Paartherapie in zwei Systemen: die Kombination von Paar- und Gruppentherapie, in: MASSING, A. (Hrsg.), Psychoanalytische Wege der Familientherapie. Berlin/Heidelberg/New York 1990, S. 57-72.
KREUTZ, H.: Soziologie der Jugend. München 1974.
KROHNE, H.-W.: Die Schule macht die Kinder krank - aber auch die Eltern. Bild der Wissenschaft 4 (1976): 96-126.
KRÜLL, M.: Freud und sein Vater. München 1979.
KÜBLER-ROSS, E.: Kinder und Tod. Zürich 1984.
LAFORGUE, R.: Familienneurosen in psychoanalytischer Sicht. Zschr. Psychosom. Med. 7 (1960/61): 21-29.
LAFORGUE, R.: Psychosomatik und Familienneurose. Stuttgart 1956.
LEHR, U.: Kontinuität und Diskontinuität im Lebenslauf, in: ROSEMAYR, L. (Hrsg.), Die menschlichen Lebensalter. München 1978.
LEIBBRAND, W.: Der göttliche Stab des Äskulap. Salzburg/Leipzig 1939.
LEMAIRE, J.G.: die Ehekrise, in: DUSS, V;. WERDT, J. (Hrsg), Die Zukunft der Monogamie. Tübingen 1972, S. 80-97.
LICHTENBERG, J.D.: Psychoanalysis and Infant Research. Hillsdale, N.J./London 1983 [Dt.: Säuglingsbeobachtung und Psychoanalyse. Berlin/Heidelberg/New York 1991].

LIDZ, TH.: Das menschliche Leben. Frankfurt a.M. 1974.
LIDZ, TH.; FLECK, S.; ALANEN, Y.O.; CORNELISCH, A.: Schizophrenic patients and their siblings. Psychiatry 26 (1983): 1-18.
LOCKOT, R.: Erinnerung, Durcharbeiten. Frankfurt a.M. 1985.
LOHSE, H.: Untersuchung der Interaktionsstruktur Manisch-Depressiver in der Familientherapie anhand von Video-Bändern. Göttingen (1981). Diplomarbeit.
LÜDTKE, H.: Soziale Schichtung, Familienstruktur und Sozialisation, in: b:e Redaktion: Familienerziehung, Sozialschicht, Schulerfolg. Weinheim/Basel 1979.
MADANES, C.: Beschützen, Paradox und So-tun-als-ob. Familiendynamik 6 (1981): 208-224.
MAHLER, M.S.; PINE, F.; BERGMANN, A.: Die psychische Geburt des Menschen. Frankfurt a.M. 1978.
MARTY, P.: La relation objectale allergique. Rev. fr. Psych. 22 (1958): 5-33.
MARTY, P.; M'UZAN, D.; DAVID, C.: L'investigation psychosomatique. P.U.F., Paris 1963.
MASSING, A.: Der familiäre Hintergrund der Magersucht-Neurose. Inaugural-Dissertation. Göttingen 1969.
MASSING, A.: Besonderheiten der Objektrepräsentanzen psychotisch-depressiver Patienten. Eine transfamiliäre Rekonstruktion. Psychoanalytische Examensarbeit. Göttingen 1980.
MASSING, A.: Die Bedeutung der Mehrgenerationen-Familientherapie für die Praxis, in: ZAUNER, J.; BIERMANN, G. (Hrsg.), Klinische Psychosomatik von Kindern und Jugendlichen. München 1986, S. 221-236.
MASSING, A.: Das Kind in der analytischen Familientherapie, in: PETZOLD, H.; RAMIN, G. (Hrsg.), Schulen der Kinderpsychotherapie. Paderborn 1987, S. 295-321.
MASSING, A.: Auswirkungen anhaltender nationalsozialistischer Weltanschauungen in Familienschicksalen, in: HEIMANNSBERG, B.; SCHMIDT, CH.J. (Hrsg.), Das kollektive Schweigen. Heidelberg 1988, S. 55-68.
MASSING, A. (Hrsg.): Psychoanalytische Wege der Familientherapie. Berlin/Heidelberg/New York 1990.
MASSING, A.: Die Reinszenierung nationalsozialistischer Weltbilder im psychotherapeutischen Prozeß. Forum Psychoanal. 7 (1991): 20-30.
MASSING, A.; BEUSHAUSEN, U.: "Bis ins dritte und vierte Glied". Auswirkungen des Nationalsozialismus in der Familie. Psychosozial (1986): 37.
MASSING, A.; REICH, G.: Die depressive Psychose als Erbe von Traditionszerstörung, in: DIERKING, W. (Hrsg.), Analytische Familientherapie und Gesellschaft. Weinheim 1980.
MASSING, A.; WEBER, I. (Hrsg.): Lust und Leid. Sexualität im Alltag und alltägliche Sexualität. Berlin/Heidelberg/New York 1987.
MASSON, J.: Was hat man dir, du armes Kind, getan? Reinbek 1984.
MASTEN, A.S.: Family Therapy as a Treatment for Children: Critical Review of Outcome Research. Family Process 18 (1979): 323-335.
MATTHES, J.: Wohlverhalten, Familienswystem und Lebenslauf, in: KOHLI, M.: Soziologie des Lebenslaufes. Darmstadt/Neuwied 1978.
MATURANA, H.; VARELA, F.: Der Baum der Erkenntnis. Bern 1978.
DE MAUSE, L.: Hört Ihr die Kinder weinen? Frankfurt a.M. 1977.

MENDELL, D.; FISCHER, S.: An approach to neurotic behavior in term of a three generational family model. J. of Nervous and Mental Diseases 123 (1956): 171-180.

MENDELL, D.; FISCHER, S.: A Multi-Generation Approach of Treatment of Psychopathology. J. Nerv. Ment. Dis. 126 (1958): 523-529.

MERLOO, A.M.: Suicide and Mass Suicide. New York 1962.

METZ-GÖCKEL, S.; MÜLLER, U.: Der Mann - eine Untersuchung im Auftrag der "Brigitte". Hamburg 1985.

MILLER, A.: Depression und Grandiosität. Psyche 33 (1979): 132-155.

MILLER, A.: Du sollst nicht merken. Frankfurt a.M. 1981.

MILLER, J.G.: General Systems Theory, in: FREEDMAN, A.; KAPLAN, H.; SADOCK, P.: Comprehensive Textbook of Psychiatry 1967.

MINUCHIN, S.: Familie und Familientherapie. Freiburg 1977.

MINUCHIN, S.; BAKER, L.; ROSMAN, B.L.; LIEBMANN, R.; MILMAN, L.; TODD, TH. C.: A Conceptual Model of Psychosomatic Illness in Children: Family Organisation and Family Therapy. Arch. Gen. Psychiat. 32 (1975): 1034-1038.

MITTELMANN, B.: The Concurrent Analysis of Married Couples. Psychoanal. Quart. 17 (1948): 182-197.

MITTERAUER, M.; SIEDER, R.: Vom Patriarchat zur Partnerschaft. Zum Strukturwandel der Familie. München 1977.

MOHR, G.J.; SELESNIK, S.; AUGENBRAUN, B.: Family Dynamics in Early Childhood Asthma: Some Mental Health Considerations, in: SCHNEER, H.J. (Hrsg.), The Asthmatic Child. New York 1963, S. 103-117.

MOSER, U.: Psychologie der Partnerwahl. Stuttgart/Bern 1957.

MOSS, L.M.; HAMILTON, D.: Psychotherapy of the Suicidal Patient, in: SHNEIDMAN, E.S. and FARBEROW, N.C.: Clues to suicide. New York/ Toronto/ London 1957.

DE M'UZAN, M.: Zur Psychologie der psychosomatischen Kranken. Psyche 4 (1977): 318-332.

MYERHOFF, B.G.: Der Peyote Kult. München 1980.

NASH DE WITT, K.: Die Wirksamkeit von Familientherapie. Familiendynamik 5 (1980): 73-103.

NAVE-HERZ, R.: Veränderungen in der familialen Umweltpartizipation seit 1950, in: HERTH, A.; STOHMEIER, K.P. (Hrsg.), Lebenslauf und Familienentwicklung. Opladen 1989.

NERAAL, T.; BREUER, M.: Geschichte unter Verschluß, in: MÖHRING, P.; NERAAL, T. (Hrsg.), Psychoanalytisch orientierte Familien- u. Sozialtherapie. Opladen 1991, S. 376-387.

OBERNDORF, C.P.: Folie à Deux. Int. J. Psychoanal. 15 (1934): 14-24.

OBERNDORF, C.P.: Psychoanalysis of Married Couples. Psychoanal. Rev. 25 (1938): 453-475.

OVERBECK, G.; OVERBECK, A.: Das Asthma bronchiale im Zusammenhang familiendynamischer Vorgänge. Psyche 32 (1978): 929-955.

PARIN, P.: Gesellschaft im Deutungsprozeß - eine Antikritik. Psyche 34 (1980): 97-119.

PARSONS, T.; Bales, R.: Family, Socialisation and Interaction Process. New York 1955.

PARSONS, T.: Definition von Gesundheit und Krankheit im Lichte der Wertbegriffe und der sozialen Struktur Amerikas, in: MITSCHERLICH, A. (Hrsg.), Der Kranke in der modernen Gesellschaft. Köln/Berlin 1967.

PAUL, N.L.: Die Scheidung als innerer und äußerer Prozeß. Familiendynamik 5 (1980): 229-241.

PENN, P.: "Zirkuläres Fragen". Familiendynamik 8 (1983): 198-220.

PENN, P.: "Feed-Forward: Future Questions, Future Maps". Fam. Proc. 24 (1985): 299--310.

PETO, A.: Über die vorübergehende desintegrative Wirkung von Deutungen. Psyche 14 (1961): 701-710.

PETRI, H.: Soziale Schicht und psychische Erkrankung im Kinder- und Jugendalter. Göttingen 1979.

PLASSMANN, R.: Prozeßphantasien: Zur Technik der systemischen Einzeltherapie. Familiendynamik 11 (1986): 90-108.

POHLMEIER, H.: Soziologie der Depression. Zschr. Psychosom. Med. 19 (1973): 58-68.

POSTMAN, N.: Das Verschwinden der Kindheit. Frankfurt a.M. 1983.

RACKER, H.: Übertragung und Gegenübertragung. München/Basel 1978.

V. RAD, M.: Alexithymie. Empirische Untersuchungen zur Diagnostik und Therapie psychosomatisch Kranker. Berlin/Heidelberg/New York 1983.

RADEBOLD, H.; Schlesinger-Kipp, G.: Familien- und paartherapeutische Hilfen bei älteren Menschen. Göttingen 1982.

RANGELL, L.: From Insight to Change. Journal of the American Psychoanalytical Association 29 (1981): 119-141.

RANGELL, L.: The Self in Psychoanalytic Theory. Journal of the American Psychoanalytical Association 30 (1982): 863-892.

REICH, G.: Soziale Faktoren bei endogenen Depressionen. Psych. Dipl. Arbeit. Göttingen 1977.

REICH, G.: Tabus und Ängste des Therapeuten im Umgang mit der eigenen Familie. Zschr. Psychosom. Med. 28 (1982): 393-406.

REICH, G.: Der Einfluß der Herkunftsfamilie auf die Tätigkeit von Therapeuten und Beratern. Prax. Kinderpsychol. Kinderpsychiat. 33 (1984): 61-69.

REICH, G.: Warum ist die Schuldfrage aus Scheidungskonflikten so schwer herauszuhalten? Familiendynamische Aspekte von Scheidungsauseinandersetzungen. fragmente - Schriftenreihe zur Psychoanalyse 22. Beiträge zur Scheidungsforschung II 1986, S. 73-97.

REICH, G.: Stotternde Kinder und ihre Familien. Prax. Kinderpsychol. Kinderpsychiat. 36 (1987): 16-22.

REICH, G.: Das sexuelle Erleben von Paaren auf dem Hintergrund ihrer Familiengeschichte, in: MASSING, A.; WEBER, I. (Hrsg.), Lust und Leid - Sexualität im Alltag und alltägliche Sexualität. Berlin/Heidelberg/New York 1987, S. 187-221.

REICH, G.: Partnerwahl und Ehekrisen. Heidelberg 1988, 4. Aufl. 1993.

REICH, G.: Trennungskonflikte - familiendynamische und zeitgeschichtliche Aspekte. Wege zum Menschen 40 (1988): 194-208.

REICH, G.: Familiendynamische Prozesse in Zweitfamilien. Zur Entwicklung familiärer Strukturen nach der Scheidung und nach dem Tod eines Elternteils. Kontext 19 (1990): 32-46.

REICH, G.: Psychoanalytische und systemische Familientherapie - Integrative

Aspekte und Differenzen in Theorie und Praxis, in: MASSING, A. (Hrsg.), Psychoanalytische Wege der Familientherapie. Berlin/Heidelberg/New York 1990, S. 97-143.

REICH, G.: Kinder in der Familiendynamik und Familientherapie von Scheidungskonflikten, in: KRABBE, H. (Hrsg.), Scheidung ohne Richter. Reinbek 1991, S. 59-85.

REICH, G.: Indentitätskonflikte bulimischer Patientinnen - Klinische Beobachtungen zur inter- und intrapersonellen Dynamik. Forum Psychoanal. 8 (1992).

REICH, G.; BAUERS, B.: Nachscheidungskonflikte - eine Herausforderung an Beratung und Therapie. Prax. Kinderpsychol. Kinderpsychiat. 37 (1988): 346-366.

REICH, G.; BAUERS, B.; ADAM, D.: Zur Familiendynamik von Scheidungen - eine Studie im mehrgenerationalen Kontext. Prax. Kinderpsychol. Kinderpsychiat. 35 (1986): 42-50.

REICH, G.; DEYDA, H.: Interaktionsmuster in Familien mit psychosomatisch und depressiv erkankten Kindern und Jugendlichen. Prax. Kinderpsychol. Kinderpsychiat. 40 (1991): 96-105.

REICH, G.; HUHN, S.; WOLFF-KUSSL, C.: Interaktionsmuster bei "zwangsstrukturierten Familien". Prax, Kinderpsychol. Kinderpsychiat. 37 (1988): 17-24.

REICH, G.; MASSING, A.: Scheidungskonflikte in der Familientherapie, in: BIERMANN, G. (Hrsg.), Handbuch der Kinderpsychotherapie. München 1992.

RETZER, A.; SIMON, F.B.; WEBER, G.; STIERLIN, H.; SCHMIDT, G.: Eine Katamnese manisch-depressiver und psycho-affektiver Psychosen nach systemischer Familientherapie. Familiendynamik 14 (1989): 214-235.

RICKS, M. (1985): The Social Transmission of Parental Behavior: Attachment Across Generations, in: BRETHERTON, J.; WATERS, E. (Hrsg.), Growing Points of Attachment Theory and Research. Monographs of the Society for Research in Child Development Nr. 209, Vol. 50 (1985): 221-225.

RICHARDSON, H.B.: Patients have Families. New York 1948.

RICHTER, H.E.: Die dialogische Funktion der Magersucht, in: MEYER, J.-E.; FELDMANN, H.: Anorexia nervosa. Stuttgart 1965.

RICHTER, H.E.: Eltern, Kind und Neurose. Stuttgart 1967.

RITSCHER, W. (1989): Die Ausgrenzung des Todes - Gesellschaftliche, kommunikative und familiäre Aspekte. Familiendynamik (1989): 336-347.

ROHDE-DACHSER, CH.: Expedition in den dunklen Kontinent. Weiblichkeit im Diskurs der Psychoanalye. Berlin/Heidelberg/New York 1991.

ROSMAN, B.; MINUCHIN, S.; LIEBMAN, R.: Family Lunch Session: An Introduction to Family Therapy in Anorexia Nervosa. Am. J. Orthopsychiatry 45 (1975): 846ff. [Dt.: Der "Familien-Lunch". Eine Möglichkeit zur Einleitung einer Familientherapie bei Magersucht. Familiendynamik 1 (1976): 334-347].

SANDLER, J.: Gegenübertragung und die Bereitschaft zur Rollenübernahme. Psyche 30 (1976): 297-305.

SATIR, V.: Selbstwert und Kommunikation. Familientherapie für Berater und zur Selbsthilfe. München 1977.

SCHELSKY, H.: Wandlungen der deutschen Familie in der Gegenwart. Stuttgart 1967.

SCHMIDTKE, R.; HÄFNER, H.: Suizide und Suizidversuche im Kinder- und Jugendalter in der Bundesrepublik Deutschland: Häufigkeit und Trends, in: SPECHT, F.; SCHMIDTKE, A.: Selbstmordhandlungen bei Kindern und Jugendlichen. Regensburg 1986, S. 27-49.

SCHÖLL, I.; REICH, G.: Psychoanalytisch-systemische Familientherapie bei Anorexie - Skizze eines Behandlungsverlaufs. System Familie 2 (1989): 101-109.

SCHÜLEIN, J.A.: Intimität und neue Formen des Zusammenlebens. Das Beispiel Wohngemeinschaft, in: BUCHHOLZ, M.B. (Hrsg.), Intimität. Weinheim/Basel 1989, S. 149-164.

SCHWARZER, C.: Gestörte Lernprozesse. München/Wien/Baltimore 1980.

SCHWEITZER, J.; WEBER, C.: Die Familienskulptur. Familiendynamik 7 (1982): 113-128.

SCHWIDDER, W.: Klinik der Neurosen, in: KISKER, K.P.; MEYER, J.-E.; MÜLLER, M.: Psychiatrie der Gegenwart, Band II/1. Berlin/Heidelberg/New York 1972.

SEARLES, H.F.: Das Bestreben, den anderen verrückt zu machen - ein Element in der Ätiologie und Psychotherapie der Schizophrenie, in: BATESON, G.; JACKSON, D.; WYNNE, L.: Schizophrenie und Familie. Frankfurt a.M. 1969.

SEIDLER, G.: Scham und Geschlecht. Die Analyse eines Affekts. Göttingen 1994.

SELVINI-PALAZZOLI, M.: The Families of Patients with Anorexia nervosa, in: ANTHONY, E.J.; KOUPERNIK, C. (Hrsg.), The Child in his Family. New York 1970.

SELVINI-PALAZZOLI, M.: Magersucht. Stuttgart, 2. Aufl. 1984.

SELVINI-PALAZZOLI, M.: Self-Starvation. London 1974.

SELVINI-PALAZZOLI, M.: Paradoxon und Gegenparadoxon. Stuttgart 1977.

SELVINI-PALAZZOLI, M.: Interview, in: "Kontext". 1 (1980): 72-102.

SELVINI-PALAZZOLI, M.; BOSCOLO, G.; CECHIN, G.; PRATA, G.: "Hypothetisieren - Zirkularität - Neutralität: Drei Richtlinien für den Leiter der Sitzung". Familiendynamik 6 (1981): 123-139.

SENNET, R.: Verfall und Ende des öffentlichen Lebens. Die Tyrannei der Intimität. Frankfurt a.M. 1983.

SHORTER, E.: Die Geburt der modernen Familie. Reinbek 1977.

SIMON, F.B.: Wirklichkeitskonstruktion in der systemischen Therapie, in: ders. (Hrsg.), Lebende Systeme. Berlin 1988, S. 1-9.

SIMON, F.B.; WEBER, G.: Vom Navigieren beim Driften - Die Bedeutung des Kontextes der Therapie. Familiendynamik 12 (1987): 355-362.

SPEICHER, H.: Schulangst. Reinbek 1981.

SPEIER, S.: Der ges(ch)ichtslose Psychoanalytiker - die ges(ch)ichtslose Psychoanalyse, in: HEIMANNSBERG, G.; SCHMIDT, CH.J. (Hrsg.), Das kollektive Schweigen. Heidelberg 1988, S. 13-24.

SPERBER, M.: Individuum und Gesellschaft. Stuttgart 1978.

SPERLING, E.: Die "Magersuchtfamilie" und ihre Behandlung, in: MEYER, J.E.; FELDMANN, H.: Anorexia nervosa. Stuttgart 1965.

SPERLING, E.: Alters- und bezugsgruppenspezifische Therapieprobleme. Zschr. Psychosom. Med. 15 (1969): 119.

SPERLING, E.: Lebenskrisen als Folgen von Lernstörungen, in: Praxis der Psychotherapie 6 (1971).

SPERLING, E.: Familientherapie unter Berücksichtigung des Dreigenerationenproblems. Psychother. med. Psychol. 29 (1979): 207-213.

SPERLING, E.: Suizid und Familie. Z. Gruppenpsychoth u. Gruppendynamik 16 (1980): 24-34.
SPERLING, E.: Zur Dynamik der Mehrgenerationenfamilie, unveröffentl. Manuskript 1980.
SPERLING, E.: Beitrag zur Frage eines "psychogenen" Todes bei Magersucht. Praxis Psychotherapie 9 (1964).
SPERLING, E.; SPERLING, U.: Die Einbeziehung der Großeltern in die Familientherapie, in: RICHTER, H.E.; STROTZKA, H.; WILLI, J. (Hrsg.), Familie und seelische Krankheit. Hamburg 1976, S. 196-215.
SPERLING, E.; KLEMANN, M.; REICH, G.: Familienselbsterfahrung. Familiendynamik 5 (1980): 140-152.
SPERLING, E.; MASSING, A.: Besonderheiten in der Behandlung der Magersuchtfamilie. Psyche 5 (1972): 357-369.
SPERLING, E.; MASSING, A.: Der familiäre Hintergrund der Anorexia nervosa und die sich daraus ergebenden therapeutischen Schwierigkeiten. Zschr. Psychosom. Med. 14 (1970): 130-141.
SPITZ, R.: "Familienneurose und neurotische Familie", Berichte über den IX. Kongreß der Psychoanalytiker französischer Sprache 1936 in Nyon. Intern. Z. f. Psychoanal. 23 (1937): 548-559.
SPITZ, R.: Die Entstehung der ersten Objektbeziehungen. Stuttgart 1973.
Statistisches Bundesamt (Hrsg.): Statistisches Jahrbuch für die Bundesrepublik Deutschland. Stuttgart 1978.
Statistisches Bundesamt (Hrsg.): Statistisches Jahrbuch für die Bundesrepublik Deutschland 1990. Stuttgart 1990.
Statistisches Bundesamt (Hrsg.): Statistisches Jahrbuch für die Bundesrepublik Deutschland 1991. Stuttgart 1991.
STEKEL, W.: Die Psychologie der Zwangskrankheiten. Bericht über den 5. allgemeinärztl. Kongr. für Psychotherapie in Baden-Baden 1930. Leipzig 1930.
STENGEL, E.; COOK, N.G.: Attempted Suicide. London 1958.
STEPHANOS, S.: Analytisch-Psychosomatische Therapie. Bern 1973.
STEPHANOS, S.: Das Konzept der " penseé opératoire" und "das psychosomatische Phänomen", in: V. ÜEXKÜLL, TH.: Lehrbuch der Psychosomatischen Medizin. München/Wien/Baltimore 1979.
STERN, D.N.: The Interpersonal World of the Infant. A view from Psychoanalysis and Developmental Psychology. New York 1985.
STEWART, L.: Social and Emotional Adjustment During Adolescence as Related to Development of Psychosomatic Illness in Adulthood. Psychol. Med. (Monograph. Suppl.) 65 (1962): 175-215.
STIERLIN, H.: Von der Psychoanalyse zur Familientherapie. Stuttgart 1975.
STIERLIN, H.: Eltern und Jugendliche im Prozeß der Ablösung. Frankfurt a.M. 1975.
STIERLIN, H.: Delegation und Familie. Frankfurt a.M. 1978.
STIERLIN, H. et al.: Familienmedizin mit Krebskranken. Familiendynamik 8 (1983): 48-68.
STIERLIN, H.: Der Dialog zwischen den Generationen über die Nazizeit, in: HEIMANNSBERG, B.; SCHMIDT, CH. J. (Hrsg.), Das kollektive Schweigen. Nazivergangenheit und gebrochene Identität in der Psychotherapie. Heidelberg 1988, S. 197-214.

STIERLIN, H.; WEBER, G.; SCHMIDT, G.; SIMON, F.B.: Zur Familiendynamik bei manisch-depressiven Psychosen. Familiendynamik 11 (1986): 139-161.
STREECK, U.: Hintergrundannahmen im psychoanalytischen Behandlungsprozeß. Forum Psychoanal. 2 (1986): 98-110.
TELLENBACH, H.: Melancholie. Zur Problemgeschichte - Typologie - Pathogenese und Klinik. Berlin/Heidelberg/New York 1974.
THEWELEIT, K.: Männerphantasien. Bd. 1 u. 2. Frankfurt a.M. 1978.
THOMÄ, H.: Auf dem Weg zum Selbst. Psyche 34 (1980): 221-245.
THOMÄ, H.: Zur Wiederentdeckung des Geburtstraumas in der peri- und pränatalen Psychologie. Forum Psychoanal. 6 (1990): 260-269.
THOMPSON, E.P.: The making of the English Working-Class. London 1963.
TIEDEMANN, J.: Leistungsversagen in der Schule. München 1977.
TIETJEN, H.G.: Arbeitsverhalten und Arbeitsstörungen im Klientel einer ärztl. psych. Studentenberatungsstelle. Diss. Göttingen 1981.
TOMANN, W.: Familienkonstellationen. München 1965.
TOMM, K. (1987a): "Interventive Interviewing: Part I. Stragegizing as a Fourth Guideline for the Therapist." Fam. Proc. 26 (1987): 3-13 [Dt.: Strategisches Vorgehen als vierte Richtlinie für den Therapeuten. System Familie 1 (1988): 145-159].
TOMM, K. (1987b): "Interventive Interviewing: Part II. Reflexive Questioning as a Means to Enable Self-Healing." Fam. Proc. 26 (1987): 167-183 [Dt.: DAs systemische Interview als Intervention: Teil II. Reflexive Fragen als Mittel zur Selbstheilung. System Familie 1 (1988): 220-243].
TOMM, K.: Interventive Interviewing: Part III. Intending to Ask Lineal, Circular, Strategie or Reflexive Questions. Fam. Proc. 27 (1988): 1-15 [Dt.: Das systemische Interview als Intervention: Teil III. Lineale, zirkuläre strategische oder reflexive Fragen. System Familie 2 (1989): 21-40].
TROJE, H.E.: Gestohlene Liebe - Zum Problem der Rettung der Ehe. Stuttgart-Bad-Cannstatt 1988.
V. UEXKÜLL, TH.: Lehrbuch der Psychosomatischen Medizin. München/Wien/Baltimore 1979, 3. Aufl. 1986.
VOGEL, F.: Der Mensch und die moderne Genetik, in: Meyers Enzyklopädisches Lexikon Band 10. Mannheim/Wien 1974, S. 40-54.
VOLKAN, V.D.: Psychoanalyse der frühen Objektbeziehungen. Stuttgart 1978.
WAELDER, R. (1930): Das Prinzip der mehrfachen Funktion. Bemerkungen zum Prinzip der Überdeterminierung, in: ders., Ansichten der Psychoanalyse. Stuttgart 1980, S. 57-76.
WAELDER, R. (1936): Zur Frage der Genese der psychischen Konflikte im frühen Kindesalter. Bemerkungen zur gleichnamigen Arbeit von Joan Riviere, in: ders., Ansichten der Psychoanalyse. Stuttgart 1980, S. 77-161.
WALLERSTEIN, J.S.; KELLY, J.B.: Surviving the Breakup. New York 1980.
WALLERSTEIN, J.S.; BLAKESLEE, S.: Gewinner und Verlierer. Frauen, Männer und Kinder nach der Scheidung. München 1989.
WATZLAWICK, P.; BEAVIN, J.H.; JACKSON, D.D.: Menschliche Kommunikation. Bern/Stuttgart/Wien 1971.
WATZLAWICK, P.; WEAKLAND, J.: Interaktion. Bern/Stuttgart/Wien 1980.
WEBER, G.; SIMON, F.B.; STIERLIN, H.: Die Therapie der Familien mit manisch-depressivem Verhalten. Familiendynamik 12 (1987): 139-161.

WEBER, G.; STIERLIN, H.: In Liebe entzweit. Die Heidelberger Therapie der Magersucht. Reinbek 1989.
WELTZ, F.; DIERINGER, A.; LULLIES, V.; MARQUARD, R.: Aufbruch und Desillusionierung. Junge Frauen zwischen Beruf und Familie. Göttingen 1978.
WIELPÜTZ, I.: Die Schwierigkeit, das Unsagbare zu sagen. Über die Nichtentstehung eines Artikels zum Thema: Nazivergangenheit in der Psychotherapie, in: HEIMANNSBERG, B.; SCHMIDT, CH.J. (Hrsg.), Das kollektive Schweigen. Heidelberg 1988, S. 69-80.
WIENER, N.: Kybernetik. Düsseldorf/Wien 1963.
WIENER, N.: Mensch und Menschenmasichine. Kybernetik und Gesellschaft. Frankfurt a.M. 1966.
WIESSE, J.; MATTEJAT, J.: Familieninteraktion und phasische Psychosen in der Adoleszenz. Z. Kinder- u. Jugendpsychiatrie 10 (1982): 242-261.
WILLENBERG, H.: Mit Leib und Seel' und Mund und Händen. Der Umgang mit der Nahrung, dem Körper und seinen Funktionen bei Patienten mit Anorexia nervosa und Bulimia nervosa, in: HIRSCH, M. (Hrsg.), Der eigene Körper als Objekt. Zur Psychodynamik selbstdestruktiven Körperagierens. Berlin/Heidelberg/New York 1989, S. 170-220.
WILLI, J.: Die Zweierbeziehung. Reinbek 1975.
WINNICOTT, D.W.: (1956): Primary Maternal Preoccupation, in: ders.: Collected Papers. Through Pediatrics to Psychoanalysis. New York 1960.
WINNICOTT, D.W.: Kind, Familie und Umwelt. München/Basel 1969.
WINNICOTT, D.W.: Vom Spiel zur Kreativität. Stuttgart 1973.
WINNICOTT, D.W.: Reifungsprozesse und fördernde Umwelt. München 1974.
WIRSCHING, M. et al.: Familientherapie bei Krebsleiden. Familiendynamik 6 (1981): 2-23.
WIRSCHING, M.: Krebs im Kontext. Stuttgart 1988.
WIRSCHING, M.: Familiendynamik und Familientherapei, in: V. UEXKÜLL, TH. (Hrsg.), Psychosomatische Medizin. München/Wien/Baltimore 1986, S. 322-330.
WIRSCHING, M.; STIERLIN, H.: Krankheit und Familie. Stuttgart 1982.
WHITACKER, C.A.; FELDER, J.E.; WARKENTIN, J.: Gegenübertragung in der Familienbehandlung von Schizophrenie, in: BOSZORMENYI-NAGY, I.; FRAMO, J.L. (Hrsg.), Familientherapie, Bd. 2. Reinbek 1975, S. 90-109.
WURMSER, L.: Flucht vor dem Gewissen. Analyse von Über-Ich und Abwehr bei schweren Neurosen. Berlin/Heidelberg/New York 1987.
WURMSER, L.: Die Übertragung der Abwehr. Forum Psychoanal. 4 (1988): 292-317.
WURMSER, L.: Die zerbrochene Wirklichkeit. Psychoanalyse als das Studium von Konflikt und Komplementarität. Berlin 1989.
WURMSER, L.: Die Maske der Scham. Die Psychoanalyse von Schamaffekten und Schamkonflikten. Berlin/Heidelberg/New York 1990.
WYNNE, L.C.: Paradoxe Interventionen: eine Technik zur therapeutischen Veränderung von individuellen und familiären Systemen. Familiendynamik 5 (1980): 42-56.